Manual prático de panificação

Senac

SÉRIE SENAC
GASTRONOMIA

Administração Regional do Senac no Estado de São Paulo

Presidente do Conselho Regional
Abram Szajman

Diretor do Departamento Regional
Luiz Francisco de A. Salgado

Superintendente Universitário e de Desenvolvimento
Luiz Carlos Dourado

Editora Senac São Paulo

Conselho Editorial
Luiz Francisco de A. Salgado
Luiz Carlos Dourado
Darcio Sayad Maia
Lucila Mara Sbrana Sciotti
Luís Américo Tousi Botelho

Gerente/Publisher
Luís Américo Tousi Botelho

Coordenação Editorial
Verônica Pirani de Oliveira

Prospecção
Andreza Fernandes dos Passos de Paula
Dolores Crisci Manzano
Paloma Marques Santos

Administrativo
Marina P. Alves

Comercial
Aldair Novais Pereira

Comunicação e Eventos
Tania Mayumi Doyama Natal

Edição e Preparação de Texto
Vanessa Rodrigues

Coordenação de Revisão de Texto
Marcelo Nardeli

Revisão de Texto
Daniela Paula Bertolino Pita
Karinna A. C. Taddeo

Colaboração
Manoel Divino da Matta Junior

Produção Fotográfica
Estúdio Gastronômico, exceto páginas 27 (escova de farinha), 29 (rolo perfurador de massa), 30 (rolo cortador treliça), 32 (masseira rápida), 36 (forno turbo) e 37 (fatiadora) – fotos Márcia Yukie Ikemoto; 4, 5, 11, 15, 19, 25, 39, 40, 43, 49, 50, 51, 53, 55, 63, 69, 72, 75, 76, 78, 81, 85, 87, 91, 95, 127, 135, 315, 328 – iStock

Projeto Gráfico, Capa e Editoração Eletrônica
Antonio Carlos De Angelis

Impressão e Acabamento
Maistype

Proibida a reprodução sem autorização expressa.
Todos os direitos desta edição reservados à

Editora Senac São Paulo
Av. Engenheiro Eusébio Stevaux, 823 – Prédio Editora
Jurubatuba – CEP 04696-000 – São Paulo – SP
Tel. (11) 2187-4450
editora@sp.senac.br
https://www.editorasenacsp.com.br

© Editora Senac São Paulo, 2018

Dados Internacionais de Catalogação na Publicação (CIP)
(Jeane Passos de Souza – CRB 8ª/6189)

Vianna, Felipe Soave Viegas
    Manual prático de panificação Senac / Felipe Soave Viegas Vianna, Gisela Redoschi, Marcella Faria Lage, Márcia Yukie Ikemoto, Samara Trevisan Coelho. – São Paulo : Editora Senac São Paulo, 2018. (Série Senac Gastronomia)

ISBN 978-85-396-0924-6 (impresso/2018)
e-ISBN 978-85-396-2192-7 (ePub/2018)
e-ISBN 978-85-396-2193-4 (PDF/2018)

    1. Panificação (Culinária) 2. Pães (receitas e preparo) I. Redoshi, Gisela. II. Lage, Marcella Faria. III. Ikemoto, Márcia Yukie. IV. Coelho, Samara Trevisan. V. Título. VI. Série.

18-713s   CDD-641.815
                                        BISAC CKB101000
                                              CKB009000

Índice para catálogo sistemático
1. Panificação (receitas e preparo) : Culinária :
    Gastronomia   641.815

FELIPE SOAVE VIEGAS VIANNA • GISELA REDOSCHI • MARCELLA FARIA LAGE • MÁRCIA YUKIE IKEMOTO • SAMARA TREVISAN COELHO

Manual prático de panificação

Senac

Editora Senac São Paulo – São Paulo – 2018

Sumário

Nota do editor, 7
Prefácio – Luiz Farias, 9

Breve histórico da panificação, 11

A padaria e os profissionais de panificação, 15

A padaria, 15
As profissões, 17

Boas práticas de higiene e segurança, 19

Manual de boas práticas, 20
Normas e apresentação pessoal dos manipuladores, 20
Normas para a utilização de equipamentos e utensílios, 21
Normas para a manipulação e conservação de alimentos, 22

PARTE I: PROCESSOS E INGREDIENTES, 23

1 Utensílios e equipamentos, 25

Utensílios usados na panificação, 26
Equipamentos, 31

2 Ingredientes e suas funções, 39

Farinha de trigo, 40
Amidos, outras farinhas e farelos, 44
Água, 46
Fermento, 47
Sal, 49
Açúcar, 50
Lipídeos (gorduras), 51
Ingredientes secundários, 53

3 Métodos de produção e utilização do fermento, 55

Método direto convencional, 56
Método direto rápido (método de Chorleywood), 56
Método direto padrão, 56
Método indireto, 56
Tipos de fermentação, 57

4 O trabalho com a massa, da formulação ao pão pronto, 63

1. Formulação (pré-preparo), 64
2. Mise en place, 64
3. Mistura e sova (cilindragem), 65
4. Descanso (fermentação intermediária), 71
5. Divisão/porcionamento, 72
6. Modelagem, 73
7. Acondicionamento, 74
8. Fermentação final, 75
9. Finalização, 76
10. Cozimento, 77
11. Resfriamento, 78
12. Embalagem e armazenamento, 78
Congelamento, 80

5 Cálculos em panificação, 81

Cálculo de rendimento, 83
Cálculo de encomenda (reverso), 83

6 Controle de qualidade, 87

Extração do glúten, 88
Defeitos nos pães e possíveis causas, 91

PARTE II: RECEITAS, 93

7 Apresentação das receitas e massas básicas, 95

Fichas técnicas, 96
Como interpretar as fichas e executar as receitas deste livro, 97
Tabelas de conversão, 99

8 Padaria brasileira, 105

9 Padaria das Américas, 147

10 Padaria europeia, 201

11 Padaria francesa, 229

12 Padaria italiana, 253

13 Padaria mediterrânea, 283

14 Padaria asiática, 315

Glossário, 341
Bibliografia, 343
Sobre os autores, 345
Índice de receitas, 347
Índice geral, 349

Nota do editor

Os mestres padeiros costumam dizer que a massa tem alma; que é viva, tem caprichos e necessidades que somente aqueles que trabalham em sua elaboração diariamente conseguem perceber. Mas, para chegar a esse nível em que o saber está tão aprimorado que parece ser apenas intuição, é necessário construir um sólido conhecimento sobre as bases da panificação.

Neste livro, os autores partilham sua experiência como se deve partilhar o pão. Mais do que detalhar os métodos de produção existentes e as diferentes técnicas de mistura da massa, esses especialistas revelam os procedimentos que os padeiros adotam para equilibrar os diversos fatores capazes de influenciar o resultado do pão, como a qualidade da farinha, o equipamento utilizado e até o clima. Além disso, o livro mostra o passo a passo de modelagens e finalizações, a interpretação das fichas técnicas profissionais e até os padrões de qualidade a serem observados em todas as etapas da fabricação, seja artesanal, seja em grande escala.

As receitas selecionadas apresentam a origem dos pães e estão organizadas de acordo com a presença deles em nosso cotidiano. Por exemplo, o pão sírio – trazido pelos imigrantes e integrado aos nossos hábitos de consumo – está na seção da padaria do Brasil. Também nessa seção encontramos o nosso querido pãozinho "francês", que na verdade é brasileiríssimo e bem diferente do consumido no país que o inspirou (essa história saborosa pode ser conferida em mais detalhes na página 134).

Com esta publicação, o Senac São Paulo deseja contribuir para a formação de estudantes e padeiros iniciantes e aprimorar a atuação de profissionais já inseridos no mercado.

Dedicamos este livro a todos aqueles que ensinam, pois todo mestre um dia foi aprendiz, e todo aprendiz teve um professor.

O professor é aquele que por atitudes e exemplos nos conduz a sermos melhores dentro e fora das salas de aula. Assim são por um ideal, que é o de tornar o mundo um lugar melhor, com pessoas melhores.

Que, ao aprender a preparar um alimento – no nosso caso, o pão –, possamos também aprender e ensinar, compartilhando conhecimento como compartilhamos... PÃO.

Prefácio

É uma grande honra ter recebido do Senac o convite para escrever o prefácio deste livro, uma obra muito importante para a panificação brasileira, especialmente pela proposta didática com foco educacional – no processo, nas receitas, nos equipamentos e na qualificação profissional.

A padaria brasileira tem evoluído muito; é um modelo de negócio vencedor que gera um fluxo muito grande de pessoas. Iniciamos com o café da manhã – pão na chapa –; lanchamos e almoçamos na padaria; acompanhamos com o pãozinho as bebidas; constantemente levamos para casa os frios fatiados na hora; fazemos encomendas para nossas festas e nossos aniversários; compramos produtos de conveniência; realizamos *happy hour*; consumimos pizza quentinha e jantamos na padaria; algumas servem sopa na madrugada... É um estabelecimento completamente integrado ao nosso cotidiano e à cultura de todo brasileiro.

Segundo a Associação Brasileira da Indústria de Panificação (Abip), temos em média 100 tipos de pães regularmente produzidos. Na Alemanha, um dos principais países no assunto, são produzidos mais de 3 mil tipos de pães – precisaríamos de nove anos para degustar um pão diferente por dia, o que nos mostra o grande potencial da panificação mundial.

Por tudo o que venho presenciando em meus quarenta anos na panificação e na confeitaria brasileiras, com aprendizado e compartilhamento de conhecimento em mais de 25 países, vivenciei a transformação do segmento e posso afirmar que o Brasil é um grande *case* de sucesso – na administração, na criatividade e na evolução constante, especialmente quando falamos de tendências e conceitos. Com todos os desafios enfrentados pelos profissionais do setor, temos evoluído em competividade, o que nos leva a ganhos de escala, desenvolvimento e tecnologia, construindo um mercado de muito valor agregado e valorizado por nosso consumidor.

Acompanhando as grandes tendências, a indústria de alimentos, os moinhos de trigo e os fabricantes de equipamentos e de utensílios têm investido de forma decisiva em serviços, tecnologia e processos, contribuindo para este modelo da padaria brasileira. Temos presenciado a busca da melhoria do produto acabado, o que inclui a volta à fermentação natural capaz de conferir ao pão sabor e qualidade genuínos. Também observamos a tecnologia no processo de ultracongelamento de pães, doces e salgados.

Parabenizo o Senac pela excelente iniciativa. Esta obra, sem dúvidas, traduz a importância do compartilhar e de desenvolvermos uma panificação cada vez mais dinâmica, com o Brasil cada vez mais responsável, inovador e sustentável.

Muito obrigado e boa leitura!

Chef Luiz Farias

Breve histórico da panificação

Os cereais sempre foram importante fonte da dieta humana desde tempos pré-históricos, portanto não seria exagero a afirmação de que fazer pão é tão antigo quanto a própria história dos primeiros humanos que se agruparam e estabeleceram moradias fixas.

O cultivo de cereais remonta à época em que os primeiros grupos humanos adotaram um modo de vida sedentário, logo após o fim da última era glacial. No Oriente Médio, na região do vale do rio Jordão, foram encontrados vestígios de cultivo de espécies primitivas de trigo e cevada que datam de 9000 a.C. Pequenas aldeias agrícolas da Palestina recolhiam intensamente cereais selvagens, e com eles se faziam o plantio, a estocagem e a moagem.

O trigo, por desenvolver o glúten – que confere à massa do pão suas principais características –, tornou-se o rei dos cereais utilizados para o seu fabrico. Essa gramínea, primeiramente cultivada no Crescente Fértil,[1] é originária da Turquia, da Síria, da Jordânia e do Iraque, e ao longo do tempo sofreu modificações genéticas que resultaram na espécie que hoje conhecemos.

As preparações iniciais devem ter sido bem simples, com os cereais sendo apenas tostados e moídos com o auxílio de pedras. Esses são os primeiros relatos da fabricação de farinha. Esses ingredientes eram então misturados com água para a obtenção de uma pasta, e esta, levada ao fogo, resultando em um produto sem fermentação, semelhante a tortilhas mexicanas ou até mesmo a massas secas e duras como biscoitos.

Por volta de 8000 a.C., as populações da antiga Mesopotâmia e da Ásia já cozinhavam massas de cereais umedecidos, assando-as sobre pedras.

Em algum momento da história, uma levedura conseguiu agir sobre essa massa, e como resultado se obteve um produto mais leve, aerado e saboroso após o preparo: nascia o primeiro pão.

Os egípcios costumavam guardar um pedaço da massa do preparo para a massa do dia seguinte. Historicamente, os registros desses pães levedados remontam a 1500 a.C. Foram também os egípcios os criadores dos primeiros moinhos de pedra e dos fornos para assar pães. Graças aos fornos fechados, o processo produtivo obteve um salto em qualidade. A elaboração de cerveja e de pão se tornava cada dia mais aprimorada, e o pão chegou a ser utilizado como pagamento de trabalho.

Gregos e egípcios produziam pães com diferentes técnicas e ingredientes. Acredita-se que os egípcios sovassem a massa com os pés, em uma produção em pequena escala. Na antiga Grécia, os pães geralmente eram assados em fornos comunitários aquecidos por toras de madeira, e o forneamento ocorria por turnos. Além disso, os gregos aperfeiçoaram a moagem dos grãos, que eram passados por peneiras ou panos para ser obtida menor granulometria. A técnica possibilitava a produção de farinha em grande quantidade e também de melhor qualidade. Os primeiros padeiros surgiram, e estima-se que cerca de 72 tipos diferentes de pães e tortas tenham sido criados nesse período.

Os romanos, por sua vez, expandiram o cultivo dos cereais e aumentaram o tamanho dos moinhos movidos por tração animal, o que possibilitou a produção em massa de pães e, consequentemente, o estabelecimento da profissão de padeiro. Em 30 a.C., Roma contava com mais de 300 padarias dirigidas por padeiros profissionais. Nessa época, foi criada a primeira associação de classe (o Colégio Oficial de Padeiros).

Com a queda do império e a diminuição da disponibilidade dos cereais para a fabricação de farinha, a produção caiu e os padeiros praticamente desapareceram, até que no terço final da Idade Média a profissão ressurgiu junto à nobreza, com o fabrico de pães provenientes de farinhas de melhor qualidade. Ao povo, restavam farinhas derivadas de centeio, cevada e aveia, que originavam pães de menor volume e coloração escura. O tipo de pão consumido definia a classe social. O forneamento refletia uma organização de funções: havia uma pessoa que assava os pães e outras que os produziam, já que um único forno grande servia para atender a vários padeiros – portanto, o trabalho do forneiro era distinto do executado pelo padeiro. Essa divisão ainda se mantém em algumas localidades.

Foi também na Idade Média, na França, que se formaram as associações de padeiros e confeiteiros, para que o conhecimento pudesse ser mantido e repassado a futuras gerações. Nesse período, as massas ricas, com adição de mel e frutas, tinham significação religiosa.

Com a descoberta da América, no final do século XV, o açúcar e o cacau foram inseridos às preparações, que se tornaram mais sofisticadas. Entre os séculos XVII e XVIII foram desenvolvidas as massas folhadas. Pouco a pouco, o tão sagrado pão deixou de ter importância central na Europa: por exemplo, os italianos gradualmente substituíram

---

1 Região que corresponde a Palestina, Israel, Jordânia, Kuwait, Líbano, Chipre, além de partes da Síria, do Iraque, do Egito, da Turquia e do Irã. A expressão se deve ao fato de o arco formado por esses locais ser semelhante a uma lua crescente.

o produto de casca crocante pelas massas macias, e os ingleses aumentaram o consumo de preparações doces e de açúcar. Somente os franceses mantinham-se fieis à tradição.

Ainda no século XVIII, durante a primeira Revolução Industrial, o processo de obtenção de farinhas nos moinhos se incrementou. Essa mudança possibilitou menor custo de fabricação e maior disponibilidade do produto para a população.

Isso não significava que o trabalho de padeiro fosse algo fácil – pelo contrário. O livro *Good Bread is Back* reconstitui a rotina de um aprendiz na Paris dessa época.

> **O "dia" de trabalho começava perto da meia-noite.**
>
> **Usando roupas de baixo grosseiras e pouco confortáveis, feitas de velhos sacos de farinha, o aprendiz era obrigado a amassar até 90 kg de massa de uma vez, usando só as mãos – ou, em momentos de desespero, os pés.**
>
> **Esse trabalho de amassar era realizado não uma vez, mas várias vezes ao longo da noite, e em geral era feito num porão úmido, escuro demais para o aprendiz poder ver o que estava fazendo e tão quente que a massa às vezes se derretia antes de crescer.**
>
> **O aprendiz encarregado do trabalho de amassar era conhecido como "le geindre", ou o gemedor, devido aos sons dolorosos que emitia enquanto trabalhava.**
>
> **Quando finalmente lhe era concedido um descanso, em algum momento da manhã, ele era obrigado a dormir no calor sufocante da padaria.**
>
> **Após três horas era obrigado a acordar novamente para cuidar da levedura, que, como um bebê recém-nascido, precisava ser alimentada 24 horas por dia.**
>
> **Toda essa vida miserável era necessária para alimentar a mania dos franceses de consumir o pão. (Wilson, 2007)**

No século XIX, o desenvolvimento de novos maquinários e a evolução no processo de moagem tornaram o pão branco mais acessível. O moinho de rolo rotativo revolucionou a moagem, deixando-a mais rápida, já que não havia mais a necessidade de peneirar ou partir o trigo inúmeras vezes como acontecia nos moinhos de pedra.

O plantio de trigo nas regiões mais frias da América do Norte trouxe uma farinha com maior concentração de proteínas formadoras de glúten, o que possibilitou não só a oferta de farinha de melhor qualidade na Europa como também o aumento da produção e do consumo do pão branco no continente europeu.

No século XIX, a panificação ganhou fornos a gás, que permitiram melhor controle de tempo e temperatura, além da tecnologia de refrigeração e da opção de transporte por via aérea, que aumentaram a disponibilidade de ingredientes frescos e, consequentemente, a produção em escala industrial.

O final do século XX observou um controle mais rígido de todo o processo produtivo, desde a ponta da cadeia, no campo (cultivo, plantio e colheita dos grãos), passando pela exigência na qualidade dos insumos utilizados na fabricação das inúmeras variedades de pães. Esse controle maior perdura nos dias atuais e se reflete também na exigência que se faz quanto ao cumprimento de todas as etapas dentro das áreas de produção, a fim de garantir uniformidade e padronização, bem como rastreamento do transporte e controle da distribuição. Tais fatores têm possibilitado a oferta e a comercialização de uma enorme variedade de produtos de panificação, assim como preços acessíveis e maior tempo de conservação.

No entanto, um número crescente de consumidores vem exigindo o pão à moda antiga – com maior tempo de fermentação, feito de uma forma mais tradicional, que resulta em um produto de sabor e aroma mais marcantes. Também cresce o movimento dos produtos integrais, com insumos produzidos de forma mais natural, sem a utilização de aditivos e agrotóxicos e por um modo de cultivo sustentável. O que era padrão francês no século XVIII retorna aos tempos atuais com força e com um número cada vez maior de adeptos.

Os modos de fazer e de degustar pão acompanharam a evolução da humanidade e hoje refletem a diversidade gastronômica em nível mundial. É um alimento comum a todas as nações, consumido todos os dias, elaborado com os ingredientes inerentes à cultura de cada país.

Nessa história, vale destacar, também, a relação do pão com o sagrado: Cristo compartilhando-o com os apóstolos na Santa Ceia; o simbolismo do alimento para o corpo e para a alma; a menção no "Pai Nosso" ("... o pão nosso de cada dia dá-nos hoje..."); o ato de partilhá-lo como gesto de união e de respeito ao próximo. O pão é vivo; o pão dá vida!

Como escreveu Cora Coralina, "haverá sempre esperança de paz na Terra enquanto houver um semeador semeando trigo e um padeiro amassando e cozendo o pão" (Braga, 2005, p. 8).

A padaria e os profissionais de panificação

A padaria

As padarias se estabeleceram no Brasil com os imigrantes portugueses em meados do século XIX. A mais antiga, ainda em funcionamento, se encontra em São Paulo: a Santa Tereza, fundada por portugueses em 1872 e localizada perto da catedral da Sé, no centro da cidade.

TIPOS DE ESTABELECIMENTO

O Serviço Brasileiro de Apoio às Micro e Pequenas Empresas (Sebrae) classifica as padarias de acordo com o perfil do estabelecimento:

- **padaria tipo boutique:** instalada em áreas de alto poder aquisitivo, oferece produtos próprios e importados;
- **padaria de serviço:** localizada em ruas de grande circulação, oferta serviços de bar e refeições além dos produtos de padaria, confeitaria e rotisseria;
- **padaria de conveniência:** instalada em bairros residenciais, oferta produtos de conveniência além dos itens próprios e dos serviços de bar e refeições;
- **ponto quente:** filial de uma padaria, recebe dessa matriz pães já embalados ou congelados e resfriados para serem assados no local. É uma tendência europeia e que não exige espaços amplos, pois não há setor produtivo.

ESTRUTURA

Basicamente, a padaria é formada por:
- espaço para exposição dos produtos e atendimento ao cliente;
- área para recepção e armazenamento de matérias-primas;
- área para produção;
- área para administração;
- vestiários;
- copa.

Em geral, o espaço mínimo é estimado em 100 m². Desse total, 70% deve ser destinado à área de exposição e atendimento. Mas a tendência de locais de comercialização sem área produtiva permite "padarias" de 25 m² – em geral, são os quiosques que vemos em shoppings centers.

A produção precisa estar alinhada à demanda. O pão francês deve ser ofertado várias vezes ao dia: pelo menos, cinco remessas. A quantidade desse produto costuma variar de 350 a 700 unidades por remessa.

GESTÃO

A administração de uma padaria passa por liderar pessoas de perfis diferentes em ambientes diferentes e, ao mesmo tempo, estar atento ao mercado para não ser ultrapassado pela concorrência.

Para se manter atualizado, é preciso:
- **investir** no aperfeiçoamento da equipe (cursos, palestras e *workshops* oferecidos pelo mercado e atividades na própria empresa);
- **participar** de seminários, congressos e cursos, para estar em sintonia com as tendências do setor e, assim, atender bem aos clientes;
- **utilizar** a Convenção Coletiva do Sindicato dos Trabalhadores na Indústria de Panificação para fixar os salários e orientar as relações trabalhistas.

As profissões

A área produtiva de uma padaria pode ser resumida a estes três profissionais:
- **padeiro (boulanger):** é o responsável por fabricar as massas fermentadas e fazer o forneamento;
- **auxiliar de padeiro:** faz a separação da mise en place (ver página 64), organiza a praça de trabalho e ajuda o padeiro nas modelagens;
- **aprendiz:** é o iniciante na área. Basicamente, realiza a mise en place e observa as técnicas aplicadas nas produções.

Em estabelecimentos muito pequenos o padeiro atua também na área de confeitaria, e o auxiliar pode realizar atividades que incluem a organização de estoque e o recebimento dos insumos.

Já em padarias de grande porte há um chef padeiro, que gerencia uma brigada de vários componentes. Nesse caso, pode haver uma subdivisão dos trabalhos – por exemplo, um profissional responsável pelo forno (forneiro), outro somente para pão francês e baguetes, outro para massas doces e produtos relacionados, e assim por diante. Há também trabalhos subdivididos em turnos – por exemplo, o turno da manhã assa a primeira fornada, preparada no dia anterior, e faz a mise en place para o turno posterior.

Há uma defasagem entre oferta e procura de colaboradores deste setor decorrente da falta de qualificação. Todos os profissionais capacitados são rapidamente absorvidos.

CURSOS

A realização de um curso técnico na área de panificação abre oportunidades para trabalhar não apenas no negócio padaria mas também em hiper e supermercados e na indústria.

Para quem deseja estudar em nível superior, é recomendado um curso na área de alimentos, já que a panificação tem características de linha produtiva.

A pós-graduação é indicada para quem, além de aprimorar o conhecimento, pretende atuar na docência.

Boas práticas de higiene e segurança

Toda produção da área alimentícia exige certos cuidados que devem ser observados em todas as etapas, desde a escolha dos fornecedores até o preparo do alimento em si, incluindo sua distribuição.

É imprescindível manter um controle higiênico e sanitário durante todo esse processo de transformação do alimento para assegurar que o consumidor final receba um produto seguro. É papel do manipulador de alimentos, portanto, adotar medidas que evitem qualquer tipo de contaminação, ou seja, que impeçam a incorporação de qualquer matéria estranha ao alimento ou à produção passível de causar danos à saúde do consumidor.

A contaminação pode ter diferentes origens, sendo de ordem:
- **química:** decorre do contato com produtos de limpeza, inseticidas, agrotóxicos, entre outros;
- **física:** é causada pela presença de elementos como fios de cabelo ou barba, pelos, pedaços de unha ou esmalte, ou então de materiais como pedras, vidro, entre outros;
- **biológica:** é causada pela presença de fungos, bactérias, vírus, vermes, protozoários e outros microrganismos ou toxinas por eles produzidas.

Algumas medidas simples, como lavar bem e descascar os alimentos, podem ser adotadas para reduzir o risco de contaminação por produtos químicos presentes na superfície dos alimentos. Também é importante observar as instruções dos rótulos de produtos usados na limpeza do local e tomar cuidado ao utilizar utensílios de cozinha que contenham metais pesados (como o chumbo), pois estes também podem causar intoxicação química.

Para evitar contaminações físicas e biológicas, outros cuidados devem ser seguidos, conforme apresentaremos nas páginas seguintes.

Manual de boas práticas

Uma ferramenta que facilita a manutenção da qualidade e da segurança higiênico-sanitária do produto final é o manual de boas práticas de manipulação de alimentos, o qual deve ser lido e seguido por todos os funcionários que entram em contato com esses alimentos.

Além dos documentos oficiais, como a cartilha da Agência Nacional de Vigilância Sanitária (Anvisa),[1] que podem ser aplicados em treinamentos e servir como um guia geral, é recomendado que cada estabelecimento elabore seu próprio manual, levando em conta suas características específicas e principalmente as legislações vigentes (federais, estaduais e municipais) de acordo com a localidade onde o ponto comercial se encontra e os tipos de operação, de procedimentos e de produtos que são confeccionados e distribuídos no local.

No manual de boas práticas devem ser descritos os procedimentos operacionais padronizados (POPs) para cada processo que necessite de instruções para os colaboradores seguirem. Dessa forma, é possível verificar quais são os pontos de risco para possíveis contaminações e quais são os métodos adequados para evitá-los.

Os POPs devem conter as seguintes informações:
- orientações para a higienização de instalações, equipamentos e móveis;
- instruções para o controle integrado de vetores e pragas urbanas;
- orientações para a higienização do reservatório;
- instruções de higiene e saúde dos manipuladores.

> **OBSERVAÇÃO**
> Para saber mais, acesse o site da Anvisa e verifique quais são as legislações e regulamentações vigentes para cada tipo de estabelecimento: http://portal.anvisa.gov.br.

Normas e apresentação pessoal dos manipuladores

No que diz respeito à apresentação e aos hábitos pessoais, de forma geral, os profissionais que estão envolvidos no processo de manipulação dos alimentos devem:

1. Sempre manter adequados os hábitos de higiene, como:
   - banhar-se diariamente;
   - lavar frequentemente e pentear os cabelos;
   - fazer a barba diariamente;
   - escovar os dentes após as refeições;
   - manter as unhas curtas, limpas e sem esmalte ou base.
2. Apresentar-se no setor de trabalho:
   - devidamente uniformizados. Os uniformes devem estar limpos e em boas condições de uso. Também devem ser trocados diariamente e utilizados somente dentro do estabelecimento;

---

[1] Anvisa, *Cartilha sobre Boas Práticas para Serviços de Alimentação*. Disponível em http://portal.anvisa.gov.br/documents/33916/389979/Cartilha+Boas+Pr%C3%A1ticas+para+Servi%C3%A7os+de+Alimenta%C3%A7%C3%A3o/d8671f20-2dfc-4071-b516-d59598701af0. Acesso em 5/5/2017.

- utilizando sapato fechado, antiderrapante e em bom estado de conservação. Também é necessário utilizar meias limpas e trocá-las diariamente;
- sem adornos (por exemplo, brincos, *piercings*, crachás, colares, anéis ou alianças, relógio, etc.) e sem maquiagem;
- sem objetos nos bolsos (por exemplo, celular, maço de cigarro, isqueiro, batom, pinça, entre outros);
- com as mãos limpas (devem ser higienizadas antes de entrar na área produtiva e todas as vezes que for iniciada a preparação de alimentos, a cada mudança de atividade e depois de utilizar o banheiro);
- com proteção nos cabelos (por exemplo, touca, rede, entre outras).

3. Utilizar os equipamentos de proteção individual (EPIs) sempre que necessário. Em cozinhas profissionais, são comuns os seguintes EPIs:
   - luvas térmicas, de malha de aço, descartáveis e de borracha;
   - avental;
   - casaco de proteção para entrar nas câmaras frias.

No caso de apresentar alguma doença, recomenda-se que o profissional não prepare alimentos durante o período de tempo em que estiver doente e em até 48 horas depois que os sintomas desaparecerem. Os operadores da indústria alimentar devem informar seus superiores se apresentarem doenças e sintomas como hepatite A, diarreia, vômitos, febre, dores de garganta, lesões na pele, feridas (queimaduras, cortes) ou supurações nos ouvidos, nos olhos ou no nariz.[2]

Normas para a utilização de equipamentos e utensílios

Os equipamentos e utensílios usados no desenvolvimento das preparações também precisam de cuidados, tanto para garantir sua durabilidade como para evitar que eles sejam pontos de contaminação dos alimentos.

Copos, pratos e outros utensílios devem ser lavados de preferência com água quente e detergente. Utensílios (como as facas) e superfícies, principalmente se estiveram em contato com alimentos crus, também devem ser desinfetados em água fervente ou com o auxílio de desinfetantes.[3] Vale ressaltar que não devem ser utilizados panos nas áreas de preparo de alimentos, tanto por quem os prepara como pelos colaboradores da limpeza (estes colaboradores devem lavar o chão e retirar o excesso de água com rodo, deixando a área secar naturalmente). Vassouras também não devem ser usadas porque levantam pó. Mãos devem ser limpas com papel-toalha; no chão, deve-se usar o rodo, conforme já foi dito; nas bancadas, deve-se usar pano multiúso descartável (adquirido em rolos).

Também é necessário fazer a higienização e a manutenção preventiva de cada equipamento utilizado, seguindo os POPs e o manual de instruções do fabricante.

Os POPs referentes às operações de higienização de instalações, equipamentos e móveis devem conter as seguintes informações:
- natureza da superfície a ser higienizada;
- método de higienização;
- princípio ativo selecionado e sua concentração;
- tempo de contato dos agentes químicos e/ou físicos utilizados na operação de higienização;
- temperatura;
- outras informações que se fizerem necessárias.

Quando aplicável, os POPs também devem contemplar a operação de desmonte dos equipamentos.

---

[2] Organização Mundial da Saúde, *Cinco chaves para uma alimentação mais segura: manual*. Genebra, 2006, p. 10. Disponível em http://www.who.int/foodsafety/consumer/manual_keys_portuguese.pdf?ua=1. Acesso em 18/7/2017.

[3] *Ibid.*, p. 14.

Normas para a manipulação e conservação de alimentos

Alguns microrganismos causam alterações na aparência, no cheiro e no sabor dos alimentos; no entanto, também há casos em que as contaminações ocorrem de forma imperceptível. Por essa razão, durante a manipulação, o armazenamento e a conservação dos alimentos, todos devem estar atentos, principalmente, aos cinco pontos-chave descritos pela Organização Mundial da Saúde (OMS) a fim de garantir a segurança alimentar. São eles: manter a limpeza; separar alimentos crus e cozidos; cozinhar completamente os alimentos; mantê-los armazenados a temperaturas adequadas e usar água e matérias-primas seguras.[4]

CONTAMINAÇÃO CRUZADA

Chamamos de contaminação cruzada quando ocorre o contágio de uma área ou de um produto para outras áreas ou produtos que não estavam contaminados anteriormente. Essa transferência acontece principalmente por meio de superfícies de contato, das mãos, de utensílios e equipamentos, entre outros. Por isso, é muito importante evitar, por exemplo, que alimentos crus entrem em contato com outros que já tenham sido cozidos, seja no momento da preparação, seja no armazenamento.

DATA DE VALIDADE E QUALIDADE DO PRODUTO

É muito importante conferir as mercadorias assim que são recebidas, a fim de assegurar que os produtos estão prontos para serem manipulados e que foram entregues conforme a solicitação, respeitando as normas técnicas e a legislação.

Além disso, deve-se sempre observar a validade dos produtos, de acordo com a data especificada pelo fabricante. Após aberto, o produto possuirá um prazo menor de validade, portanto, deve-se sempre conferir se está dentro do tempo e se a forma de armazenamento é adequada.

A deterioração dos insumos pode gerar defeitos nos pães fabricados, como baixo volume, baixo *shelf life* (tempo de prateleira) e presença de mofo. No caso dos pães recheados, um recheio vencido ou contaminado é capaz de causar uma doença transmitida por alimentos (DTA).

O antimofo é utilizado em pães comercializados embalados, como pães de fôrma. Todos os pães vendidos sem embalagem são produzidos e devem ser consumidos no mesmo dia.

ARMAZENAMENTO E CONSERVAÇÃO

Para evitar a contaminação durante o armazenamento dos alimentos, é preciso observar as temperaturas corretas, bem como algumas especificações. Por exemplo:
- alimentos congelados devem ser mantidos a uma temperatura igual ou inferior a −18 °C e, uma vez submetidos ao processo de descongelamento, não devem ser congelados novamente;
- alimentos cozidos, perecíveis ou submetidos ao descongelamento que não serão preparados/consumidos imediatamente devem ser refrigerados, de preferência, abaixo de 5 °C, e não devem ficar expostos à temperatura ambiente por mais de 2 horas;
- para a conservação a quente, os alimentos cozidos devem ser submetidos a temperatura superior a 60 °C por, no máximo, 6 horas.

Em todos os casos, devem-se sempre respeitar as normas municipais ou estaduais e, na ausência destas, seguir a legislação federal.[5]

Todos os produtos manipulados na cozinha devem conter uma identificação em sua embalagem ou no recipiente em que estão armazenados, com as seguintes informações: nome do produto/alimento, data do preparo/manipulação, prazo de validade (incluindo a validade para o produto após aberto ou após o descongelamento) e profissional responsável.

---

[4] *Ibid.*, p. 11.
[5] No caso, a Resolução da Diretoria Colegiada (RDC) nº 216, de 15 de setembro de 2004.

Parte I
Processos e ingredientes

CAPÍTULO 1
Utensílios e equipamentos

Utensílios usados na panificação

1. AROS E ROLO CORTADOR
Existem de metal e de plástico. O mais indicado é o de plástico, por grudar menos nas massas, mas o de metal pode ser utilizado untando-o com um pouco de óleo antes do corte da massa ou polvilhando a massa com um pouco de farinha.

Os aros redondos, por exemplo, dão formato aos donuts (embora existam cortadores específicos para donut, é possível fazê-los com os cortadores redondos).

Os cortadores triangulares (ver página 241) dão formato aos croissants e são uma alternativa de custo menor que o rolo cortador para esse fim.

2. ASSADEIRAS
As mais indicadas para assar pães são as furadas, que permitem que o calor seja mais bem distribuído. As caneladas servem para pão francês, baguetes e pães longos. As lisas, para uso geral.

3. BICOS DE CONFEITAR (PERLÊ E PITANGA)
Na panificação, o bico de confeitar (o liso perlê e o tradicional pitanga) é usado basicamente para pingar massas moles na assadeira e para finalizar um pão com creme ou cobertura.

4. BOWLS (TIGELAS)
Importantes no mise en place (ver página 64) porque acomodam os insumos porcionados e preparados, facilitando a elaboração do pão.

5. CARRETILHA
Na panificação, é usada basicamente para cortar a massa sobre as bancadas e em finalizações de determinados tipos de pão, como a trança Catarina.

6. COLHER OU ESPÁTULA DE SILICONE
Utilizada para mexer as preparações dentro das panelas e de bowls.

7. ESCOVA DE FARINHA
Usada para retirar o excesso de farinha da massa durante as produções das folhadas e das semifolhadas. Também é utilizada nas bancadas de trabalho e para limpar a farinha na laminadora após o uso.

8. ESCUMADEIRA
Utilizada para escorrer o excesso de óleo no momento da fritura de itens como sonho.

9. ESPÁTULAS (RASPADORES)
Podem ser de plástico e de metal e são usadas para cortar, porcionar e raspar a massa.

10. ESTILETE (BISTURI) PARA CORTE DE PÃO
É um utensílio descartável, pois as lâminas perdem o fio conforme o uso. Os mais seguros possuem lâminas pequenas embutidas em plástico, para evitar a quebra do metal (pedaços de metal soltos são contaminantes físicos que podem causar graves ferimentos aos consumidores). O estilete é usado, por exemplo, para fazer a pestana no pão francês (ver página 135). Na finalização de pães também podem ser utilizadas tesouras de cozinha, para a criação de algum efeito decorativo específico.

11. FACAS (DE LEGUMES, DO CHEF E SERRILHADA)
A faca de legumes (embaixo) é empregada para descascar os ingredientes. A do chef (no centro) destina-se a cortar e picar os alimentos. A faca serrilhada (em cima) é utilizada para cortar pães sem os amassar.

12. FILME PLÁSTICO
Em todos os descansos e no processo de fermentação, a massa de pão precisa estar protegida para não ressecar. O filme plástico é utilizado quando a massa está em bowls ou bacias. Já nos descansos em que a massa fica diretamente sobre a bancada é mais indicado o plástico comum, que não se retrai como o filme plástico.

13. FÔRMA DE BRIOCHE
Usada na elaboração do brioche. A pequena é utilizada na modelagem tradicional, para o chamado brioche à tête (ver página 237).

14. FÔRMA E PÁS PARA PIZZA
A pá de madeira é usada para colocar a pizza no forno (a madeira, por ser porosa, evita que a massa crua grude). A de metal serve para retirar o produto do forno. A fôrma de metal acomoda a pizza assada.

15. FÔRMA PARA BOLO DE REIS
Utilizada para assar o tradicional Bolo de reis.

16. FÔRMA PARA KOUGLOF
Fôrma de bolo com desenho em que o Kouglof (ver página 247) é fermentado e assado.

17. FÔRMA REDONDA COM FURO CENTRAL
Na panificação, é usada para assar as roscas.

18. FÔRMAS RETANGULARES PARA PÃO DE FÔRMA
São semelhantes às usadas para bolo inglês. (A fôrma de bolo é mais estreita e levemente menor na parte inferior, enquanto a de pão tem a mesma medida no fundo e na parte superior.) A sem tampa cria um formato arredondado na parte superior do pão. A fôrma fechada (com tampa) produz pães totalmente retangulares, como o Mie.

19. FOUET (BATEDOR DE ARAME)
Utilizado para misturar massas moles e bater cremes.

20. FRIGIDEIRA ANTIADERENTE
Na panificação, substitui a chapa no preparo dos pães achatados.

21. GARFINHO PARA BANHAR
Usado, por exemplo, na produção de alfajor.

22. GRADE
Utilizada para acomodar preparações que envolvam banhar o produto (por exemplo, o chocolate que cobre o alfajor), para que o excesso escorra.

23. MAÇARICO
É usado em finalizações para criar uma camada dourada sobre o pão – como, por exemplo, o Quemado.

24. PANELAS (COMUM, DE PRESSÃO E A VAPOR)
Na panificação, são usadas basicamente para os recheios dos pães: as comuns, para cozinhar, fritar e refogar insumos; as de pressão, para preparar em menor tempo alimentos como feijão e carnes fibrosas. A panela de cocção a vapor pode ser empregada na elaboração do pão asiático Mantou (ver página 327), cujo modo tradicional de preparo utiliza um acessório de bambu como o da foto, colocado sobre uma panela comum.

25. PENEIRA
As maiores servem para peneirar farinha e outros insumos (como açúcar) antes da utilização desses ingredientes. A pequena é usada para polvilhar a farinha no pão antes do corte.

26. ROLO PERFURADOR DE MASSA
Utilizado nas receitas em que a massa não deve subir, ficando plana. Um exemplo é a Hallulla. Os furos evitam a criação de bolhas que tornariam a superfície irregular.

27. PINCEL
É utilizado para aplicar ovo inteiro batido, gema, clara e gordura sobre os pães, na etapa de acabamento.

28. RALADOR
Na panificação, é empregado para ralar legumes e queijos. Também é utilizado para a obtenção de raspas (zestes) na finalização.

29. RÉGUA
Embora não seja muito usada no dia a dia da panificação de caráter industrial, a régua possibilita maior precisão e, consequentemente, padronização no corte e no porcionamento das massas.

30. ROLO CORTADOR TRELIÇA
Produz um recorte semelhante a uma rede de pesca, que serve de cobertura decorativa nas massas.

31. ROLO DE ABRIR MASSA
Existem os finos, os pequenos, os médios e os grandes. Na panificação, estes últimos são os mais utilizados. (O fino e o pequeno têm maior uso na confeitaria.)

32. SILPAT (TAPETE DE SILICONE)
É utilizado para produtos que grudem muito, como a massa da Broa caxambu (ver página 107). Pode ser substituído por papel-manteiga.

33. TERMÔMETROS (DE ESPETO E INFRAVERMELHO)
São usados para medir a temperatura da massa, da água para o preparo do pão e do pão assado, bem como na temperagem de chocolate, entre outras finalidades.

O termômetro de espeto é o mais encontrado nas áreas produtivas. É utilizado para medir a temperatura da massa antes de ser retirada da masseira, a fim de garantir que esteja dentro da faixa ideal (em torno de 26 °C). Acima desta temperatura, o fermento se torna muito ativo, o que dificulta o trabalho de descanso e de modelagem dos pães.

No método francês de produção de pães, os chefs gostam de usar o termômetro para calcular a temperatura com que a água deverá entrar no preparo da massa contando-se a temperatura da farinha e a temperatura de base (valor predeterminado de acordo com a temperatura ambiente encontrada). Essa metodologia francesa é raramente empregada dentro das padarias, ficando geralmente reservada a espaços menores, como boulangeries.

Indústrias também se utilizam de termômetros para controle do processo produtivo, inclusive após o forneamento do pão, fazendo medições da temperatura no interior do produto para verificar se está no ponto.

Nas padarias, não é comum usar o termômetro após o pão ser assado. O ponto certo do produto é indicado por outras características, como coloração, temperatura do forno e tempo em que ficou assando.

Outro tipo de termômetro, o infravermelho, é mais recomendado para medições de temperatura superficial, já que o feixe infravermelho não consegue penetrar os produtos. Por esse motivo, é mais utilizado para medição de câmaras de resfriamento e congelamento, e na recepção de produtos perecíveis.

Equipamentos

1. BALANÇA

A balança é uma peça-chave em panificação, pois é necessário que haja precisão nas medidas dos ingredientes. Tomando o açúcar como exemplo, em pequenas quantidades (até 5%) a sacarose pode auxiliar servindo de alimento para o fermento, o que consequentemente reduz o tempo de crescimento da massa e contribui para uma boa estruturação do miolo do pão. Já em quantidades ou valores superiores, ele dificulta o trabalho do fermento, segurando o crescimento da massa.

Existem três tipos de balança: a eletrônica, a analítica e a mecânica.

A analítica não é usada em panificação (sua utilização se concentra em laboratórios). A mecânica ainda pode ser encontrada em estabelecimentos mais antigos, porém vem sendo substituída pela eletrônica (digital, mostrada na foto 1), que oferece maior precisão.

A balança eletrônica deve ser utilizada conforme as etapas a seguir.
1. Ligue a balança e deixe o contador zerar.
2. Coloque a tigela vazia em que os ingredientes serão pesados.
3. Aperte o botão "tara" para que a balança zere novamente descontando o peso da tigela.
4. Coloque o ingrediente a ser pesado dentro da tigela.

2. BATEDEIRA

A batedeira tem diversas finalidades, como bater cremes e massas leves, preparar massas mais pesadas, desfiar produtos como frango, carne e bacalhau, além de aerar claras e ovos. Possui três acessórios: globo (para aerar), gancho (para misturar massas mais pesadas) e raquete (destinada a massas de textura média). Não é indicada para bater massas de pão em grande quantidade, pois o peso da massa pode forçar ou queimar o equipamento. Em casos assim, recomenda-se a utilização da masseira (ver página 32).

3. PROCESSADOR

Na panificação, cumpre a função do tradicional espremedor doméstico, transformando em purê vegetais cozidos (batata, mandioquinha, cenoura, por exemplo) que, depois, são incorporados às massas. Também pode ser utilizado para incorporar rapidamente a manteiga à farinha na produção de massa de biscoitos ou massas amanteigadas.

4. MASSEIRA

Como diz o nome, esta máquina prepara a massa. Conhecida também como amassadeira, é semelhante a uma batedeira doméstica com um tacho ou uma bacia, exercendo as funções de misturar a massa e de cilindrá-la (ou seja, sová-la para desenvolver o glúten).

As masseiras mais antigas (chamadas de lentas e que possuem apenas uma velocidade) estão saindo de uso porque somente misturam a massa; nesses casos, é necessária a operação de um cilindro para complementar o processo. Nos equipamentos com duas velocidades, a primeira tem a função de mistura, e a segunda, de cilindragem (ou sova).

Na parte superior da masseira há um gancho, e na parte inferior se localiza a bacia. A bacia é fixa, diferentemente das batedeiras. A maioria dos equipamentos usados no Brasil tem gancho espiral. Na Europa, usa-se mais o duplo oblíquo em razão dos métodos de panificação ali empregados.

O volume total de massa é definido por indicação de litro (por exemplo, 5 ℓ, 10 ℓ). O tempo de preparo da massa não apresenta diferença significativa entre as oblíquas e as espirais. A diferença está entre a utilização da masseira semirrápida (duas velocidades: uma para misturar e outra para sovar) e o uso da rápida (uma velocidade só para misturar e sovar).

4.1. MASSEIRA SEMIRRÁPIDA

A masseira semirrápida (duas velocidades) é a mais comum na panificação. Possui um painel de controle com temporizador para cada velocidade (como dissemos anteriormente, a primeira mistura, e a segunda cilindra). Dispensa o uso do cilindro para sovar a massa. O tempo total do processo varia de 15 a 20 minutos.

4.2. MASSEIRA RÁPIDA

Este tipo apresenta apenas uma velocidade (de cerca de 380 rpm), e o tempo de mistura e sova total é curto: cerca de 4 a 5 minutos. Dispensa o uso de cilindro, já que o glúten se desenvolve totalmente nesse curto espaço de tempo. Os profissionais que optam pela masseira rápida são os que atuam com produção menor porém com diversificação maior. Embora este modelo agilize o preparo, apresenta um inconveniente: por não possuir gancho espiral, tem duas barras fixadas na bacia (na parte inferior), o que dificulta a limpeza e exige a colocação de gelo com a água para que a massa não esquente muito durante a operação.

5. CILINDRO

Como informado anteriormente, o cilindro complementa a ação da masseira, fazendo a sova e fortalecendo o glúten. Embora a masseira semirrápida e a rápida não necessitem de cilindro, algumas padarias utilizam esse equipamento para evitar mau resultado no pão decorrente de variação na qualidade da farinha. O cilindro é constituído de dois rolos que giram no mesmo sentido. A massa passa por eles, e a distância entre os rolos pode ser regulada. É um equipamento que precisa ser usado com muito cuidado e deve possuir sistema de segurança (parada de emergência e grade protetora) para que os dedos não alcancem os rolos.

> **OBSERVAÇÃO**
> Vale ressaltar a importância da manutenção em todos os equipamentos usados na panificação. Ela deve ser preventiva, e não corretiva. É fundamental seguir as orientações de cada fabricante sobre conservação e limpeza, não só para prolongar a vida útil da máquina como também para obter o melhor resultado nos pães.

6. DIVISORA

Também chamada de cortadora de massa, tem a função de dividi-la em pedaços de mesmo peso, reduzindo o tempo de produção. Existem divisoras manuais e elétricas. As manuais são as mais comuns. Encontradas nas áreas produtivas das padarias, facilitam o porcionamento da massa. A alavanca de corte possui uma mola bem potente, o que exige cuidado no uso. Se, no momento da utilização, a alavanca escorregar da mão do operador e outra pessoa estiver perto da área de percurso da alavanca, poderá haver um acidente pelo impacto da haste de metal.

O uso da divisora manual deve obedecer aos passos abaixo:

 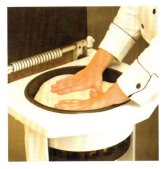 

1. Trave a alavanca na posição de mola tensionada – a parte interna descerá, possibilitando a acomodação da massa no seu interior.

2. Aperte a massa para que se espalhe por igual dentro da divisora.
3. Feche e trave a tampa.
4. Libere a alavanca com cuidado e pressione da esquerda para a direita, a fim de que a massa seja pressionada na tampa, nivelando-a.

5. Com a alavanca sendo pressionada, puxe a alavanca menor de corte.
6. Leve a alavanca maior até o final do percurso e abra a tampa.
7. A massa estará cortada em porções iguais de mesmo peso.

7. MODELADORA

A modeladora é usada após a divisora e dá forma ao pão. Coloca-se a massa entre dois rolos que giram em sentido contrário para ser comprimida. Esse processo a faz se enrolar ao passar pelos rolos. Existem máquinas que funcionam como divisoras e modeladoras.

O uso deve ser feito conforme as etapas a seguir:

> **OBSERVAÇÃO**
> A massa em formato de coxinha, ao ser enrolada, resulta em um pão do tipo bisnaga em que a parte central fica mais alta em relação às laterais – o formato padrão para o pão francês, a bisnaguinha, o filão e o pão de fôrma, entre outros.

1. Ligue a modeladora e ajuste a altura do rolo (o ajuste definirá a espessura da massa enrolada, deixando as bisnagas mais compridas ou mais curtas).

2. Coloque a massa modelada em formato de coxinha, com a ponta entrando primeiro no maquinário.

3. Acompanhe a massa passar pelas lonas (que a fazem se enrolar).
4. Retire a massa e a acomode nas assadeiras com a parte do fecho voltada para baixo.

8. LAMINADORA

A laminadora é um grande cilindro de abrir massa, como aqueles utilizados para produzir macarrão. Dotado de dois rolos que giram no mesmo sentido, o equipamento vai afinando a massa conforme a distância entre os rolos vai diminuindo. Possui grades de proteção para que não haja o risco de as mãos serem prensadas nos rolos. Um sistema de parada é acionado cada vez que a grade é levantada. Também há um botão de parada de emergência. A laminadora é bastante usada em massas semifolhadas e folhadas, por facilitar a fabricação de massas com igual espessura e melhor qualidade de folhagem.

A utilização deve ser feita de acordo com os passos abaixo. É importante sempre polvilhar a massa com um pouco de farinha, para que não grude nos cilindros.

1. Ajuste a distância entre os rolos de acordo com a espessura inicial da massa.

2. Coloque a massa em um dos lados e acione o comando que movimenta os rolos. A massa passará por eles e sairá em uma espessura menor.

3. A cada duas passadas da massa, ajuste novamente a distância entre os rolos até obter a espessura desejada.

9. CÂMARA DE FERMENTAÇÃO

Este equipamento, semelhante a uma geladeira na aparência, possui temperatura e umidade controladas, para evitar que variações ambientais inferiram no processo de fermentação. Por exemplo, em dias frios as massas necessitam de maior quantidade de fermento e levam mais tempo para crescer à temperatura ambiente. A câmara elimina essa variabilidade. Além dessa vantagem, a câmara de fermentação possibilita que os pães cresçam por igual, evita que a massa resseque e reduz a quantidade de fermento utilizado.

Também chamadas de estufas, as câmaras atuais possuem dupla função (aquecem e resfriam a massa). O resfriamento é útil quando a massa preparada tem que ser assada depois de troca de turno ou em horários específicos, como o início da manhã, quando a padaria abre as portas. Há equipamentos que aceitam uma programação de horários de início e término de resfriamento, revertendo para aquecimento. Assim, quando os funcionários chegam de manhã, o pão já está quase no ponto de ser levado ao forno, reduzindo-se o tempo para o produto estar pronto.

10. FORNO

No Brasil, os primeiros fornos eram feitos de alvenaria e alimentados a lenha. Alguns pontos comerciais ainda mantêm ativos esse tipo de equipamento. São fornos largos, de grande profundidade (podem ter quase 10 metros) e que possuem muito calor residual. Por essas características, levam tempo para atingir a temperatura de trabalho e consomem grande quantidade de lenha. Nesse tipo de equipamento, não há um controle preciso da temperatura; assim, os produtos de confeitaria geralmente são assados em um forno menor localizado acima do principal (esse forno menor, pela distância do ponto de geração do calor, possui menor temperatura de trabalho).

Os fornos modernos permitem a escolha entre a gás e elétrico. Ambos necessitam de fonte de energia, já que os painéis geralmente são eletrônicos.

Um bom forno deve ter as seguintes características:
- ser prático no carregamento e no descarregamento;
- gerar calor e vapor em quantidades suficientes;
- distribuir adequadamente o calor interno;
- apresentar fácil controle de temperatura;
- trabalhar em regime integral;
- ser fácil de limpar;
- ter manutenção descomplicada e não muito frequente;
- ocupar o menor espaço possível (além disso, deve ser posicionado de forma isolada, para não espalhar calor no ambiente).

O forno pode ser caracterizado a partir de alguns critérios, como:
- **capacidade**: o total de quilogramas de massa que podem ser assados por hora;
- **lastro**: a parte inferior do forno, na qual a massa é colocada. O lastro pode ser feito de cimento, areia, tela metálica e pedras ou material cerâmico;
- **sistema de operação**: estático, quando o lastro é fixo, ou contínuo, quando o lastro se compõe de uma esteira móvel (por exemplo, nos fornos usados em algumas redes de *fast-food* para a produção de esfihas e pizzas);
- **construção**: de alvenaria ou de metal. Como dito anteriormente, os de material metálico são os mais comuns atualmente.

As temperaturas programadas nos fornos correspondem aos padrões adotados, sempre tendo como referência a chamada massa pobre (ver a classificação das massas no início do capítulo "Ingredientes e suas funções"), pois é o maior valor aplicado. Para as massas pobres, o valor padrão é de 210 °C no forno de lastro e de 170 °C no forno turbo. Essa diferença ocorre porque o forno turbo, por ser dotado de ventoinha, cria ar quente de impacto, transferindo calor mais rapidamente por todo o produto. Assim, a temperatura nele é mais baixa. Os demais tipos de massa são assados sob temperaturas menores que as das massas pobres. Quanto maior for a quantidade de açúcar, menor será a temperatura do forno.

10.1. FORNO DE LASTRO

O forno de lastro é o mais tradicional para a fabricação de produtos panificáveis. Na comparação com o turbo, ocupa maior espaço e apresenta resposta térmica mais lenta. Vários módulos podem ser empilhados para que o aproveitamento de espaço seja mais efetivo.

O calor gerado é passado diretamente ao pão por contato. Por esse motivo, é um forno que atende às necessidades da produção de pizza, pois permite acomodar a massa sobre a pedra sem o uso de assadeiras.

A câmara tem altura pequena, porque é preciso haver a transferência do calor de cima para baixo de modo que a parte superior do produto de panificação adquira a coloração desejada.

Pelo fato de demorarem mais para aquecer e chegarem à temperatura de trabalho, os fornos de lastro devem ser ligados bem antes do horário previsto de forneamento. E, como retêm muito calor residual, há a necessidade de organizar a produção para que ele

> **OBSERVAÇÃO**
> Como é dito popularmente, do forno cada dono entende do seu. Para um perfeito ajuste de temperatura, recomenda-se iniciar com a temperatura padrão e fazer testes em uma variação térmica de 10 °C para cima e 10 °C para baixo até encontrar a temperatura ideal, pois dependendo da marca, da idade do forno e da montagem as temperaturas variarão.

possa ser utilizado pelo maior tempo possível. Existem estabelecimentos que colocam outros produtos, como tomate, para secar após seu desligamento, evitando desperdício de energia.

Como informado anteriormente, a temperatura base de trabalho (a qual é sempre a do pão de massa pobre, que exige maior temperatura) gira em torno de 210 °C neste tipo de equipamento. Cada forno tem suas peculiaridades, como acontece com os domésticos. Quando se adquire um novo, o ajuste é feito com a utilização.

10.2. FORNO TURBO

O forno turbo geralmente é menor que o de lastro em largura, pois possui várias prateleiras que otimizam espaço e aumentam a capacidade de carregamento. Como já informamos, tem resposta térmica mais rápida por ser dotado de ventoinhas que fazem o calor gerado circular por ar forçado. Em decorrência do ar circulante, a temperatura de trabalho do forno turbo é menor que a do forno de lastro. A ventoinha geralmente gira a 1.460 rpm, e há modelos com controle da velocidade. Uma velocidade mais baixa possibilita o ajuste de temperatura para um valor maior.

Pelo fato de o forno turbo ocupar menos espaço e ter resposta térmica mais rápida, supermercados e pequenos pontos comerciais acabam optando por esse tipo de equipamento.

Cada marca possui uma resposta térmica diferente. Assim, o profissional de panificação precisa consultar o manual de instrução para que o tempo de preaquecimento seja determinado.

Como já dissemos, a temperatura padrão de trabalho é de 170 °C neste tipo de forno. E, assim como no caso do forno de lastro, quando é iniciada a utilização de um novo equipamento, o ajuste fino da temperatura ocorre pelo uso, por meio de testes.

10.3. VAPORIZAÇÃO

Vale a pena, aqui, destacar o papel da vaporização no assamento dos pães, que consiste em injetar vapor de água na câmara do forno para que a massa direcione o seu crescimento pelo corte feito momentos antes do forneamento. Sem o vapor, a crosta secaria rapidamente e o pão racharia no ponto em que a modelagem estivesse mais frágil (por exemplo, sem vaporização as características de crosta atribuídas ao pão francês não seriam alcançadas). Além disso, o vapor ajuda a distribuir o calor dentro da câmara e confere brilho à casca do pão. Assim, massas de casca crocante são aquelas que necessitam de aplicação de vapor e de corte antes de serem assadas. Os outros tipos de pão são assados sem esse elemento – ou seja, é aplicado somente calor seco.

Nos fornos antigos de alvenaria há um registro, como o de uma torneira, que é aberto por alguns segundos e fechado. Os atuais jogam uma quantidade predeterminada de água correspondente ao tamanho do forno. Mais do que quantidade, podemos definir a injeção de água por tempo (em torno de 6 a 8 segundos nos fornos atuais e, aproximadamente, 3 segundos nos antigos). Há um comando no forno para o vapor, seja apertando um botão, seja apertando o *timer* com essa função já pré-selecionada anteriormente.

Na primeira etapa de forneamento, a válvula de saída do ar quente fica fechada (quando há esta opção), a fim de que o vapor permaneça dentro do forno (em torno de 10 minutos). Na segunda etapa, a válvula é aberta (quando existe esta opção) e o forneamento é feito com calor seco, para que o pão seque e se forme a crosta.

11. FATIADORA

Este equipamento permite que se obtenham fatias uniformes do pão (geralmente o de fôrma ou o italiano) de maneira rápida e higiênica. A fatiadora é dotada de lâminas dentadas e cortantes que se movem alternadamente em sentido vertical. O pão entra pela parte superior e escorrega pela rampa inclinada até as lâminas, saindo fatiado na parte inferior sem que tenha havido manuseio (o que dá ao produto maior tempo de prateleira).

É importante manter as lâminas sempre afiadas para facilitar a operação. Além disso, os pães não devem ser cortados quentes, porque apenas depois de a massa ser resfriada há firmeza suficiente para permitir a manipulação sem perda do formato.

A operação deve ser feita de acordo com as etapas abaixo:

1. Antes de ligar a fatiadora passe álcool, para que qualquer resíduo de pó do ambiente acumulado seja eliminado (já que este tipo de equipamento não é utilizado de forma contínua).

2. Ligue a fatiadora.
3. Coloque o pão na parte superior do equipamento. Um pão de cada vez, para que as fatias não se misturem.
4. Retire o pão fatiado pela parte inferior.

5. Ao final da utilização, retire todos os resíduos de farelo e limpe a superfície com álcool (não jogue água, para evitar ferrugem nas lâminas).

12. GELADEIRA

As geladeiras domésticas e as profissionais possuem praticamente as mesmas características. Embora algumas contenham ar forçado para que a constante abertura não comprometa a temperatura interna, a forma de utilização e a disposição de produtos são semelhantes.

A disposição dos insumos deve observar a separação de produtos crus dos cozidos e prontos – da mesma maneira como deve ser feito em refrigeradores domésticos.

Nas padarias, as geladeiras podem ser substituídas por câmaras frias, que possuem maior volume de armazenamento. Existem também balcões refrigerados, muito úteis em áreas de preparo de lanches, corte de frios e preparo de salgados.

CAPÍTULO 2
Ingredientes e suas funções

Segundo a definição da Anvisa, pães são os produtos obtidos da farinha de trigo e/ou de outras farinhas adicionadas de líquido e resultantes dos processos de fermentação (ou não) e de cocção. É possível que contenham outros ingredientes, desde que não os descaracterizem, e apresentem cobertura, recheio, formato e textura variados.

No livro *Como assar pães*, o autor, Michael Kalanty, organiza esses produtos em cinco famílias a partir de suas composições (principalmente os percentuais de açúcar e de gordura em relação ao total de farinha utilizada).

Esses percentuais são o que em panificação é chamado de porcentagem do padeiro (PP). O PP é consagrado na panificação porque funciona para padronizar as formulações e ajudar no cálculo das receitas (ver página 81). Além disso, é uma forma de o profissional conhecer a massa de acordo com os percentuais de cada ingrediente. Por exemplo, na ciabatta, as características de miolo macio e aerado vêm dos seguintes PPs: até 6% de gordura, até 4% de açúcar e aproximadamente 75% a 80% de água em relação ao total da farinha de trigo da receita. No nosso tradicional pão francês, temos, por exemplo, 2% de gordura, 2% de açúcar e de 55% a 65% de água.

A classificação de Kalanty divide as massas em pobre (ou magra, em que o açúcar e a gordura são inferiores a 5% do total de farinha utilizada); macia (ou semirrica, em que o açúcar e a gordura se situam entre 5% e 10% do total de farinha); rica (que tem em média 5% de açúcar e gordura superior a 15%); úmida (água superior a 70%); e doce (açúcar entre 11% e 15% e gordura superior a 11%).

No Brasil,[1] a classificação é simplificada; utilizam-se apenas pobre, semirrica e rica.

Classificação das massas adotada no Brasil		
Tipo de massa	Percentual de açúcar	Percentual de gordura
Pobre	0%-4%	0%-4%
Semirrica	5%-10%	5%-10%
Rica	Acima de 11%	Acima de 11%

As quantidades de açúcar e de gordura apresentam variações nos livros disponíveis sobre o assunto, mas podemos considerar dentro das produções dos pães tradicionais uma variação de 2 pontos percentuais para mais ou para menos. Isso não descaracterizará o produto; apenas deixará o pão mais ou menos macio, com durabilidade um pouco maior ou menor.

Dentre os cereais usados na panificação, o que fornece farinha mais apropriada é o trigo, que desenvolve o glúten responsável pela elasticidade característica da massa de pão.

Farinha de trigo

O trigo chegou às terras brasileiras no século XVI. Em cartas antigas, os colonizadores registram a falta desse item aqui e reclamam dos pães elaborados com a farinha de mandioca. Naquela época, o clima dificultou a cultura no Brasil. Chegou a haver algum plantio no século XVIII, mas as plantações foram dizimadas pela praga da ferrugem. A cultura foi retomada apenas na década de 1920. A região Sul concentra 90% da produção, com destaque para o estado do Paraná. Também há cultivos no Sudeste (São Paulo e Minas Gerais) e até no Centro-Oeste (Mato Grosso do Sul, Goiás e Distrito Federal). A concentração no Sul se deve ao fato de a cultura do trigo necessitar de temperaturas baixas para que o grão acumule quantidades de proteínas formadoras do glúten.

A produção no Brasil é de cerca de 6 milhões de toneladas ao ano, segundo a Empresa Brasileira de Pesquisa Agropecuária (Embrapa). O consumo vem se mantendo inalterado nos últimos anos, com a demanda estimada em 10 milhões de toneladas. Ou seja, 4 milhões de toneladas anuais são importadas, o que torna o preço dos produtos de panificação muito suscetível à variação cambial.

---

[1] A massa úmida citada por Kalanty fica inserida na classificação das massas pobres, e a massa doce entra na classificação de massas ricas.

O trigo é uma gramínea do gênero Triticum. O termo *triticum* vem do latim e significa quebrado, triturado (em uma referência à farinha). O grão tem forma oval, apresenta comprimento entre 4 mm e 7 mm e está dividido em três macrorregiões: gérmen, pericarpo e endosperma.

- **Gérmen:** representa entre 2,8% e 3,5% do grão e se localiza em sua extremidade (é o embrião de uma nova planta). A composição é principalmente de lipídeos (gorduras) e açúcares. O gérmen é removido no processo de moagem para obtenção da farinha de trigo branca.
- **Pericarpo:** consiste na casca, a parte externa do grão, e representa de 7,8% a 8,6% do grão. Feito de várias camadas, apresenta alto teor de fibras e minerais. É mantido apenas quando a farinha obtida é a integral. Ou seja, assim como o gérmen, na moagem que resulta na farinha branca o pericarpo é retirado.
- **Endosperma:** detém de 87% a 89% do peso do grão de trigo. É do endosperma que se obtém a farinha, já que nesta parte do grão estão o amido e as proteínas formadoras do glúten.

A Norma Técnica da Anvisa referente à farinha de trigo regula a produção, a comercialização e a utilização desse item no Brasil, por isso vale a pena conhecê-la.

> 2. Definição.
> Entende-se por farinha de trigo o produto obtido a partir da espécie *Triticum seativan* ou de outras espécies do gênero Triticum reconhecidas (exceto *Triticum durum*) através do processo de moagem do grão de trigo beneficiado. À farinha obtida poderão ser acrescidos outros componentes, de acordo com o especificado na presente Norma.
>
> 3. Designação.
> O produto será designado farinha de trigo, seguida de sua classificação. No caso das farinhas aditivadas deverá fazer do nome expressões tais como: "Farinha de trigo com fermento" e "Farinha de trigo com aditivo".
>
> 4. Classificação.
> A farinha de trigo é classificada de acordo com seu uso:
>> 4.1. Uso doméstico:
>>> 4.1.1. Farinha de trigo integral. Obtida a partir do cereal limpo e com teor máximo de cinzas de 2,0% na base seca.
>>>
>>> 4.1.2. Farinha de trigo especial ou de primeira: obtida a partir do cereal limpo, desgerminado com teor máximo de cinzas de 0,65% na base seca. 98% do produto deverá passar através de peneira com abertura de malha de 250 μm.
>>>
>>> 4.1.3. Farinha de trigo comum: obtida a partir do cereal limpo, desgerminado com teor de cinzas entre 0,66% e 1,35% na base seca. 98% do produto deverá passar através de peneira com abertura de malha de 250 μm.
>>
>> 4.2. Uso industrial:
>>> 4.2.1. Farinha de trigo integral: obtida a partir do cereal limpo e com teor máximo de cinzas de 2,5% na base seca devendo obedecer aos requisitos específicos para cada segmento de aplicação.
>>>
>>> 4.2.2. Farinha de trigo obtida a partir do cereal limpo, desgerminado e com teor máximo de cinzas de 1,35% na base seca devendo obedecer aos requisitos específicos para cada segmento de aplicação. 98% do produto deverá passar através de peneira com abertura de malha de 250 μm.
>
> 5. Características de composição e qualidade.
> [...]
>> 5.2. Características organolépticas
>>> 5.2.2. Cor branca, com tons leves de amarelo, marrom ou cinza, conforme o trigo de origem. (Anvisa, 1996)

Ainda de acordo com a Anvisa, a composição nutricional da farinha de trigo deve corresponder a:
- **carboidrato (amido):** de 65% a 70%;
- **umidade (água):** de 12% a 15%;
- **proteínas:** de 8% a 14% (8% para confeitaria, acima de 10% para panificação e 14% para produção de macarrão);
- **lipídeos (gorduras):** de 1% a 1,5%;
- **sais minerais:** de 0,3% a 0,8%.

Desde 2002, é obrigatória a adição de ferro e ácido fólico à farinha de trigo no Brasil, mas em abril de 2017 a Anvisa ampliou as quantidades a serem adicionadas. A alteração teve como base as diretrizes da Organização Mundial da Saúde (OMS), já que o ácido fólico evita a má-formação de bebês e o ferro combate a anemia. Pelas regras atualizadas, os fabricantes estão obrigados a enriquecer as farinhas de trigo e de milho com 4 mg a 9 mg de ferro e com 140 μg a 220 μg de ácido fólico (para cada 100 g de farinha).

O teor de proteínas (citado acima) é o parâmetro usado para definir a farinha como fraca, média ou forte.

Quantidade de proteína presente na farinha de trigo	
Tipo de farinha	**Percentual de proteína**
Fraca	8% (para confeitaria)
Média	Acima de 10% (para panificação)
Forte	14% (para macarrão)

Para o consumidor final, praticamente não há separação dos tipos de farinha. Os rótulos apresentam índice de proteínas em torno de 7% a 10%.

As farinhas produzidas para fins determinados, como panificação, bolos, biscoitos, massas, são direcionadas a grandes indústrias.

Nas pré-misturas, as especificações do conteúdo e de qualidade do glúten são definidas pelas características dos produtos a que se destinam. Por exemplo: na pré-mistura para pão macio, a farinha tem uma quantidade de glúten menor que na pré-mistura para pão francês (que exige maior teor e melhor qualidade de glúten).

Nos últimos anos, temos visto farinhas importadas da França e da Itália chegando ao mercado brasileiro, o que confere mais opções de escolha para a produção de pães diferenciados, como os rústicos de fermentação natural, por exemplo.

O GLÚTEN

No trigo, as proteínas estão divididas em solúveis (albuminas e globulinas) e proteínas de reserva (gliadina e glutenina). A gliadina e a glutenina, após entrarem em contato com a água e sofrerem o trabalho mecânico efetuado na preparação da massa, entrelaçam-se, formando uma malha fibrosa. Essa rede de fibras é o glúten. Assim, dos componentes da farinha de trigo, o glúten é o responsável pela extensibilidade e pela elasticidade que conferem volume e qualidade à massa. No processo do pão, o fermento produz gás carbônico (ver mais adiante neste capítulo), e o glúten retém esse gás. Maior quantidade de água poderá ser adicionada à massa quanto maior for a quantidade de glúten presente, porque a proteína dá estrutura à massa e não a deixa ficar mole ao ponto de se espalhar.

O AMIDO

O amido é o principal elemento da farinha de trigo, pois está contido no endosperma (a parte do grão de trigo que dá origem a ela). Quando o amido é retirado de partes subterrâneas e raízes, é denominado fécula (por isso se fala em fécula de batata, por exemplo).

O amido é composto por unidades de açúcares (glicose) ligadas entre si, formando cadeias. Enquanto ao glúten são atribuídas as características de crescimento da massa

do pão, ao amido atribuímos as características do miolo. Durante o forneamento, o amido e a água presentes na massa sofrem o processo conhecido como gelatinização: conforme o calor penetra, o amido se gelatiniza. A gelatinização do amido do trigo ocorre entre 52 °C e 63 °C. Com esse fenômeno, existe menos água livre para se difundir (e evaporar) para a superfície. Sem vapor superficial, uma crosta dura se forma em decorrência da desidratação. Sob resfriamento, a viscosidade do gel de amido no miolo aumenta, e a estrutura do pão se estabelece.

O chamado *staling* (o endurecimento do pão) está ligado ao fenômeno denominado retrogradação do amido. Como vimos, quando a massa do pão é aquecida, ocorre a gelatinização. Na retrogradação, ocorre o inverso.

O AMIDO DE OUTRAS FONTES

Embora estejamos nos referindo aqui ao amido como componente da farinha de trigo, vale destacar o uso dele quando proveniente de outras fontes, como o milho, a mandioca, o arroz e a batata.

Temperaturas de gelatinização dos diferentes amidos:
- **milho:** entre 62 °C e 72 °C;
- **mandioca:** entre 58 °C e 70 °C;
- **arroz:** entre 61 °C e 77 °C;
- **batata:** entre 56 °C e 66 °C.

O amido pode ser usado para a obtenção de pães destinados a quem tem restrição ao trigo por causa da doença celíaca (intolerância ao glúten).

Algumas receitas preveem a substituição total da farinha de trigo, gerando produtos de panificação com características e sabores distintos. Em outros casos, as farinhas alternativas são usadas em combinação com a de trigo. Por exemplo, um estudo divulgado pela Embrapa afirma ser possível substituir até 6% da farinha de trigo por amido de milho normal sem que haja prejuízo da qualidade do pão obtido. Esse mesmo estudo descreve ainda a possibilidade de uso simultâneo de amido de milho normal e amido pregelatinizado, na proporção de três partes do primeiro para uma do segundo. Neste caso, tal mistura possibilitaria substituir até 20% da farinha de trigo.

Assim, nas preparações de pão com teor reduzido de trigo ou totalmente sem ele, o amido desempenha papel importante, seja o amido processado (modificado), seja o presente na composição de farinhas alternativas (por exemplo, farinha de arroz e fécula de mandioca, entre outras).

Além dessas possibilidades na massa, os amidos também são usados na panificação como espessante em cremes para recheio ou coberturas. Por exemplo, ele está presente no creme de confeiteiro e no gel de brilho. No dia a dia das padarias, esses dois itens são feitos a partir da mesma pré-mistura industrializada de creme de confeiteiro. No caso do creme, o pó é misturado com leite; no caso do gel, com água. As quantidades são as especificadas no modo de preparo de cada marca ofertada no mercado.

Amidos, outras farinhas e farelos

FARINHA DE CENTEIO

É a segunda farinha mais importante para o fabrico de pães. O centeio contém glúten, portanto os produtos que o têm como ingrediente não são recomendados para os celíacos. A quantidade é inferior à presente no trigo, portanto o pão feito somente com este cereal é pesado e apresenta pouco volume. Assim como na utilização da farinha de trigo integral, parte da farinha de trigo branca é substituída pela de centeio. A porcentagem varia de acordo com cada preparação. Quanto menor for a quantidade de farinha de centeio adicionada, mais leveza e volume terá a massa. Quanto maior for a porcentagem adicionada, menor volume e alvéolos a massa terá. A massa também será mais pegajosa.

FARINHA DE CEVADA

Este cereal também possui glúten, por isso é contraindicado para celíacos. Como na utilização da farinha de trigo integral, parte da farinha de trigo branca é substituída pela de cevada, que pode ser encontrada nas versões crua ou torrada (foto). Ela dá ao pão um sabor mais adocicado. A porcentagem varia de acordo com cada preparação. Quanto menor a quantidade adicionada, mais leveza e volume na massa; quanto maior a quantidade adicionada, mais pesada e com menos volume a massa.

FARINHA DE ARROZ

É a farinha mais utilizada na substituição da farinha de trigo para o fabrico de pães sem glúten. Tem baixo custo e bom rendimento. Ao utilizar a farinha de arroz, considere escolher a branca. A farinha integral, apesar de conter maior quantidade de minerais e fibras, confere ao produto um gosto bastante acentuado que não agrada a muitos paladares.

FARINHA DE AVEIA

A aveia também não contém glúten, porém pode haver contaminação cruzada em alguma etapa de produção: no plantio (por ser cultivada no mesmo terreno onde centeio, cevada e trigo são plantados), no transporte ou no processamento (pois os moinhos utilizados também são os mesmos). A farinha é rica em fibras, principalmente as solúveis, e pode ser adicionada aos pães como substituição de parte da farinha branca, da mesma forma como ocorre com o centeio e a cevada. Pode ser utilizada em flocos, para finalização.

farinha de centeio

farinha de cevada

FARINHA DE MILHO (FUBÁ)

O milho é o cereal mais produzido no mundo, de acordo com dados da Organização das Nações Unidas para Alimentação e Agricultura (FAO). O cultivo teve sua origem na América (México) e se espalhou por todos os continentes. Na panificação, a farinha de milho é usada no preparo não só de pães como também de broas (doces e salgadas) e de tortillas. Na fabricação de pão e de broa, é misturada com farinha branca em diversas proporções (dependendo da receita). As tortillas tradicionais mexicanas são feitas somente com a farinha de milho. É um produto isento de glúten desde que não haja contaminação nos processos de transporte, moagem e envase.

FÉCULA DE MANDIOCA (POLVILHO)

A fécula é o amido extraído das raízes de tubérculos. A de mandioca também é conhecida como polvilho. O polvilho pode ser comercializado doce ou azedo. O doce é obtido pelo processo de secagem sem fermentação. O azedo fermenta antes de ser seco, o que dá ao produto a acidez característica. É o principal ingrediente utilizado na fabricação do pão de queijo, de chipa e de tapioca. A fécula possui praticamente amido em sua composição, e o valor deve ser de 80% de acordo com a Anvisa.

FARELO DE TRIGO

Na definição da Anvisa, os farelos são os produtos resultantes do processamento de grãos de cereais e/ou leguminosas. Os farelos são constituídos principalmente de casca e/ou gérmen e podem conter partes do endosperma. Em razão dessas características, na panificação os farelos são utilizados para incrementar a quantidade de fibras do produto. Podem tanto ser usados na fabricação de massas integrais como em finalizações (cobertura).

farinha de milho

fécula de mandioca

Água

Juntamente com a farinha, é o ingrediente mais importante, pois:
- permite a ação do fermento (ver mais adiante, neste capítulo);
- dissolve os ingredientes sólidos;
- possibilita a formação do glúten;
- possibilita a gelatinização do amido;
- determina a consistência final da massa;
- conduz e controla a temperatura da massa;
- favorece o crescimento dos pães.

A quantidade de água adicionada depende do tipo de pão fabricado e da qualidade da farinha utilizada, já que farinhas mais fortes (com maior teor de proteína – aproximadamente 12%) conseguem absorver maior quantidade de água sem que haja perda de estrutura.

No mercado nacional, como informado anteriormente, as farinhas comercializadas possuem teor de proteína em torno de 7% a 10%. Assim, tomando como referência a farinha nacional e considerando que a quantidade de líquido absorvida pela massa é proporcional à quantidade de proteína (glúten) na farinha, nas padarias brasileiras a formulação do nosso pão francês poderá absorver de 55% a 65% de água. Uma ciabatta absorverá de 75% a 80% de água.

A quantidade de água também dependerá do modo como o pão será feito: artesanal (sem utilização de equipamento para modelagem) ou industrial (com equipamentos de modelagem). Seguindo o exemplo acima, uma baguete que seria feita com hidratação de 55% a 65% para passar na modeladora poderá receber hidratação de 70% a 75% se for elaborada no modo artesanal (com modelagem manual).

CARACTERÍSTICAS DA ÁGUA

Na panificação também é importante conhecer as características da água, pois esse fator interfere no resultado do pão.

- **Água dura:** contém grande quantidade de sais minerais que fortalecem o entrelaçamento molecular do glúten. Neste caso, é possível diminuir a quantidade de melhorador na massa (de 1% para 0,5%). Mas vale lembrar que a água mineral é conseguida em nascentes, razão pela qual a grande maioria dos estabelecimentos não possui condição de obtê-la. Comprar água mineral para o fabrico de pães elevaria o custo do produto. Assim, não é uma água recomendada comercialmente. Além disso, teria de ser levada em conta a necessidade de laudos frequentes sobre a potabilidade do líquido, exigida pela Anvisa.
- **Água mole:** apresenta pequena quantidade de sais minerais e provoca o amolecimento do glúten, tornando a massa pegajosa. Nesta situação, é preciso aumentar a quantidade de sal. Água mole é a que recebemos pelos encanamentos nas grandes cidades, ou seja, a que a maioria dos estabelecimentos utiliza para a linha de produção. Por esse motivo, a quantidade de melhorador é padronizada entre 1% e 2% sobre o peso da farinha total. Quanto mais pobre for a massa (formulações de pão francês, de baguete, de pão italiano) e com teor menor de proteínas formadoras de glúten na farinha utilizada, maior será a quantidade de melhorador acrescida. Mas esse valor não deve ultrapassar os 2%, pois uma quantidade maior deixa um gosto amargo na massa.
- **Água clorada:** contém grande quantidade de cloro, o que interfere na fermentação e no sabor do pão. Assim, é necessário aumentar a quantidade de fermento. O procedimento correto é ter duas caixas de água reservadas para a linha de produção. Elas serão intercaladas na utilização, a fim de que haja um período de 24 horas entre a recepção da água da rua e a utilização. O tempo de descanso possibilita que o cloro presente na água evapore e não interfira no processo fermentativo.
- **Água destilada:** não apresenta sais minerais e não serve para panificação.

> **OBSERVAÇÃO**
> Sobre a relação entre água e processo fermentativo, vale destacar que cada padeiro adapta a quantidade de fermento usada considerando diversos fatores: temperatura ambiente, tempo de trabalho na bancada, quantidade e tipos de massa a serem produzidos, tipo de fermento. Por esse motivo, não há uma tabela "padrão" de quantidade de fermento contemplando a qualidade de água. As características do líquido aqui descritas se somam a outros fatores que o profissional leva em conta para definir o uso do fermento.

Fermento

Para falar de fermento, é preciso antes saber mais das leveduras. Elas são seres unicelulares presentes na natureza em todos os lugares, mais frequentemente encontrados onde há açúcares disponíveis.

A levedura recuperada do processo de produção de cerveja era utilizada como fermento na panificação até metade do século XIX. A mudança veio a partir de 1850, quando Louis Pasteur constatou que o fermento é um organismo vivo e responsável pela degradação do açúcar em álcool e gás carbônico.

Com a evolução do processo produtivo, tornou-se possível a fabricação de fermento em escala industrial, utilizando-se um subproduto da fabricação de açúcar: o melaço. Esse processo é rigidamente controlado para que se obtenha uma pasta concentrada de leveduras viáveis, que são comercializadas sob forma de blocos úmidos e refrigerados (o conhecido fermento biológico fresco) ou submetidas a um processo de secagem, obtendo-se assim o fermento biológico seco.

A primeira fábrica de levedura prensada comercial foi instalada em 1870, pela Fleischmann®. Em 1920, com o fim da Primeira Guerra Mundial, surgiu o fermento fresco.

O fermento funciona como um agente de crescimento que transforma o açúcar presente na massa em gás carbônico. Esse gás produzido é o responsável pelo crescimento da massa de pão.

É por causa do processo fermentativo que podemos dizer que o pão é "vivo". No processo de mistura e sova (cilindragem) da massa (ver capítulo 4), a temperatura deve ser mantida no máximo a 26 °C, porque a partir desse patamar o fermento se torna muito ativo, reduzindo o tempo disponível para o trabalho em bancada com a massa depois da mistura/sova. O quadro a seguir mostra a relação entre a ação do fermento e a temperatura. A faixa indicada como ideal (de 27 °C a 35 °C) é aquela em que o fermento está em um patamar de atividade recomendado para as etapas do processo de produção em que o foco é o crescimento da massa. Quando o foco não é fermentar, mas misturar/sovar, a temperatura não deve ultrapassar os 26 °C.

Temperatura × atividade do fermento	
Temperatura	Ação
2 °C	Inativo
16 °C a 26 °C	Fermentação lenta
27 °C a 35 °C	Temperatura ideal
59 °C	Morte

A quantidade de fermento a ser empregada em cada formulação depende do tipo de massa, da temperatura e do tempo disponível. Tomando como exemplo uma massa semirrica, podemos ver como a porcentagem de fermento (no caso, o biológico fresco) influi no tempo de fermentação.

Exemplo de influência da quantidade de fermento (biológico fresco) no tempo de fermentação		
Percentual de fermento	Em temperatura de 26 °C	Na câmara de fermentação (modo estufa)
5%	120 min	40 min
3%	150 min	50 min

Ou seja, com menos fermento, gasta-se cerca de 30% mais tempo para fermentar a massa.

Além de determinar o volume dos produtos de panificação, o fermento produz substâncias aromáticas, conferindo aroma e sabor aos pães.

FERMENTO BIOLÓGICO FRESCO

É um organismo vivo, em estado de dormência em um meio de cultura. Por isso, não deve ser deixado fora da geladeira por muito tempo, para evitar que as leveduras morram. Mesmo em refrigeração, a validade é curta, por isso deve-se prestar atenção a sinais que indicam a morte do fermento, como pontos escuros.

FERMENTO BIOLÓGICO SECO

Apresenta rendimento maior que o fresco – a proporção é de 1 para 3 em relação ao fresco. Ou seja, em uma receita que pede 30 g de fermento biológico fresco devem ser utilizados 10 g do biológico seco.

Este fermento entra na mistura junto com os ingredientes secos, sendo adicionado na masseira no início do processo. Assim, ele é hidratado gradativamente, conforme há a adição da água e a sova da massa. Pelo fato de esse fermento exigir maior tempo para se tornar ativo (cerca de 30 minutos mais do que o fresco), os estabelecimentos que trabalham com uma linha produtiva de grande escala o utilizam com mais frequência do que o fresco, pois o tempo de bancada é maior. Ou seja, há muito mais tempo para porcionar e modelar a massa pronta antes que ela comece a fermentar e perca a estrutura. As vantagens não se restringem a esse maior tempo de bancada; estão relacionadas também ao menor custo de estocagem (já que o seco não exige refrigeração, diferentemente do fresco) e à maior durabilidade (dois anos, contra algumas semanas do fermento fresco).

> **OBSERVAÇÃO**
> Costumamos dizer que, enquanto o fermento fresco está em dormência, o seco está hibernando – ou seja, demora muito mais tempo para acordar.

Características dos fermentos biológicos

	Fresco	Seco
Umidade	70%	9% de água
Aparência	Massa de cor cinza creme	Grãos marrons em formato de bastão
Conservação	Sob refrigeração	Em temperatura ambiente
Durabilidade	45 dias	2 anos
Temperatura de fermentação	Cerca de 30 °C	Cerca de 35 °C
Morte	A 59 °C	A 59 °C
Poder fermentativo	Alto	Médio

FERMENTO QUÍMICO

Ao contrário do fermento biológico, que contém microrganismos vivos, o fermento químico possui em sua composição um agente produtor de gás carbônico por reação química (bicarbonato de sódio). Esse fermento contém, além do bicarbonato, um ácido, o qual reagirá gerando gás e neutralizando o sabor residual deixado pelo bicarbonato após a reação química, e amido, cuja finalidade é absorver a umidade para que o bicarbonato não reaja antes de ser colocado na massa.

O gás carbônico é produzido pela inserção em meio líquido e por aquecimento, contribuindo para o crescimento de bolos, biscoitos e tortas. É um fermento mais utilizado em produtos de confeitaria.

fermento biológico seco

fermento biológico fresco

fermento químico

> **OBSERVAÇÃO**
> Em diversos livros, principalmente de metodologia de produção francesa, o sal não é adicionado no início, junto com os ingredientes secos, como ocorre nas padarias brasileiras. Isso se deve ao fato de o sal contrair as proteínas formadoras de glúten, ou seja, auxiliar seu desenvolvimento, o que nem sempre é desejável em um primeiro momento. A metodologia francesa trabalha com o desenvolvimento de glúten de forma lenta e gradativa, que muitas vezes termina na bancada. Na produção das padarias brasileiras, o sal é adicionado no início, com os secos, para que o padeiro não se esqueça desse item, comprometendo a qualidade do produto final, e também para ajudar no fortalecimento da rede de glúten inicial e compensar eventuais deficiências da farinha.

Sal

O sal não tem apenas relação com o sabor de um pão. Ele atua como fortalecedor do glúten; no controle do tempo de fermentação (porque inibe a ação do fermento); como branqueador do miolo; como conservante.

A dosagem inadequada desse ingrediente determina o resultado final de um pão.

A falta de sal causa:
- amolecimento excessivo da massa;
- achatamento da massa no período de descanso;
- fermentação rápida;
- redução do volume do pão.

O excesso de sal resulta:
- na já citada redução da ação do fermento;
- em endurecimento excessivo do glúten;
- em pão pesado e duro.

Como regra geral, a quantidade de sal é de 2%, mas ela pode variar conforme o tipo de farinha e o tipo da massa.

Quantidade de sal de acordo com a farinha	
Tipo de farinha	**Percentual de sal**
Fraca	2,5%
Média	2%
Forte	1,5%

Quantidade de sal de acordo com a massa	
Tipo de massa	**Percentual de sal**
Doce	1,5%
De sal	2%

Açúcar

Extraído da cana-de-açúcar e da beterraba (em países de clima mais frio), o açúcar cumpre as seguintes funções na panificação:
- é alimento do fermento biológico;
- confere textura mais macia à massa;
- atua na conservação da umidade;
- propicia melhoramento do valor nutritivo;
- dá aroma;
- proporciona cor;
- confere sabor.

O açúcar é apresentado em formato granular de diversos tamanhos. Os tipos mais comuns são o refinado granulado de mesa, o cristal, o demerara, o mascavo, o orgânico, o confeiteiro e o impalpável.

O mais utilizado na panificação é o refinado, que, como o nome diz, passa por refino, recebendo agentes clareadores.

Quantidade média de açúcar na massa	
Tipo de pão	Percentual de açúcar
Francês	0%-2%
Semidoce	3%-10%
Doce	11%-25%

As porcentagens do quadro acima podem ser usadas como referência considerando a classificação das massas tradicionais, mas em formulações especiais os valores serão outros.

O açúcar cristal (de granulometria maior que a do refinado), o confeiteiro e o impalpável (de granulometria menor que a do refinado) são mais empregados em finalizações como cobertura.

O açúcar demerara e o orgânico raramente são utilizados.

O açúcar mascavo – que possui sua coloração marrom pelo fato de, em seu processo, ser mantido o melaço que é retirado na produção do refinado – é bastante usado na fabricação de pães integrais, já que em pães brancos a cor do mascavo escurece a massa final. A quantidade adicionada pode seguir a proporção recomendada para cada tipo de massa (pobre: até 4%; semirrica: de 5% a 10%; rica: acima de 11%). Vale lembrar, porém, que o poder adoçante do açúcar mascavo é menor que o do refinado.

> **OBSERVAÇÃO**
> Nas receitas deste livro, toda vez que o açúcar aparecer na lista de ingredientes, deverá ser considerado o refinado. Açúcares específicos, quando usados, serão informados caso a caso.

Lipídeos (gorduras)

Os lipídeos são substâncias graxas de origem animal, como a manteiga e a banha de porco, por exemplo, ou de origem vegetal, como o azeite, os óleos e as gorduras "hidrogenadas".

As gorduras desempenham papel fundamental na panificação, pois, além de melhorarem o aroma, o sabor e a textura, aumentam o valor nutritivo do pão e ampliam a conservação do produto. A conservação é favorecida porque as gorduras preenchem os poros da massa, formando uma camada protetora que ajuda na retenção da umidade. Além disso, as gorduras retardam o envelhecimento do amido. Vale lembrar, aqui, que o amido se gelatiniza na cocção e que, depois de frio, sofre a retrogradação e tende a ficar ressecado com o tempo, tornando o pão duro. As gorduras retardam esse processo de endurecimento do pão.

As gorduras também aumentam a maquinabilidade (cilindragem) da massa, facilitando o processo. A ação lubrificadora que exercem sobre o glúten torna as proteínas mais elásticas, permitindo maior volume ao pão e proporcionando maior estabilidade à massa.

RECOMENDAÇÕES DE USO E DE CONSERVAÇÃO

Em uma preparação, a gordura deve ser adicionada depois de a água ter sido colocada. Isso permite a total hidratação dos amidos e das proteínas da farinha de trigo.

Não é possível estabelecer porcentagens rígidas de gordura, porque esses valores dependem do tipo do pão, da gordura e até dos costumes alimentares. Mas, como referência, podem ser utilizados os percentuais do quadro abaixo.

Quantidade de acordo com a massa	
Tipo de masssa	**Percentual de gordura**
Pobre (magra)	Pão francês: 2%
Semirrica (macia) e doce	Pão de massa semirrica: 5%-10%
	Pão de massa rica e pão doce: 11%-25%
Folhada e semifolhada	Até 100% (quantidade referente à gordura para fazer a folhagem da massa e não em sua composição)

As gorduras devem ser conservadas protegidas do ar e dos excessos de luminosidade e temperatura. Recomenda-se que sejam mantidas em refrigeração, no caso de manteigas, banha de porco e margarina comum, ou em temperatura ambiente (aproximadamente 21 °C), no caso de óleos, azeites e margarinas comerciais que tenham no rótulo essa especificação de conservação.

BANHA DE PORCO

Esta gordura de origem animal é largamente empregada na panificação para o preparo de pães com linguiça e torresmo. Também é utilizada na fabricação de massas secas para empadas e empadões e de salgados. Possui leve aroma e sabor suave. É ofertada em blocos e tem textura pastosa.

ÓLEOS VEGETAIS

Óleos vegetais são líquidos em temperatura ambiente. Os mais comuns são o de soja, o de girassol, o de canola e o de milho, além do azeite de oliva. São muito utilizados nas frituras, pois alguns (como óleo de soja e de canola, por exemplo) apresentam ponto de fumaça elevado. O de soja tem o melhor custo-benefício, pois apresenta bom rendimento e durabilidade durante a fritura (desde que a temperatura da fritadeira seja bem controlada). O azeite é usado para acrescentar aroma e sabor. O pão português e a focaccia são exemplos de produtos que levam azeite como ingrediente obrigatório. Os demais óleos são empregados apenas com a finalidade de melhorar a textura (maciez e durabilidade) do pão.

MARGARINA E CREME VEGETAL

Segundo portaria do Ministério da Agricultura, da Pecuária e do Abastecimento, a margarina é um produto gorduroso em emulsão estável com leite ou seus constituintes ou derivados, e outros ingredientes. A gordura láctea, quando presente, não deve exceder 3% do teor de lipídeos totais.

Já o chamado creme vegetal, pela definição da Anvisa, é o alimento em forma de emulsão plástica, cremoso ou líquido, do tipo água/óleo, produzido a partir de óleos e/ou gorduras vegetais comestíveis, água e outros ingredientes, contendo de 10% a 95% de lipídeos totais.

Ou seja, os produtos identificados como margarina em seu rótulo (ou no rótulo de produtos que a contêm) possuem leite ou algum de seus derivados. Já o creme vegetal pode ou não conter leite. Essas definições são importantes para o profissional de panificação melhor atender ao público, que tem diferentes padrões de alimentação e pode apresentar restrições alimentares.

Com custo muito menor do que a manteiga, a margarina é bastante usada na panificação. O tipo mais empregado é o que contém 80% de lipídeos. Não são apenas as quantidades de lipídeos; elas também podem apresentar texturas diferenciadas. As destinadas à produção de massas folhadas e semifolhadas, por exemplo, são mais firmes, para facilitar o processo de folhagem.

A margarina tem maior estabilidade e não rancifica, aumentando a durabilidade do pão. Além disso, por ser mais consistente do que a banha e a manteiga, retém pequenas bolhas de ar durante o processo de sova da massa. Assim, há menor possibilidade de o ar escapar da massa, o que contribui para a melhoria da textura. Essas propriedades se devem ao fato de esse produto sofrer um processo de transformação denominado transesterificação (que passou a ser adotado em substituição ao processo de hidrogenação, que gerava a gordura hidrogenada).

GORDURA HIDROGENADA

Atualmente, essa gordura é denominada transesterificada, em razão do processo de transesterificação explicado anteriormente, em que óleos vegetais saturados são misturados a óleos vegetais líquidos com adição de catalisadores para a obtenção de uma textura mais sólida. As gorduras transesterificadas apresentam textura semelhante obtida com o processo de hidrogenação, com utilização e características parecidas de custo e durabilidade.

MANTEIGA

A manteiga é produzida nas unidades envasadoras de leite em que a fração de gordura é separada da parte líquida. É muito usada na panificação, especialmente em produtos típicos, como brioche e massa semifolhada. Nesses itens, a proporção pode variar de 20% a 50% do total da farinha. Nas massas folhadas – mais comuns em confeitaria –, a quantidade de manteiga ou margarina adicionada pode chegar a 100%. Na comparação com a margarina, a manteiga confere mais sabor e aroma. Mas, em razão do impacto no custo do produto, é substituída muitas vezes pela margarina, principalmente nas massas folhadas e semifolhadas.

OBSERVAÇÃO

Ponto de fumaça alto é uma vantagem quando se fala em gordura, já que ela deve apresentar a capacidade de ser aquecida a uma temperatura alta sem queimar. Quando ocorre o ponto de fumaça, que é o colapso da gordura, a degradação do óleo afeta o sabor do produto e traz prejuízos à saúde.

OBSERVAÇÃO

Nas receitas deste livro, toda vez que a manteiga aparecer na lista de ingredientes, deverá ser considerada a versão sem sal.

Ingredientes secundários

LEITE

O leite não é um ingrediente indispensável na panificação, mas apresenta as vantagens de aumentar o valor nutritivo do pão, dar maior estabilidade à massa e melhorar o aroma, o sabor e a cor da casca.

Geralmente, o leite é utilizado em pães doces, de fôrma e de cachorro-quente.

É possível usar o leite em pó ou o líquido (integral, semidesnatado ou desnatado).

Quando se fala em linha produtiva na panificação, o leite em pó é o mais recomendado, por ter maior durabilidade, ocupar menor área de estoque e poder ser adicionado em quantidades diversas e juntamente com os elementos secos.

O semidesnatado e o desnatado são pouco utilizados, pois este item pode ser retirado de pães que têm apelo de *light*. Além disso, há um público considerável que prefere produtos sem leite por causa da digestibilidade, independentemente de possuir ou não intolerância à lactose.

OVO

Assim como o leite, não é um ingrediente fundamental, mas quando utilizado confere maciez à massa, melhora a cor do produto e aumenta seu valor nutritivo. Mas é preciso considerar alguns aspectos.

A clara é um elemento que contribui para que o pão resseque mais rápido após o assamento. Portanto, acima de 10% de adição de ovo na massa, o ideal é adicionar somente gema e não o item inteiro.

Produtos como brioches e panetones devem receber maior quantidade de gema ou somente gema no seu preparo para que fiquem macios por mais tempo.

Um ovo contém em média 72% de umidade. O ovo em pó apresenta umidade aproximada de 3%, o que garante maior durabilidade do produto e ocupa menor área de estoque. O tipo em pó pode ser utilizado em substituição ao fresco desde que se observe a necessidade de correção do valor do líquido adicionado antes de ser acrescido à massa.

MELHORADOR DE FARINHA

Conhecido também como reforçador ou condicionador de massas, o melhorador de farinha geralmente é composto de um elemento ácido, enzima e emulsificante. Na aparência, assemelha-se a uma farinha de trigo comum, porém possui uma textura mais "rugosa" e um odor característico.

O elemento ácido (o mais utilizado é o ácido ascórbico) fortalece a rede de glúten, melhorando o aspecto do miolo e o volume de pão. O ácido também branqueia a massa.

Enzimas estão presentes naturalmente no grão do trigo, já que são essenciais para os processos biológicos. No processo de moagem e obtenção da farinha, perde-se uma enzima (alfa-amilase) importante à quebra do amido para unidades menores de açúcar (que serão fonte de substrato para o fermento). Por esse motivo, em panificação costuma-se adicionar alfa-amilase nas preparações. O açúcar, além de servir como alimento para o fermento, é responsável pela coloração do pão na etapa de forneamento.

Emulsificantes ajudam a integrar elementos que naturalmente não se misturam, como água e gordura, possibilitando melhor distribuição das gorduras dentro da massa e maior incorporação em quantidade adicionada. Por esse motivo, o emulsificante aumenta o tempo em que o pão se mantém macio. Tem influência também na massa produzida, pois aumenta a extensibilidade e a impermeabilidade que facilitam o boleamento e a divisão.

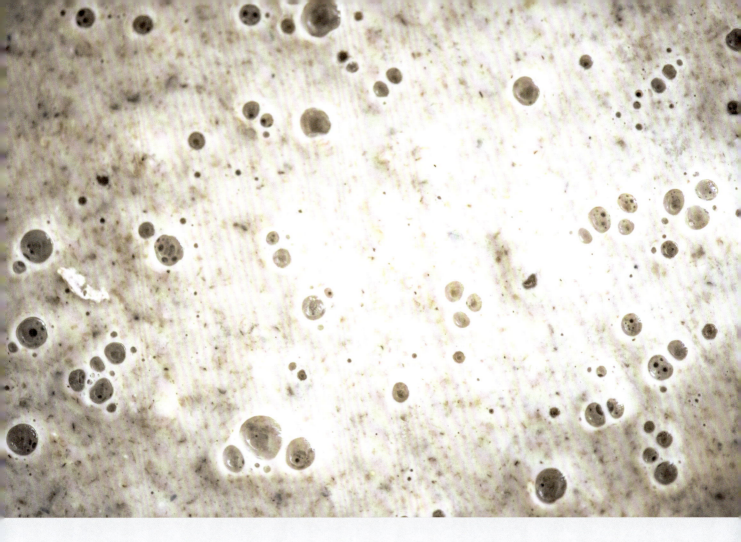

CAPÍTULO 3

Métodos de produção e utilização do fermento

Os métodos de produção de pães são diferenciados, basicamente, pela utilização dos fermentos e pela mistura dos ingredientes. Eles podem ser classificados em:

- método direto convencional;
- método direto rápido (método de Chorleywood);
- método direto padrão;
- método indireto.

Método direto convencional

Foi feito até 1970, aproximadamente, e deixou de ser usado por exigir muito espaço e tempo. Misturavam-se os ingredientes, e a massa era produzida de forma manual. Era preciso controlar a temperatura para que não excedesse os 26 °C (como informado anteriormente, o fermento se torna muito ativo a partir dessa temperatura, dificultando o descanso e a modelagem). Para diminuir o esforço físico, colocava-se a massa em um cocho para fermentar, pois a disposição horizontal e alongada desse recipiente permitia que o padeiro se aproximasse para trabalhar a massa.

Método direto rápido (método de Chorleywood)

Neste método, criado na Inglaterra, todos os ingredientes são misturados de uma só vez. Utiliza masseiras rápidas e, por isso, dispensa a fermentação intermediária. Há somente o descanso breve da massa e a fermentação final. Por causa da velocidade de rotação e do curtíssimo tempo de preparo total (3 a 5 minutos de preparo da massa e 2 horas de tempo total, aproximadamente), exige o uso de melhoradores para a estruturação da massa. Embora tenha sido criado para agilizar a produção, o Chorleywood é pouco aplicado em padarias, por exigir maior controle do processo em decorrência do maior atrito da massa com a masseira rápida e do consequente aumento de temperatura. A temperatura pode variar de 26 °C a 28 °C (máximo de 30 °C). Assim, existe a necessidade de adição de gelo e de precisão na quantidade de água acrescentada, porque a masseira utilizada neste método, com sua extrema velocidade, não permite boa visualização do desenvolvimento da massa e de sua textura, diferentemente do que ocorre no método direto padrão (ver abaixo), que possibilita ajuste da água ao longo do processo. A vantagem no tempo propiciada pelo Chorleywood é ofuscada pela perda de sabor e de aroma. A qualidade inferior do produto final tem feito com que este método seja cada vez menos utilizado.

Método direto padrão

O método direto padrão é adequado a todos os tipos de massa. Nele, os pães podem ser feitos tanto na masseira lenta (uma velocidade) como na semirrápida (duas velocidades). A masseira de uma velocidade exige cilindro após o preparo da massa para desenvolver completamente o glúten. Atualmente, a maioria das padarias utiliza a semirrápida. Os estabelecimentos que ainda possuem masseira lenta estão gradativamente substituindo o equipamento. No uso da semirrápida, na primeira velocidade são misturados os ingredientes secos, seguidos dos líquidos e, então, dos lipídeos. Na segunda velocidade a massa é sovada (cilindragem) até o ponto de véu. A temperatura pode variar de 26 °C a 30 °C. Também é comum o uso de melhoradores neste método, e o tempo estimado de preparo é de 3 horas.

Método indireto

Neste método, a massa é preparada em duas ou mais etapas (por exemplo, preparação da esponja mais preparação da massa). Pode utilizar tanto masseira lenta como masseira semirrápida. Vale lembrar que as masseiras lentas estão caindo em desuso e sendo substituídas pelas semirrápidas.

Usam-se fermento natural e/ou pré-fermentos, que podem ser úmidos ou firmes. Entre os úmidos, temos *poolish* e esponjas. Nos pré-fermentos firmes, há a massa fermentada e a biga.

É um processo mais demorado e trabalhoso, mas que resulta em pães de qualidade e textura superiores.

> **OBSERVAÇÃO**
> A massa atinge o chamado ponto de véu quando se apresenta como se fosse um filme fino, liso e que não se rompe – como um véu de noiva.

Características dos métodos de produção				
	Direto convencional	**Direto rápido (Chorleywood)**	**Direto padrão**	**Indireto**
Equipamento	Sova manual no cocho. Método foi abandonado.	Masseira rápida.	Masseira lenta (uma velocidade) e masseira semirrápida (duas velocidades).	Masseira lenta (uma velocidade) e masseira semirrápida (duas velocidades).
Preparo da massa	Massa colocada em um cocho para fermentar.	Uso de melhoradores. Todos os ingredientes misturados de uma vez.	Uso de melhoradores. Masseira lenta: mistura + cilindro. Masseira semirrápida: ingredientes secos + líquidos + lipídeos (velocidade 1) + cilindragem (velocidade 2).	Uso de pré-fermentos e/ou fermento natural. Massa preparada em duas ou mais etapas (ex.: esponja + preparação da massa).
Temperatura da massa	Até 26 °C	26 °C-28 °C	26 °C-30 °C	26 °C-30 °C
Tempo estimado de preparo	3 h	2 h	3 h	Acima de 4 h, podendo chegar a 24 h para pães rústicos com fermentação natural.
Vantagens	Não há.	Tempo de preparo menor.	Masseira semirrápida: melhor textura da massa em relação à masseira rápida.	Pães de melhor qualidade (sabor e textura superiores).
Desvantagens	Necessidade de espaço amplo e tempo de preparo maior.	Perda de qualidade (no sabor e no aroma).	Masseira semirrápida: melhor custo/benefício, porém gera pães comerciais, que perdem em textura, aroma e sabor para os pães de fermentação longa.	Longo tempo de preparo (no caso de pães de longa fermentação); massa mais hidratada exige modelagem manual.

Tipos de fermentação

FERMENTO NATURAL

Na panificação, o fermento natural costuma ser chamado também de *le chef / levain* (francês), *sourdough* (inglês) e *massa madre* (espanhol). É formado por leveduras que se encontram no ambiente ou no material utilizado e são conhecidas como leveduras selvagens. Como informado anteriormente, as leveduras são naturalmente encontradas nos locais em que há açúcar (frutas, cana, cereais). Algumas leveduras: *S. cerevisiae, C. tropicalis, C. holmii, C. krusei*. Assim, cultivam-se as leveduras a partir desses produtos em que são naturalmente encontradas para a criação de uma massa úmida na qual a cultura inicial se desenvolverá. A partir do momento em que o *levain* é criado, uma parte é sempre mantida e a outra é utilizada como fermento para a produção dos pães.

Os pães produzidos com esse fermento são normalmente mais pesados, com a casca mais espessa (rústica). Além disso, apresentam sabor e aroma diferenciados e um pH mais baixo (= acidez).

A acidez da massa é criada por bactérias que conseguem produzir ácido lático durante o longo processo fermentativo, aumentando a vida útil do produto e retardando o aparecimento de mofo.

Esse longo processo fermentativo também contribui para maior digestibilidade do pão.

LEVAIN

O *levain* obtido da fermentação natural pode ser mantido sob refrigeração por vários anos, porém é necessário tomar os devidos cuidados para a manutenção das leveduras e das bactérias láticas. É a combinação desses microrganismos que confere as características desse tipo de produção.

Antes do advento do fermento comercial, o processo de fabricação de pães era feito guardando-se um pouco da massa do dia anterior, realimentando-a e conservando-a para futuras utilizações. Usavam-se leveduras oriundas do processo de produção de cerveja (que é o mesmo da panificação). Fazer pães em casa significava manter um *le chef / levain* fabricado a partir de leveduras presentes nas frutas e nos cereais.

Esse modo de produção de pães começou a ser abandonado quando o fermento biológico foi ofertado como ingrediente de forma comercial. Após essa mudança, foi aos poucos retomado por produzir pães de qualidade superior.

Elaboração de fermento natural (caldo de cana)				
Tempo	**Dia**	**Massa cultivada**	**Farinha**	**Caldo de cana**
0 h	1º	0	335 g	500 ml
24 h-48 h	2º ou 3º	835 g	335 g	0
24 h	3º ou 4º	1.170 g	335 g	0
12 h	4º ou 5º	1.500 g	Realimentar	0

1º dia: misture a farinha com o caldo de cana. Cubra com filme plástico, faça alguns furos e guarde essa mistura em local arejado e ao abrigo da luz.

2º ou 3º dia: coloque a quantidade de farinha solicitada. O dia depende da temperatura ambiente. Em dias quentes, a fermentação ocorre em 24 horas (é possível perceber bolhas emergindo da massa). Caso a massa esteja assim, já é possível adicionar a farinha.

3º ou 4º dia: verifique se a massa já apresenta muito crescimento. Em caso positivo, adicione a farinha e leve à geladeira. Caso a massa ainda não apresente bastante crescimento, acrescente a farinha, misture e mantenha em temperatura ambiente.

4º ou 5º dia: a partir daqui a massa será mantida, sendo realimentada de tempos em tempos. Ela estará pronta para utilização depois de realimentada três vezes.

> **OBSERVAÇÃO**
> Ao deixar a massa por vários dias na geladeira, surgirá a necessidade de "refrescar", ou seja, ela deverá ser alimentada e deixada em temperatura ambiente por 6 a 12 horas, dependendo da temperatura ambiente (quanto mais quente, menor o tempo). A massa precisa estar bem fermentada para ser utilizada.

A realimentação é feita de acordo com os passos abaixo.

1. Pese a massa (o peso da massa equivale a 100%). Coloque metade do peso da massa em farinha (50%) e metade do peso da farinha em água (25%). Na geladeira, pode ser conservada por aproximadamente dois a quatro dias. Em temperatura ambiente, por 12 a 24 horas.
2. Se a massa ficar muito grande, descarte parte dela, pese-a e realimente-a seguindo a proporção descrita acima.
3. Após um mês ou 15 realimentações, a massa estará estabilizada e produzirá pães com qualidade.

O *le chef / levain* terá uma textura semelhante à de uma massa de pão após fermentar, com volume e bolhas. O armazenamento, como dito anteriormente, é feito na geladeira, e é necessário fazer a realimentação a cada 24, 48, 72, 96 horas, dependendo da necessidade de uso. O *levain* pode ser adicionado em quantidades variáveis: 30%, 40% ou mesmo 100% em relação ao peso da farinha.

POOLISH

O *poolish* é um pré-fermento úmido. A quantidade de farinha e água são iguais (para cada quilo de farinha, adiciona-se 1 ℓ de água). A quantidade de fermento biológico é mínima: 2 g a 3 g do fresco para cada quilo de farinha ou apenas 1 g do seco.

A fermentação ocorre entre 16 e 24 horas em temperatura mais baixa e controlada (em torno de 15 °C; poderá ocorrer em menor tempo se a temperatura for ambiente, em torno de 26 °C). Quanto maior for o tempo de fermentação, maior será o desenvolvimento de acidez, aroma e sabor.

Nos pães elaborados com *poolish*, é possível adicionar mais fermento (biológico fresco ou seco) para que o processo de fermentação ocorra mais rapidamente – ou seja, essa adição extra de fermento é uma opção, e não uma necessidade.

Apesar de ser um processo lento, ele produz massas com características mais acentuadas de sabor e acidez, semelhantes às dos pães produzidos com fermento natural. É utilizado da mesma forma que o *levain*; é preciso tomar o cuidado de reduzir a quantidade de água adicionada posteriormente, já que no *poolish* a água entra na mesma quantidade que a farinha no preparo.

O *poolish* é feito de acordo com as etapas abaixo.

1. Em uma bacia, misture partes iguais de água e farinha.
2. Adicione o fermento biológico (fresco ou seco) e misture com uma colher ou fouet até que fique homogênea.

3. Cubra com filme plástico e deixe fermentando por 12 horas, a uma temperatura aproximada de 24 °C, ou de 16 a 24 horas em ambiente refrigerado.
4. Utilize como fermento na preparação.

ESPONJA

Assim como o *poolish*, a esponja é um pré-fermento úmido, mas tem ação mais rápida, porque leva maior quantidade de fermento. Normalmente, todo o fermento da formulação é utilizado nesta etapa.

Consiste em um pré-crescimento da massa, usando-se parte da farinha e da água da formulação. A quantidade da farinha em relação à água depende de diversos fatores, como temperatura ambiente e tempo disponível. Por exemplo, em dias mais frios uma massa mais úmida fermentará com maior velocidade, caso não haja uma câmara de fermentação para auxiliar o processo.

A esponja tem como finalidade aumentar e fortalecer o fermento que será adicionado à massa (geralmente, massas com uma grande quantidade de açúcar, condição esta que freia o processo fermentativo) e melhorar a textura da massa final.

Este processo não agrega sabor, já que a fermentação ocorre em um curto espaço de tempo, mas é necessário para que o fermento consiga se desenvolver em uma massa muito doce.

O uso da esponja segue os passos apresentados abaixo.

> **OBSERVAÇÃO**
>
> Em uma esponja, a relação entre água e farinha deve seguir sempre este parâmetro: no mínimo, a mesma quantidade de farinha e água; no máximo, o dobro de farinha em relação à água. Tomando como exemplo uma receita com 75 ml de água, poderiam ser utilizados de 75 g a 150 g de farinha. Em dias muito quentes, o recomendado é preparar uma esponja mais firme; em dias muito frios, uma esponja mais mole. Essa decisão depende também do tempo disponível e da programação de elaboração dos pães: se o profissional tem muito trabalho a fazer, uma massa menos hidratada possibilita um tempo maior de espera na bancada. Se há pressa, uma massa mais hidratada é mais adequada.

1. Na primeira etapa, prepare a esponja: coloque a água e o fermento em um bowl.

3. Misture.

2. Adicione a farinha.

4. Cubra a massa com filme plástico e a deixe fermentar até atingir o ponto máximo de fermentação e começar a baixar (entre 40 minutos e 1 hora). A temperatura é aproximadamente de 24 °C a 26 °C (se preferir, insira um termômetro de espeto na esponja para ter melhor controle).[1] A massa pode triplicar de tamanho, ganhando um aspecto esponjoso.

5. Na segunda etapa, junte o restante dos ingredientes da formulação.

---

[1] Quando a fermentação é feita na bancada, o uso do filme plástico é necessário para a massa não ressecar. Em caso de utilização de câmara no modo estufa, armário de fermentação ou ambiente fechado, o filme plástico torna-se dispensável.

MASSA FERMENTADA

Também chamada de *pâte fermentée* (expressão em francês que pode ser traduzida como massa velha, massa azeda). Este tipo de pré-fermento, do tipo firme, é obtido reservando-se um pedaço de massa que já foi preparada e já fermentada ou preparando um pedaço de massa para ser utilizado posteriormente. Os padeiros de antigamente guardavam uma parte da massa preparada no dia anterior e a utilizavam na quantidade máxima de 50% em relação à quantidade de farinha adicionada na formulação.

Assim, a *pâte fermentée* pode ter a finalidade de melhorar a textura da massa nova a ser feita, como o que acontece na esponja, ou como maneira de aproveitar a massa que sobrou no dia anterior e que de outra forma seria descartada.

BIGA

Assim como a *pâte fermentée*, a biga é um pré-fermento firme, feito especificamente para essa finalidade. É muito usada em preparações tradicionais italianas. O modo de preparo é o mesmo da esponja, porém mais firme (menos água). É conservado em ambiente refrigerado por 24 horas.

Características dos pré-fermentos				
	Pré-fermentos úmidos		**Pré-fermentos firmes**	
	Poolish	Esponja	Massa fermentada	Biga
Tempo de preparo	12 h-24 h	40 min-1 h	24 h	24 h
Tipo de pão	Pães de massa pobre	Pães doces	Pães de massa pobre	Pães de massa pobre
Influência no sabor	Mais aroma, sabor e acidez	Não agrega sabor	Mais aroma, sabor e acidez	Mais aroma, sabor e acidez

CAPÍTULO 4

O trabalho com a massa, da formulação ao pão pronto

A produção de pães é realizada na sequência apresentada abaixo.

1. Formulação (pré-preparo).
2. Mise en place.
3. Mistura e sova (cilindragem).
4. Descanso (fermentação intermediária).
5. Divisão/porcionamento.
6. Modelagem.
7. Acondicionamento.
8. Fermentação final.
9. Finalização.
10. Cozimento.
11. Resfriamento.
12. Embalagem e armazenamento.

1. Formulação (pré-preparo)

Ela é a base de qualquer preparação. Um cálculo inicial deverá ser feito todas as vezes que houver necessidade de alterar a quantidade de pães a serem produzidos, seja para atender a uma encomenda, seja para aumentar a venda interna (ver capítulo 5). No dia a dia profissional, a formulação é registrada nas fichas técnicas (ver página 96). Cada pão tem a sua ficha, o que permite a padronização e a qualidade do produto final.

2. Mise en place

A expressão francesa significa "posta no lugar", e esse é o objetivo da mise en place: organizar o espaço de trabalho com os insumos e utensílios necessários para a execução da preparação. Seguir a ficha técnica possibilita um mise en place correto, com as quantidades certas de cada ingrediente utilizado. Assim, o fluxo de produção se dá de forma mais rápida, sem o risco de esquecimento de algum item ou mistura de produções.

1. Separe as produções a serem executadas uma de cada vez.
2. Faça o preparo da esponja para pães que tenham esse pré-fermento em sua formulação.
3. Elabore itens como recheios e coberturas antes do preparo da massa.
4. Prepare os equipamentos (por exemplo, ligue o forno, verifique a limpeza dos equipamentos e utensílios utilizados).
5. Separe os utensílios.

6. Disponibilize os ingredientes de cada produção em espaços separados, para que os insumos não se misturem. Acima, a foto da direita mostra um exemplo de mise en place de uma massa pobre (farinha, fermento, sal, água e melhorador, além de quantidades pequenas de açúcar e gordura).
A imagem da esquerda apresenta um mise en place de uma massa rica (farinha, fermento, sal, água e melhorador, além de quantidades maiores de açúcar e gordura, podendo conter ainda outros elementos "amaciantes", como ovo).

7. Confira todos os itens, a fim de que nenhum seja esquecido.
8. Deixe para pesar a água por último, para que não aqueça (a água utilizada deverá ser sempre fria ou, em dias quentes, com adição de gelo).

3. Mistura e sova (cilindragem)

O objetivo da mistura é homogeneizar os ingredientes da fórmula. A sova cria a malha de glúten.

Nas masseiras semirrápidas (duas velocidades; a mais comum nas padarias), a mistura é feita na primeira velocidade. Todos os ingredientes são adicionados na bacia do equipamento obedecendo à ordem estabelecida no modo de preparo. A partir da inserção da gordura, inicia-se a sova (cilindragem), com o aumento da velocidade para 2. A mistura e a cilindragem permitem a incorporação de ar à massa e o desenvolvimento do glúten. Ao final dessas operações, grande parte das massas deve estar elástica e soltando-se da bacia, formando o ponto de véu (no caso do desenvolvimento intensivo).

Em caso de masseira lenta (uma velocidade), é necessário complementar o processo, passando a massa pelo cilindro ou trabalhando-a na bancada com dobras (como nos tradicionais pães franceses) para o glúten se desenvolver.

Em âmbito doméstico ou para produções pequenas e artesanais, a mistura pode ser feita manualmente (ver mais adiante, na seção "Desenvolvimento básico").

A execução da mistura/cilindragem é responsável direta pelo resultado no pão: o excesso dela (que leva ao rompimento do glúten) ou a falta dela (ausência de elasticidade) produzem um pão sem volume e sem estrutura.

A temperatura da massa, desde a mistura dos ingredientes até o desenvolvimento do glúten, não deve ultrapassar os 26 °C, para evitar a ação do fermento. Uma massa retirada quente da masseira fermenta antes que seja possível fazê-la descansar, porcioná-la e modelá-la, o que compromete a textura e a qualidade do pão fabricado. Após a mistura/cilindragem, a massa, que então estará pronta para a etapa de descanso (ver adiante, neste capítulo), deve apresentar essa temperatura média de 26 °C. Use um termômetro de espeto para controlar esse patamar. Massas com temperaturas mais altas terão menor tempo viável de trabalho.

A mistura/cilindragem pode ser realizada de acordo com três tipos de desenvolvimento: básico, aprimorado e intensivo. Apresentamos esses três tipos a seguir, a partir de adaptação do livro *Panificação e viennoiserie: abordagem profissional*, de Michel Suas.

DESENVOLVIMENTO BÁSICO

No desenvolvimento básico, a mistura e a sova são manuais ou efetuadas na masseira somente na primeira velocidade, o que gera um miolo de coloração mais creme em decorrência da pouca incorporação de oxigênio à massa. A fabricação manual não é recomendada para grandes quantidades de produção, pois o trabalho exige muito esforço físico e o controle de temperatura é dificultado.

Este desenvolvimento requer mais tempo de produção e nas etapas de fermentação, razão pela qual é mais utilizado em produções caseiras ou em pães específicos (como os rústicos com longo tempo de fermentação). No caso de pães rústicos, há uma hidratação maior; consequentemente, a modelagem posterior tem de ser feita de forma manual, pois a massa mais úmida grudaria nos equipamentos.

Como informado anteriormente, na fabricação em masseira a velocidade 1 é mantida durante toda a mistura. O desenvolvimento do glúten é parcial; assim, estamos falando de uma técnica que exige uso do cilindro depois da masseira (ou trabalho em bancada com dobras) e fermentação intermediária.

OBSERVAÇÃO

A temperatura da água inserida na massa é fundamental no controle do patamar de 26 °C. Ela deve ser sempre colocada gelada, para amenizar o aumento de temperatura que ocorre pelo atrito causado na massa pela masseira. Em dias mais quentes, a água estar gelada não é suficiente; é necessário substituir parte do líquido por gelo. O peso é o mesmo.

Na masseira, o desenvolvimento básico é feito conforme os passos a seguir.

1. Coloque os ingredientes secos na bacia da masseira. Caso esteja usando fermento biológico seco, acrescente-o nesta etapa.
2. Ligue a masseira (se for equipamento de duas velocidades, ligue na 1). Assim que os secos se homogeneizarem, adicione a água e os outros elementos considerados líquidos ou úmidos (ovo e vegetais processados ou ralados, por exemplo). Caso esteja utilizando fermento biológico fresco, ele entra nesta etapa.
3. Quando os líquidos e os secos se homogeneizarem, acrescente a gordura. Mantenha a masseira na mesma velocidade até a massa ficar homogênea e lisa.
4. Retire a massa da masseira e complemente o trabalho de fortalecimento do glúten com o cilindro ou na bancada (dobras).

5. Se tiver sido utilizado cilindro, boleie a massa com movimentos circulares. Quando se tratar de uma massa grande, "arraste-a" sobre a bancada até que fique circular. Se o trabalho de fortalecimento do glúten (passo 4) tiver sido feito com as dobras, não haverá boleamento, e este passo 5 será pulado para o 6.

6. Cubra a massa boleada com filme plástico e a deixe descansar por aproximadamente 10 a 30 minutos (esta é a chamada fermentação intermediária; ver página 71).

OBSERVAÇÕES

Os minutos que cada masseira leva para homogeneizar os ingredientes variam de acordo com o modelo do equipamento usado; por essa razão, ressaltamos, como critério, a observação do aspecto da massa para identificar os momentos em que devem ser inseridos os itens líquidos e a gordura.

Caso não haja um cilindro ou a massa fabricada não tenha uma grande hidratação que possibilite executar as dobras, o desenvolvimento do glúten será parcial. Nesta situação, o resultado final terá as características de um pão denominado "caseiro", obtido por sova manual (explicada adiante).

Este passo a passo na masseira se refere ao método direto. Em caso de método indireto, o pré-fermento ou o fermento natural deve ser inserido com os ingredientes líquidos.

Na fabricação manual, método direto, siga as etapas abaixo.

1. Misture os ingredientes secos em um bowl ou na bancada. A recomendação quanto ao fermento é a mesma citada anteriormente: caso seja o seco, ele entra nesta etapa. Se for em bancada, forme um monte com os secos e faça um buraco (para a colocação dos líquidos depois).

2. Adicione a água e os outros elementos líquidos. Deixe um pouco de água para o ajuste final. Em caso de fermento biológico, ele é acrescentado neste momento.

3. Misture os elementos secos com os líquidos. Comece com os dedos, do centro para as bordas. Em um segundo momento, utilize utensílios como espátulas para juntar a farinha das bordas para o centro, misturando até que os líquidos sejam incorporados.

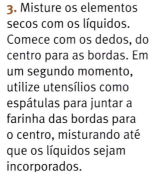

4. Adicione a gordura e inicie o processo de sova.

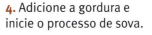

5. Para sovar, faça movimentos contínuos de puxar e empurrar a massa até que ela alise totalmente. Esse processo pode levar cerca de 15 minutos.
6. Boleie a massa com movimentos circulares, conforme explicado anteriormente.
7. Cubra a massa boleada com filme plástico e a deixe descansar por aproximadamente 10 a 30 minutos (fermentação intermediária; ver página 71).

Em caso de método indireto (uso de pré-fermento ou de *levain*), o trabalho manual deve ser feito conforme abaixo.

1. Separe o pré-fermento já elaborado (ver páginas 59 a 61) ou o fermento natural (*levain*; ver página 58).
2. Em um bowl ou na bancada, misture os ingredientes secos.

3. Adicione a água e os outros elementos líquidos.

4. Se a formulação assim pedir, acrescente ovos.

5. Adicione o pré-fermento ou o *levain*. A foto mostra uma esponja.
6. Misture.
7. A partir deste ponto, execute os passos 4 a 7 apresentados na fabricação manual pelo método direto (ver página 67).

DESENVOLVIMENTO APRIMORADO

Neste desenvolvimento, a mistura e a sova são feitas na masseira semirrápida (duas velocidades), com a utilização de um pré-fermento ou de *levain*. Podemos falar que é um meio-termo entre o desenvolvimento básico manual e o intensivo. Também há menos incorporação de ar (na comparação com o desenvolvimento intensivo), conferindo ao produto uma coloração intermediária, um pouco mais clara no miolo do que no desenvolvimento básico.

Assim como no desenvolvimento básico, o glúten desenvolve-se parcialmente e há necessidade de fermentação intermediária. O fato de haver o desenvolvimento apenas parcial do glúten faz com que diferentes caminhos possam ser adotados após a retirada da massa da masseira de acordo com o resultado final pretendido – por exemplo, cilindro ou rolo (para fortalecer a rede de glúten), dobras (para massas hidratadas), laminadora (para massas folhadas e semifolhadas) ou, simplesmente, descanso na bancada.

A modelagem posterior pode ser manual ou no maquinário (caso a massa tenha uma hidratação menor).

O desenvolvimento aprimorado é feito de acordo com os passos abaixo.

1. Coloque os ingredientes secos na bacia da masseira semirrápida.
2. Ligue a masseira na velocidade 1. Após os secos se homogeneizarem, adicione a água e outros líquidos.
3. Acrescente o pré-fermento ou o *levain*.

4. Quando a massa se homogeneizar, adicione a gordura.
5. Sem desligar o equipamento, passe a masseira para a velocidade 2, para que tenha início a cilindragem (sova).
6. Quando a massa estiver homogênea e lisa, desligue o equipamento e retire a massa.

7. Após a retirada da massa, a etapas adotadas dependerão do tipo de massa e do resultado pretendido, conforme explicado acima.

DESENVOLVIMENTO INTENSIVO

No desenvolvimento intensivo, a mistura e a sova são feitas em masseira, que pode ser tanto a rápida como a semirrápida.

O glúten tem seu desenvolvimento total na masseira, exigindo apenas um breve período de descanso depois de boleada. Pode ou não haver fermentação intermediária.

O tempo de produção é bem menor em relação ao do desenvolvimento aprimorado, mas há menor complexidade de aromas e sabores, e o miolo é normalmente mais claro. Por isso, o desenvolvimento intensivo não é indicado para método indireto e para pães com crosta e pestana produzidos com longa fermentação.

Este é o desenvolvimento mais usado nas padarias, pela praticidade e pelo rendimento. É muito comum sua utilização na produção de pães simples e recheados. As massas produzidas por este sistema têm menor grau de hidratação, o que possibilita a utilização de todo o maquinário (divisora e modeladora).

Em caso de uso de masseira rápida, todos os ingredientes são colocados juntos na bacia do equipamento, que é então ligado e faz todo o processo em um tempo muito curto (de 4 e 5 minutos), exigindo controle preciso da temperatura e da água colocada, conforme informado anteriormente.

Já na masseira semirrápida o desenvolvimento intensivo ocorre conforme os passos abaixo.

1. Coloque os ingredientes secos na bacia da masseira. Em caso de fermento biológico seco, acrescente-o neste momento.

2. Ligue a masseira na velocidade 1. Após os secos se homogeneizarem, adicione a água e outros líquidos. Em caso de fermento fresco, ele entra nesta etapa.

3. Quando a massa se homogeneizar, adicione a gordura.

4. Sem desligar o equipamento, passe a masseira para a velocidade 2, para que tenha início a cilindragem (sova).

5. Quando a massa atingir o ponto de véu e estiver se soltando da bacia, desligue o equipamento e retire a massa.

6. Boleie a massa, deixe-a descansar de acordo como solicitado em cada ficha técnica e dê prosseguimento ao trabalho, iniciando a etapa de divisão da massa (ver página 72).

Características dos tipos de desenvolvimento da massa

	Básico	Aprimorado	Intensivo
Mistura e sova	Manual. Masseira velocidade 1 + cilindro (embora não seja obrigatório).	Masseira semirrápida (duas velocidades).	Masseira semirrápida e masseira rápida.
Desenvolvimento do glúten	Desenvolvimento parcial; exige fermentação intermediária para finalização.	Desenvolvimento parcial; exige fermentação intermediária para finalização e para maior complexidade de sabores.	Desenvolvimento total.
Tipos de pão	Produções caseiras. Pães de longa fermentação.	Pães que exijam produção de esponja, como pães doces, e pães com adição de outros pré-fermentos ou de *levain* (pães de longa fermentação).	Pães simples e recheados. Não indicado para método indireto e pães com crosta e pestana de longa fermentação.
Tempo de produção	Maior tempo na produção e nas etapas de fermentação.	Menor em relação ao do desenvolvimento básico.	Menor em relação ao do desenvolvimento aprimorado.
Vantagens	Melhor sabor e textura no caso de pães rústicos.	Complexidade de aromas e sabores provenientes do pré-fermento ou do *levain*. Facilidade no controle da temperatura, o que contribui para a qualidade e a padronização do produto final.	Menor tempo de fabricação e utilização de maquinário para porcionar e modelar.
Desvantagens	Exigência de muito esforço físico na fabricação manual. Longo tempo de fermentação (em caso de utilização do *levain*). Necessidade de controle de temperatura na fermentação de pães rústicos.	Maior controle no processo em comparação com o intensivo. Maior tempo de preparo. Longo tempo de fermentação (em caso de utilização do *levain*). Necessidade de controle de temperatura na fermentação de pães rústicos.	Menor complexidade de aromas e sabores.

4. Descanso (fermentação intermediária)

Após a retirada da masseira, o fermento já começa a agir, produzindo gás carbônico. O descanso permite que a massa cresça levemente, o glúten fique mais consistente e as fibras, mais relaxadas, para recuperar a extensibilidade da massa perdida durante a mistura e beneficiar a modelagem final.

O descanso geralmente dura entre 10 e 30 minutos. Porém, de acordo com a complexidade da produção, essa pausa poderá ser maior, assim como poderá haver mais etapas de descanso (dependerá do método de produção, do tipo de mistura, da temperatura e da força do glúten). A massa precisa sempre estar coberta com plástico, para não ressecar. Na maioria dos casos, o descanso deve ser feito em superfície levemente untada com óleo (a não ser que a massa seja do tipo rústica, muito hidratada; em casos assim, o mais recomendado é uma superfície levemente enfarinhada).

Durante o descanso, a massa começa a ficar cheia de gás, porque o fermento transforma a glicose presente no amido da farinha ("açúcar") em gás carbônico e álcool. Assim, a massa passa a impressão de estar mais leve e mais macia.

Quanto maior a quantidade de produtos "amaciantes" (açúcar, leite, gordura, ovos), menor será a necessidade de repouso da massa.

O quadro a seguir apresenta o tempo disponível de trabalho em bancada antes que a massa comece a fermentar intensamente e impossibilite sua correta modelagem. Portanto, quanto menor for a temperatura da massa ao se retirada da masseira, maior será o tempo disponível para que ela seja descansada e modelada sem que perca estrutura.

> **OBSERVAÇÃO**
> Esta etapa corresponde ao "Descanso 1" das fichas técnicas apresentadas nas receitas deste livro.

Temperatura × tempo de descanso (bancada)	
Temperatura da massa	**Tempo máximo[1] permitido**
25 °C	40 min
26 °C	37 min
27 °C	34 min
28 °C	31 min
29 °C	28 min
30 °C	25 min
31 °C	22 min
32 °C	19 min
33 °C	16 min
34 °C	13 min
35 °C	10 min

---

[1] Tempo máximo desde a saída da masseira até o início da modelagem. Essas temperaturas se aplicam também para o caso de mistura e sova manuais.

5. Divisão/porcionamento

A divisão (ou porcionamento) é realizada após a massa boleada ou dobrada ter passado pelo descanso. Também é chamada de pré-modelagem, porque aqui já se começa a padronizar o pão a ser fabricado.

1. Alongue a massa ou a corte para formar um cordão. Isso facilitará a divisão, que pode ser feita manualmente ou em divisoras padrão (ver página 33).

2. Em seguida, boleie novamente a massa porcionada para deixar sua superfície arredondada e bem lisa, facilitando a fermentação e o descanso do glúten.

Há casos em que a massa não será boleada após o porcionamento. Ela poderá receber outros formatos, como o de "coxinha" (para ser passada na modeladora ou enrolada manualmente na produção de bisnagas), o retangular e o alongado (no caso de produção de pães trançados), entre outros, mais próximos da forma final do pão a ser produzido.

Neste momento de pré-modelagem, a massa é novamente colocada para descansar. Mas é uma pausa breve, de cerca de 10 minutos (também coberta e em superfície levemente untada com óleo), para que o glúten relaxe e seja mais fácil executar a etapa seguinte – a modelagem.

OBSERVAÇÃO
Esta outra pausa corresponde ao "Descanso 2" das fichas técnicas apresentadas nas receitas deste livro.

6. Modelagem

Conforme explicado anteriormente, após o porcionamento a massa ganhará alguns formatos.

Caso a massa apresente sinais de fermentação, pressione-a, para que seja retirado o gás produzido (é o que se chama "abaixar a fermentação").

A modelagem pode ser manual ou mecânica (página 33).

Os diferentes tipos de pão apresentam modelagens também distintas que definem o seu perfil. São os casos, por exemplo, da Medialuna (ver página 180) e do Pão italiano (ver página 268). A seguir, veja modelagens bastante usadas em panificação.

BAGUETE

O tamanho tradicional tem aproximadamente 350 g com comprimento de 55 cm, mas podem ser feitas unidades menores de acordo com a necessidade.

Na produção com maquinário, a massa é porcionada e modelada como coxinha para facilitar a passagem pelo equipamento, produzindo um formato de bisnaga que será alongada manualmente antes de ser colocada nas assadeiras para fermentar.

No método tradicional francês (dobras manuais), parte-se de um retângulo dobrando-se a massa e formando uma bisnaga, que será alongada. A baguete é obtida afinando-se as pontas com a palma das mãos.

Exemplo dessa modelagem pode ser conferido na própria receita de Baguete (ver página 232).

BISNAGA E BISNAGUINHA

Estes são formatos obtidos todas as vezes em que a massa passa na modeladora. É a modelagem para o nosso pão francês, para baguete (que é uma bisnaga alongada) e para cachorro-quente (o tamanho define a nomenclatura; bisnaguinhas são menores; ver página 125).

BOLA

Bola é o formato básico da maioria das massas. Bolear significa deixar a massa em formato circular para melhor direcionar os gases da fermentação. O tamanho varia de acordo com o tipo do pão. Alguns pães muito conhecidos em formato de bola são o italiano, a broa e o pão de hambúrguer. Um exemplo pode ser conferido na receita de Broa caxambu (ver página 106).

BRIOCHE

Para a tradicional modelagem de Brioche à tête (ver página 236), parte-se de uma bola pequena da qual é retirada uma bolinha menor (aproximadamente, 1/6 da massa). A bola maior é furada no meio, formando uma rosca. A bolinha menor é modelada em formato de coxinha, e a ponta é passada no meio do buraco da rosca. A massa modelada é colocada na fôrma e apertada.

CORDÃO

Neste modelo, a massa deve ser esticada com as mãos até que se forme um cordão. Um exemplo é a receita de Simit (ver página 312).

ENROLADO

A partir do cordão, a massa pode ser enrolada formando um caracol, um "S" ou uma roseta. A receita de Pão siciliano (ver página 272) é um exemplo.

FILÃO

Consiste em uma modelagem de bisnaga grossa. O Pão português (ver página 306) é um exemplo. Na receita de Olive (ver página 250), temos um exemplo de filão grosso.

OVAL
Para este formato, parte-se de uma bola levemente alongada. Um exemplo pode ser conferido na receita de Campagne (ver página 238).

PÃO ACHATADO
Neste caso, a massa boleada é aberta em formato de disco, formando um círculo ou uma forma oval. O Pão sírio (ver página 138) é um exemplo.

PÃO DE FÔRMA
Neste caso é aplicada a modelagem bisnaga, e a massa é colocada na fôrma apropriada. Um exemplo pode ser conferido na receita de Kümmelbrot (ver página 210).

RECHEADO
A massa boleada é aberta em formato circular. Coloca-se o recheio no centro e fecha-se a massa em formato redondo ou em meia-lua, dependendo da produção. Um exemplo é a receita de Kare pan (ver página 322).

ROCAMBOLE
Abre-se a massa em formato retangular. O recheio é então colocado no centro ou espalhado sobre a massa, que será enrolada, cortada ou não. Exemplo pode ser conferido na receita de Cinnamon roll (ver página 164).

ROSETA
A partir do formato de cordão, a massa é torcida para que seja obtido um formato de rosa. A receita de Kaiser (ver página 174) é um exemplo.

TRANÇADO
Este formato é obtido a partir de vários cordões que são trançados. Exemplo pode ser conferido na receita de Challah (ver página 288).

TRIÂNGULO
A partir de uma bola, uma ponta é criada para a obtenção de um formato de coxinha. A massa é então aberta manualmente, com o auxílio de um rolo, e cortada (é o caso do Fougasse; ver página 244).

O corte triangular também pode ser feito partindo-se de uma massa aberta em formato retangular. Os triângulos são obtidos com o auxílio de um cortador metálico. Um exemplo é o croissant (ver página 240).

TROUXINHA
A massa em formato de bola é aberta como no caso dos recheados. O recheio é colocado no centro e juntam-se as pontas da massa para formar a trouxinha. Um exemplo pode ser conferido na receita de Mantou (ver página 326).

7. Acondicionamento

Após a modelagem, os pães, já em seu formato final, são dispostos em assadeiras untadas ou com silpat ou em fôrmas. A "barriga" ou "costura" deve estar invisível, ou seja, totalmente voltada para baixo. No processo de fermentação final (ver mais adiante), se a costura estiver na parte lateral do pão ela se abrirá, afetando a aparência e a qualidade final. As assadeiras caneladas (no caso do pão francês, da baguete e do pão português, entre outros) preservam o pão na posição correta, evitando que ao fermentar ele se vire e o fecho fique aparente.

Ao acondicionar os pães, mantenha um bom distanciamento entre as unidades (por exemplo, de 4 a 5 pães franceses por fileira).

> **OBSERVAÇÕES**
> No dia a dia profissional, temperaturas superiores a 35 °C acabam sendo utilizadas quando há grande demanda de produção, porém é preciso levar em conta que nessa condição o produto fermenta muito rapidamente e pode haver perda de qualidade.
>
> O salto de forno consiste no ganho de volume da massa que ocorre pela expansão do gás carbônico produzido pelo fermento conforme tem sua temperatura elevada.
>
> Em pães mais simples (produções caseiras), é comum esperar que o volume final quase triplique em relação ao volume inicial. Ao pegar a massa, temos a sensação de que está mais leve. Esse seria o ponto correto para levá-la ao forno.

8. Fermentação final

Nesta etapa, usam-se armários de fermentação (sem controle de temperatura) ou câmaras de fermentação, para evitar que a massa fique exposta, sofrendo ressecamento.

Leve os pães já acondicionados nas assadeiras ou fôrmas para os armários de fermentação ou para as câmaras no modo estufa. A câmara no modo estufa é o equipamento mais apropriado, pois permite controle de temperatura e umidade, possibilitando nova formação de gases que fornecem o volume final ao pão.

A temperatura ideal gira em torno de 27 °C a 35 °C, com umidade entre 60% e 85% (para fermentos secos, a temperatura deve ser próxima do limite superior).

O tempo de fermentação depende da temperatura ambiente, bem como da quantidade e do tipo de fermento adicionado à massa. Em um armário de fermentação, esse controle de temperatura não é possível, portanto deve ser escolhida uma área mais quente (geralmente, perto do forno) para acomodar o armário. Com a câmara de fermentação, que permite controle térmico, é possível fazer uma estimativa do tempo. Cada estabelecimento faz a adequação de acordo com a sua necessidade, ajustando temperatura e quantidade de fermento utilizado.

O ponto correto da massa após o processo fermentativo final pode ser identificado pelo toque de dedo. Caso a marca logo desapareça, ainda há intensa produção de gás; caso retorne lentamente, o produto está pronto para ser levado ao cozimento (assar). Se a marca não desaparecer, a massa terá excedido o ponto ideal de fermentação e poderá haver queda dessa massa no forneamento.

Nem sempre é utilizado um mesmo ponto de fermentação. Por exemplo, no caso do pão francês o ideal é que a fermentação não ocorra totalmente, para que, quando a massa for colocada para assar, ocorra o chamado salto de forno, abrindo-se a pestana.

Já no caso do pão de fôrma, a fermentação deverá ser máxima, quase ao ponto de a massa entrar em colapso. Isso é necessário para que a massa não cresça dentro do forno e rache em seu ponto mais frágil, deixando rasgo no produto (o que seria considerado defeito).

9. Finalização

A finalização consiste em passar gemas, claras, egg wash (mistura de ovo e um líquido) e outros tipos de cobertura sobre a massa, polvilhar sementes ou farinhas sobre ela e/ou cortá-la.

Esta etapa pode acontecer junto com a fermentação final ou antes de a massa ser levada para assar.

SECOS

Nesta finalização, farinhas são polvilhadas sobre o pão momentos antes do corte. Além de conferir beleza, auxiliam o bisturi a correr pela massa sem grudar.

Sementes são polvilhadas sobre os pães após a aplicação de ovo. Além de enfeitarem, dão crocância.

CORTES

Os cortes na massa são realizados como decoração ou para direcionar o crescimento dela no forno (formação de pestana).

O corte para formação de pestana deve ser feito conforme o detalhado abaixo. Essa operação, que exige rapidez, precisão e delicadeza, influencia o desenvolvimento da massa no forno por dar menor resistência ao gás (salto de forno). Além disso, melhora o aspecto externo do pão.

1. Use bisturi próprio para massas (ver capítulo 1).

2. Faça a incisão em um movimento contínuo, tomando cuidado para que apenas a ponta do bisturi encoste na massa. A incisão deve ter pouca profundidade. A massa dará o salto no ponto em que a incisão foi feita, deslocando a lateral do corte e formando a pestana.

ELEMENTOS DE COLORAÇÃO E TEXTURA DA CROSTA

O mais comum é pensar nas misturas de ovo e um líquido:
- ovo inteiro + água;
- ovo inteiro + leite;
- clara de ovo + água.

A quantidade de água ou de leite varia de acordo com o desejado. Geralmente, deve ser apenas o suficiente para fluidificar o ovo ou a clara, permitindo o pincelamento.

Mas também existem finalizações que consistem em aplicar leite, creme de leite e até iogurte sobre a massa antes de levá-la ao forno. É possível, ainda, borrifar água na massa. Tudo depende do resultado pretendido, conforme mostra o quadro a seguir.

> **OBSERVAÇÃO**
> Tal qual ocorre no processo de caramelização quando aquecemos o açúcar, na reação de Maillard a proteína reage com um açúcar redutor (por exemplo, galactose, glicose, frutose), conferindo uma coloração escura ao alimento e agregando aroma e sabor.

Elementos de coloração e textura

Produto	Resultado
Ovo inteiro + água	Brilho e cor
Ovo inteiro + leite	Brilho, cor e crosta macia
Clara de ovo + água	Brilho e crosta dura
Água	Crosta crocante
Farinha	Textura e contraste
Leite ou creme de leite	Cor e crosta macia

10. Cozimento

O objetivo principal desta etapa é assar o produto, conferindo digestibilidade, cor, textura e crocância (no caso das massas pobres).

Com o cozimento ocorrem:
- inativação e morte do fermento;
- expansão do gás carbônico e de vapores, provocando aumento do volume do pão (salto de forno);
- coagulação da rede de glúten (70 °C).

O cozimento possui três etapas, detalhadas a seguir.
- **Primeira:** forte evaporação externa, o que freia e controla a elevação do calor na massa, permitindo o seu desenvolvimento até a destruição do fermento e o fim da produção do gás carbônico.
- **Segunda:** a massa ainda aumenta pela expansão do gás carbônico e do vapor. A temperatura da massa aumenta em direção ao centro, promovendo a gelatinização do amido e a coagulação do glúten. Nesse momento, chega ao fim a elasticidade da massa, definindo o seu volume final (de 5 a 10 minutos).
- **Terceira:** a evaporação da superfície diminui, elevando a temperatura e propiciando a formação da crosta e a intensificação da cor pela reação de Maillard.

No caso de pães de massa pobre, é feita a vaporização. A adição do vapor no início do forneamento possibilita a abertura da pestana, além de conferir brilho e crocância ao pão. Inicia-se o cozimento com a válvula de saída do vapor fechada, e do meio para o final do forneamento a válvula é aberta a fim de que o vapor saia de dentro da câmara e permita que o pão seque e fique crocante.

Conforme informado anteriormente, de forma geral utilizam-se 170 °C em forno turbo e 210 °C em forno de lastro. Quando a massa for doce ou rica, devem-se diminuir 10 °C. É preciso considerar que, além do tipo de forno e da composição da massa, o formato da massa, a disposição na assadeira (e no próprio forno) e as variações de temperatura – que podem ocorrer durante o processo (como abertura da porta) ou que são decorrentes da manutenção do forno – podem influir na temperatura ideal para assar a produção. Assim, como dissemos no capítulo 1, essas temperaturas recomendadas são apenas uma orientação que poderá ser modificada de acordo com o uso.

11. Resfriamento

O processo de resfriamento se inicia após a retirada do pão do forno. Os vapores gerados no interior do produto saem gradativamente à medida que o pão resfria e evaporam para o ambiente.

Espere que o pão esfrie até que atinja 30 °C a 35 °C no interior da peça para que possa ser embalado. Esta etapa deve ser controlada para evitar a deposição de fungos e, assim, aumentar a conservação do produto final.

12. Embalagem e armazenamento

As embalagens de papel são indicadas para os casos em que o pão é embalado quente (como o francês), pois permitem a saída do vapor, evitando que o produto murche.

As plásticas são usadas para pães já frios que necessitem ficar em exposição em gôndolas.

Antimofos em spray podem ser aplicados no momento da embalagem, principalmente em pães de fôrma, para que o tempo de prateleira seja mantido.

Os pães devem ser sempre armazenados em temperatura ambiente, longe de incidência solar e do calor excessivo.

A grande maioria dos pães produzidos – principalmente os recheados – deve ser consumida no mesmo dia. Outros, como os de fôrma, têm prazo de validade maior. O tempo de duração dependerá do processo produtivo. Os industrializados, elaborados a partir de grande automação e adição de aditivos, apresentam um *shelf life* maior que os feitos em padarias.

> **OBSERVAÇÃO**
> No caso de pães de fôrma, o tempo ideal de resfriamento do produto é de aproximadamente 4 horas, para que além do retorno à temperatura ambiente haja um ressecamento na superfície do produto, o que evita a formação de bolor.

SÍNTESE DAS ETAPAS DE FABRICAÇÃO

- Definição do método de produção (direto rápido, direto padrão ou indireto – o direto convencional está em desuso)
- Formulação (pré-preparo)
- Mise en place
- Mistura e sova (desenvolvimento básico, aprimorado ou intensivo)
  - Adição dos secos (ex.: farinha, açúcar, sal, leite em pó, melhorador, fermento seco)
  - Adição dos líquidos (ex.: água, leite integral, ovos inteiros, fermento fresco) – sempre deixe um pouco de água para o ajuste final se necessário
  - Adição dos lipídeos (ex.: manteiga, óleo, azeite, margarina, gemas – quando em grande quantidade)
  - Cilindragem até o ponto desejado
  - Retirada da masseira
  - Medição da temperatura da massa
- Descanso (fermentação intermediária)
- Divisão/porcionamento
- Modelagem
- Acondicionamento
- Fermentação final
- Finalização
- Cozimento
- Resfriamento
- Embalagem e armazenamento

O esquema gráfico abaixo resume as etapas de acordo com o método de produção adotado.[2]

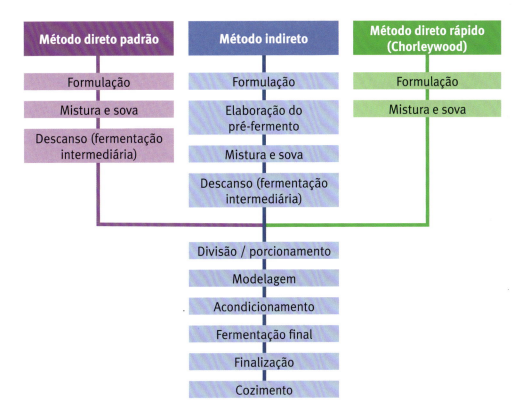

[2] Por estar em desuso, o método direto convencional não é contemplado nesse gráfico.

Congelamento

Tecnicamente, os pães podem ser congelados em diversas etapas do processo:
- congelamento dos pães modelados antes de fermentarem;
- congelamento dos pães modelados depois de fermentarem;
- congelamento dos pães modelados fermentados e pré-assados (também chamados de pães pré-cozidos congelados);
- congelamento dos pães modelados, fermentados e assados.

O congelamento de pães apresenta aspectos positivos, como redução do espaço de trabalho, padronização do produto e maior flexibilidade de produção. Mas existem desvantagens que precisam ser consideradas. Mesmo com os avanços tecnológicos e o incremento de aditivos, as massas congeladas apresentam problemas de textura, pouco volume e fermentação prolongada.

A textura pode se apresentar com menor volume, e massa, um pouco quebradiça após assada.

O pouco volume é causado pelo enfraquecimento da massa decorrente do congelamento. O processo causa danos à rede de glúten que comprometem a capacidade da massa de reter gás.

Ofertar pães congelados sem fermentação requer muito maquinário e rígidos controles durante todo o processo produtivo. Por esse motivo, os profissionais que produzem pão congelado sem fermentação trabalham somente com esse tipo de produto.

Em uma produção em menor escala, a aplicação da técnica de congelamento deve ser feita nos pães já completamente assados ou, pelo menos, pré-assados.

Para congelar pães pré-assados ou assados, siga as etapas abaixo.

1. Retire o pão do forno e deixe-o esfriar sobre grades.
2. Leve-o ao freezer sem embalagem ou envoltório e deixe-o congelar totalmente.
3. Retire-o do freezer, embale-o e etiquete-o.
4. Cuide para que o ar seja retirado do pacote, minimizando a formação de cristais de gelo entre o pão e a embalagem.
5. Coloque a data de fabricação e a durabilidade na etiqueta.

Os pães podem permanecer congelados por aproximadamente 3 meses.
O processo de descongelamento pode ser feito de diversas formas:
- diretamente no forno, com temperatura menor, para que o produto descongele e retorne à textura anterior (no caso de pães pequenos);
- rapidamente no micro-ondas e, em seguida, no forno (pães maiores, como broas e italiano, e recheados);
- em temperatura ambiente, dentro de sacos plásticos para que não umedeçam, e finalizados no forno.

> **OBSERVAÇÃO**
> Os pré-assados são itens que podem ter sido assados entre 70% a 80% do tempo necessário e que são finalizados posteriormente, quando novamente levados ao forno.

CAPÍTULO 5
Cálculos em panificação

Nas formulações utilizadas em panificação, consideramos a farinha como o elemento que define a quantidade dos demais ingredientes. Assim, partimos do valor 100% para a farinha ou para a somatória das farinhas adicionadas (por exemplo, no pão integral temos 50% da farinha branca e 50% da integral, totalizando 100%).

Nos demais ingredientes, valores como 2%, 8%, 55% etc. têm sempre como base o valor total da farinha. Por exemplo, se o total da farinha 100% corresponder a 1.000 g, o sal 2% equivalerá a 20 g, e assim por diante. Calcular a receita significa determinar a quantidade de cada ingrediente que entrará na formulação da massa.

A tabela abaixo mostra, como exemplo, o cálculo para preparar pão francês a partir de 500 g de farinha. A quantidade de farinha (valor 100%) determina as quantidades dos demais ingredientes. Os percentuais dos ingredientes são a porcentagem do padeiro apresentada no capítulo 2. Alguns livros usam a expressão "fórmula do padeiro".

Exemplo de cálculo para pão francês – 500 g de farinha		
Ingrediente	**Porcentagem (PP)**	**Quantidade**
Farinha de trigo	100%	500 g
Manteiga	2%	10 g
Sal	2%	10 g
Açúcar	2%	10 g
Fermento biológico seco	1%	5 g
Melhorador	2%	10 g
Água	± 65%	325 g
TOTAL	174%	870 g

Como dissemos anteriormente, o referencial para trabalhar com porcentagem sempre é a farinha de trigo ou a mistura de farinhas totalizando 100%. Assim, prosseguindo no exemplo do pão francês, para determinar as quantidades necessárias de cada ingrediente tendo como referência outra quantidade de farinha – agora, 2.000 g –, aplicamos a regra de três:

Farinha: 100%   2.000 g
Açúcar: 2%   x

Então:

$100x = 2.000 \times 2$
$100x = 4.000$
$x = 4.000 \div 100$
$x = 40$

Logo, para 2.000 g de farinha, é necessário utilizar 40 g de açúcar na produção de pão francês. Pelo mesmo cálculo, as quantidades dos outros ingredientes seriam: 40 g de manteiga, 40 g de sal, 20 g de fermento biológico seco, 40 g de melhorador e 1.300 g de água.

Cálculo de rendimento

Para descobrir o rendimento ou o número de pães que serão obtidos com uma receita, precisamos dividir o peso total da massa pelo peso de cada pão ainda cru.

Como exemplo, veja o cálculo para pão de banha tendo como base 500 g de farinha.

Exemplo de cálculo para pão de banha		
Ingrediente	Porcentagem (PP)	Quantidade
Farinha de trigo	100%	500 g
Banha	15%	75 g
Ovo	5%	25 g
Sal	2%	10 g
Açúcar	4%	20 g
Fermento biológico seco	1%	5 g
Melhorador	1%	5 g
Leite em pó	2%	10 g
Água	± 50%	250 g
TOTAL	180%	900 g

Se o peso da porção do pão cru for igual a 60 g, para saber o número de pães com 60 g que a receita rende será necessário dividir o peso total (no caso do exemplo, 900 g) pelo peso do pão cru (60 g).

900 ÷ 60 = 15

Portanto, o rendimento da receita será de 15 pães de banha com 60 g cada.

Cálculo de encomenda (reverso)

Para atender a uma encomenda, precisamos determinar a quantidade de farinha que será necessária.

Mas, para chegar à quantidade de farinha, primeiro calculamos o peso total da massa da encomenda.

Como exemplo, pensemos em uma encomenda de 200 unidades de pão de leite e um peso de massa crua de 40 g.[1]

A massa necessária para atender à encomenda, portanto, virá do seguinte cálculo:

40 × 200 = 8.000 g (peso total da massa)

Com essa quantidade identificada, consultamos os percentuais da receita do pão de leite.

---

[1] O peso de 40 g foi escolhido intencionalmente, para gerar um resultado final "quebrado" e, assim, apresentar esta possibilidade ao leitor. No dia a dia profissional, o peso unitário do pão de leite geralmente aplicado é de 60 g (modelagem bisnaguinha) ou de 30 g a 40 g (pãozinho redondo).

Porcentagem do pão de leite	
Ingrediente	**Porcentagem (PP)**
Farinha de trigo	100%
Manteiga ou margarina	8%
Ovo	10%
Sal	2%
Açúcar	10%
Fermento biológico seco	1%
Melhorador	3%
Leite em pó	3%
Água	± 50%
TOTAL	187%

Sabemos que o peso total da massa necessária para executar a encomenda (8.000 g) corresponde a 187% (soma de todas as porcentagens).

Assim, para calcular a quantidade de farinha (e, posteriormente, a dos demais ingredientes), devemos fazer a seguinte regra de três:

187%   8.000 g
100%   x

Então:

187x = 8.000 × 100
187x = 800.000
x = 800.000 ÷ 187
x = 4.278

Logo, para que tenhamos 8.000 g de massa final, necessitamos de 4.278 g de farinha de trigo.

A partir da quantidade de farinha encontrada, fazemos o cálculo dos demais ingredientes até completarmos a tabela.

Retomando o exemplo anterior:

Cálculo do pão de leite		
Ingrediente	**Porcentagem (PP)**	**Quantidade**
Farinha de trigo	100%	4.278 g
Manteiga ou margarina	8%	342,2 g
Ovo	10%	427,8 g
Sal	2%	85,5 g
Açúcar	10%	427,8 g
Fermento biológico seco	1%	42,7 g
Melhorador	3%	128,3 g
Leite em pó	3%	128,3 g
Água	± 50%	2.139 g
TOTAL	187%	7.999,6 g

OBSERVAÇÃO
Nas unidades produtivas dentro das padarias, as contas são feitas arredondando-se os valores para mais, acertando o valor da farinha inicial para um valor inteiro (no caso, os 4.278 g seriam arredondados para 4.500 g ou mesmo 5.000 g). A partir desse total da farinha arredondado, chegamos a novas quantidades também arredondadas dos demais ingredientes. O arredondamento para cima é aplicado para considerar as perdas que podem ocorrer durante o processo (pães com defeito de modelagem, muito escuros, amassados...), e as sobras são colocadas para venda direta em expositoras ou gôndolas.

Essa é uma forma simples de calcularmos a necessidade de ingredientes quando recebemos uma encomenda. No entanto, ressaltamos que não está sendo considerada a perda de água que ocorre durante a cocção do produto. Em média, um pão perde entre 10% e 20% do seu peso durante o cozimento. A perda depende do tamanho do pão: quanto maior, menor a perda de água.

Um pão modelado com 40 g poderá chegar ao peso final aproximado de 32 g após o assamento e o resfriamento.

CAPÍTULO 6
Controle de qualidade

Extração do glúten

A farinha de trigo é a única que possui proteínas formadoras de glúten (a gliadina e a glutenina) em quantidade suficiente para retenção de gás. Além dessas proteínas, há a globulina, mas esta não participa do processo de formação do glúten.

A gliadina e a glutenina, juntas, formam uma rede entrelaçada que tem a propriedade de segurar o gás produzido pelo fermento, dando leveza ao pão.

Antigamente, a extração do glúten na farinha era feita nas padarias para se certificarem de que a remessa recebida teria qualidade suficiente para a produção do pão. Esse processo foi sendo substituído por laudos que os moinhos começaram a enviar com o carregamento da farinha de trigo, pois esse documento traz outras informações úteis ao profissional de panificação e com maior precisão.

Atualmente, muitas padarias – principalmente as maiores – trabalham com pré-misturas, em vista da praticidade (ganho de tempo no mise en place) e da regularidade na qualidade do produto.

Mesmo que seja um processo pouco usado nos dias de hoje, a extração do glúten demonstra como a rede proteica se desenvolve e de que forma ela consegue reter gases. Assim, vale a pena conhecê-la.

Para fazer a extração, separe 100 g de farinha e 60 ml de água e execute os passos abaixo.

1. Coloque a farinha e a água em um recipiente.

2. Misture e sove até que a massa se torne homogênea. Não há necessidade de sova prolongada; sove o suficiente para a massa se tornar homogênea.

3. Faça uma bola.

4. Cubra a massa com água e deixe-a descansar por 30 minutos.
5. Enquanto isso, preaqueça o forno a uma temperatura de 200 °C.

6. Após o descanso de 30 minutos, acomode a massa sobre uma peneira e lave-a. Ou, então, vá gentilmente apertando-a, dentro da água de repouso. O amido será eliminado, deixando a água esbranquiçada.

9. Faça uma bola e pese-a para obter a quantidade de glúten hidratado existente na farinha.
10. Coloque a massa de glúten no forno.
11. Vaporize o forno e ligue o exaustor.
12. Asse por 25 minutos.
13. Tire a massa de glúten e deixe esfriar.

7. Se optar por lavar a massa dentro da água, troque essa água várias vezes até que não haja mais resquício de amido na massa.
8. Bata a massa de glúten sobre a bancada até eliminar boa parte da água. O glúten deve ficar viscoso e elástico.

14. Verifique a coloração, que deve ser caramelo-dourado.

15. Corte delicadamente a massa ao meio e observe a formação das bolsas de ar (alvéolos). Se os alvéolos estiverem bem distribuídos, o glúten está bem desenvolvido e será a base de um pão com bom rendimento e volume. Observe que sempre haverá alguns alvéolos maiores, que são bolhas de ar retidas no momento do boleamento, geralmente perto da crosta. A observação dos alvéolos deverá ser feita nas partes mais internas. Se os alvéolos forem muito grandes e desiguais, o glúten terá resistência desigual. Nesse caso, o pão deve ser manuseado com mais cuidado.

16. Meça o tamanho da "bola", que deverá ter de 7 cm a 8 cm de "altura" e de 4 cm a 5 cm de "largura".
17. O formato deve ser o de um balão cheio. Se houver bolhas muito grandes em sua superfície, o glúten não suportará muito tempo de crescimento, por conter fibras fracas.

Para obter o peso do glúten a partir da amostra úmida, o valor pesado deverá ser dividido por 3. Pelo menos três amostras devem ser preparadas, e uma média dos valores obtidos deverá ser calculada (procedimento de análise laboratorial). As amostras deverão ser precisas, tanto no momento da pesagem como no manuseio, para que todas as amostras tenham valores próximos.

Para a obtenção do valor do glúten seco, após o forneamento, as amostras deverão ser cortadas e secas em temperatura baixa, até que a massa se torne quebradiça, como um biscoito. Três amostras preparadas deverão ser pesadas, e uma média dos três valores deverá ser obtida. Esse valor será a quantidade aproximada de glúten que a farinha analisada contém.

Defeitos nos pães e possíveis causas

PÃO QUE PERDE A FORMA APÓS A MODELAGEM
- Massa com muita água.
- Fermentação excessiva (passou do ponto).
- Falta de sal na massa.
- Forno frio.

PÃO QUE NÃO CRESCE (POUCO VOLUME)
- Massa muito dura.
- Pouco fermento.
- Fermento velho.
- Baixa temperatura da massa.
- Muito sal na massa.
- Farinha fraca.
- Erro no processo.
- Tempo de fermentação insuficiente.
- Pouco vapor no forno.
- Pouco tempo de cilindragem.
- Forno muito quente.

PÃO RACHANDO NO FORNO
- Ruptura na base: forno muito alto, massa seca e mal boleada, excesso de aditivos, excesso de mistura.
- Ruptura no topo: falta de fermentação, forno muito quente, farinha fraca, pouco desenvolvimento do glúten, quantidade excessiva de cereais ou itens como sementes adicionados à massa.
- Ruptura no corte: excesso de vapor, corte muito profundo, pouca fermentação.

CROSTA GROSSA
- Ressecamento da massa durante a fermentação.
- Forno frio.
- Fermentação excessiva.

CROSTA QUEBRADIÇA
- Quantidade insuficiente de açúcar.
- Quantidade insuficiente de gordura.
- Excesso de melhoradores.
- Forno frio.
- Fermentação excessiva.

PÃO QUE RESSECA EM POUCO TEMPO
- Falta de gordura.
- Massa muito seca.
- Mau acondicionamento.
- Tempo demasiado no forno.
- Excesso de melhoradores.

DESENVOLVIMENTO DE MOFO
- Massa velha.
- Pão embalado ainda úmido.
- Forneamento insuficiente.
- Matéria-prima de baixa qualidade.
- Falta de higiene.
- Falta de antimofo.

Parte II
Receitas

CAPÍTULO 7

Apresentação das receitas e massas básicas

Fichas técnicas

Ferramenta de trabalho na área de panificação, a ficha técnica apresenta a formulação do pão e o modo de prepará-lo, agrupando as informações necessárias para a sua elaboração. O objetivo é contribuir para a padronização e a qualidade do produto final.

Cada estabelecimento tem a ficha de cada um de seus produtos de panificação.

Observe um exemplo:

Ingredientes da massa	PP ❶	Quantidade ❷
Farinha de trigo	100%	500 g
Açúcar ❸	10%	50 g
Sal	2%	10 g
Fermento biológico seco	1%	5 g
Melhorador	1%	5 g
Leite em pó	4%	20 g
Glúten (opcional)	2%	10 g
Batata cozida e amassada	50%	250 g
Água	30%	150 g ❹
Ovo	10%	50 g
Manteiga ou margarina ❺	10%	50 g
Total da massa crua		1.100 g
Ingredientes do acabamento		**Quantidade**
Requeijão cremoso		800 g
Ovo inteiro batido (egg wash)		1 unidade + água q.b.

Métodos de utilização do fermento				
❻ Direto	Indireto ❼			
	Massa fermentada	Esponja	Poolish	Levain
X				

Técnicas de mistura de massa		
Básica ❽	Aprimorada ❾	Intensiva ❿
X		X

Descanso	
1 ⓫	10 min bola grande
2 ⓬	10 min porcionada

Peso da massa crua	1.100 g
	Unitário: 60 g
Rendimento	18 unidades

Acabamentos	
Corte	Não
Secos	Não
Outros	Recheio e egg wash

Cocção			
Forno		Vapor	Sem vapor
Turbo	165 °C		X
Lastro	195 °C		X

Observações ⓭

(1) PP: porcentagem do padeiro (farinha ou soma das farinhas totalizando 100% e os demais ingredientes em relação a esse total).

(2) Quantidade: quantidade em gramas dos ingredientes.

(3) Açúcar: nas fichas deste livro, considere sempre o açúcar refinado. Se algum pão pedir um tipo específico (por exemplo, mascavo), isso estará explicado na própria receita.

(4) Líquidos: os líquidos também são apresentados em gramas nas fichas técnicas. Em casos assim, é só considerar a mesma quantidade em mℓ. Ou seja, 150 g de água = 150 mℓ de água, e assim por diante.

(5) Manteiga: considere sempre a manteiga sem sal.

(6) Direto: fermento biológico fresco ou seco.

(7) Indireto: pré-fermento ou *levain*. A biga não aparece nesta ficha por se tratar de uma versão mais firme da esponja, usada em preparações italianas.

(8) Mistura básica: mistura e sova manuais ou masseira em velocidade 1; desenvolvimento parcial do glúten.

(9) Mistura aprimorada: masseira semirrápida; pré-fermento ou *levain*; desenvolvimento parcial do glúten.

(10) Mistura intensiva: masseira rápida ou semirrápida; desenvolvimento total do glúten.

(11) Descanso 1: fermentação intermediária.

(12) Descanso 2: etapa que antecede a fermentação final.

(13) Observações: descrição do modo de preparo. Neste livro, é apresentada fora da ficha, para maior detalhamento.

> **OBSERVAÇÃO**
> Com o tempo, quem lida com panificação conhece as características de um pão só de olhar para a coluna das porcentagens dos ingredientes. Já o leitor comum pode se concentrar apenas na coluna "Quantidade".

Como interpretar as fichas e executar as receitas deste livro

No dia a dia profissional, existem fichas mais complexas que o modelo apresentado aqui, que inclusive apresentam uma foto do pão a ser produzido, para facilitar o trabalho do profissional e garantir o padrão do produto final.

Neste livro, o passo a passo da receita está apresentado fora da ficha. Dessa forma, é possível detalhar mais o processo. Na ficha encontrada nos ambientes profissionais, o texto do passo a passo é extremamente objetivo e resumido. Por exemplo, ingredientes como farinha e sal são chamados apenas de "secos"; itens como água e ovo são denominados "líquidos".

Também em nome da objetividade, a ficha profissional não traz informação quanto a uso de termômetro, porque já precisamos saber que a temperatura da massa, desde a mistura dos ingredientes até o desenvolvimento do glúten, não deve ultrapassar os 26 °C, para evitar a ação do fermento. Por isso, ao fazer as receitas deste livro procure ter sempre o termômetro de espeto por perto, para ir controlando a temperatura enquanto a experiência é adquirida.

O passo a passo cita as etapas de misturar, sovar, bolear etc., mas não detalha como misturar, como sovar, como bolear etc. Assim, para acompanhar e executar a receita é preciso relembrar e colocar em prática as particularidades de cada método de utilização do fermento (direto ou indireto), de cada tipo de mistura (básica, aprimorada ou intensiva), da sova, do boleamento etc., bem como o uso correto dos utensílios e dos equipamentos.

Se a ficha indicar que mistura de determinada receita é a aprimorada, para executar melhor o passo a passo será necessário consultar o detalhamento apresentado na página 68.

Se a ficha indicar que a mistura é a intensiva, será necessário aplicar o detalhamento da página 69.

Todas as receitas apresentam, em seu modo de fazer, o uso de masseira, por ser esse o padrão na panificação. Porém há algumas que podem ser feitas de modo totalmente artesanal, sem equipamentos como masseira ou cilindro. Essas são as receitas que além do "X" no campo "Aprimorada" ou no campo "Intensiva" têm um "X" no campo "Básica". O resultado poderá ser um pão mais rústico, mas mesmo assim viável.

Se a opção for pela técnica básica de forma manual, em todas as receitas com essa alternativa o processo deverá ser o descrito na página 67 (se a receita utilizar método direto) ou o descrito na página 68 (em caso de método indireto).

Se a opção for pela técnica básica com auxílio de masseira, o processo deverá ser o descrito na página 65.

Ainda sobre uso de masseira, ressaltamos que algumas fichas profissionais costumam ter um campo específico indicando o tempo de operação do equipamento, como o reproduzido abaixo:

Tempo de mistura e cilindragem (masseira semirrápida)	
Velocidade 1	3-5 min
Velocidade 2	12-20 min

As fichas apresentadas neste livro não têm esse campo. Ele foi intencionalmente retirado porque os tempos de masseira variam de acordo com o ambiente de trabalho, o modelo da máquina e até a qualidade da farinha utilizada. Para estabelecer o tempo de cada equipamento e ganhar cada vez mais experiência, o fundamental é acompanhar a evolução da massa visualmente e seguir a ordem de inserção dos ingredientes, que é sempre a mesma:

1. Ingredientes secos primeiro.
2. Assim que estiverem homogeneizados, adição dos líquidos.
3. Assim que estiverem incorporados, entrada da gordura. Depois de a massa estar homogênea, início da sova.

O boleamento, a divisão (porcionamento) e a modelagem também devem ser feitos conforme o descrito anteriormente, nas páginas 66-67, 72 e 73, respectivamente. Isso deve ser aplicado em todas as receitas.

Nos descansos, lembre que a massa deve sempre estar coberta com plástico, para não ressecar.

Na fermentação final (feita em estufa, armário de fermentação ou um ambiente fechado), leve em conta a relação entre tempo e temperatura e outras informações apresentadas na página 75.

Para a finalização, consulte a página 76.

Em relação ao forneamento, a ficha técnica informa as temperaturas nos tipos turbo e de lastro e o uso ou não de vaporização, mas no passo a passo de todas as receitas do livro será incluída informação extra com o tempo e a temperatura a serem aplicados em um forno doméstico.

Também ressaltamos que o passo a passo de cada receita deste livro destacará a necessidade de preaquecimento do forno e os utensílios usados. No dia a dia profissional, porém, essas etapas não são contempladas na ficha técnica, já que organizar utensílios, separar ingredientes e verificar equipamentos formam a mise en place explicada no capítulo 4 (ver página 64). Fazer a mise en place é um procedimento padrão, obrigatoriamente cumprido sempre que é iniciada uma produção.

Tabelas de conversão

Embora em panificação as quantidades dos ingredientes sejam definidas em porcentagem e, depois, "traduzidas" para gramas, apresentamos as tabelas de conversão a seguir como mais um recurso para a elaboração das receitas.

EQUIVALÊNCIA DE PESOS E MEDIDAS

	Chocolate em pó ou cacau	Farinha de trigo	Açúcar	Manteiga ou margarina	Líquidos (leite, água, óleo, café, etc.)	Amido de milho	Leite em pó	Fermento químico e fermento biológico seco (unid.)[1]
1 xícara de chá	90 g	120 g	180 g	200 g	240 ml	100 g	100 g	
½ xícara de chá	45 g	60 g	90 g	100 g	120 ml	50 g	50 g	
⅓ de xícara de chá	30 g	40 g	60 g	65 g	80 ml	30 g	35 g	
¼ de xícara de chá	20 g	30 g	45 g	50 g	60 ml	25 g	25 g	
1 colher de sopa	6 g	7,5 g	12 g	20 g	15 ml	10 g	15 g	
1 colher de chá					5 ml			
½ colher (sopa) ou ½ sachê								5 g
1 colher (sopa) ou 1 sachê								10 g
2 colheres (sopa) ou 2 sachês								20 g

TEMPERATURA DO FORNO EM GRAUS CELSIUS

200-220 °C	Bem alto
170-190 °C	Alto
160 °C	Médio
140-150 °C	Baixo
110-120 °C	Frio

OVOS (PESO APROXIMADO)

Tamanho	Peso	Gema	Clara
Extra	60 g	25 g	35 g
Grande	50 g	20 g	30 g
Médio	40 g	15 g	25 g
Pequeno	30 g	10 g	20 g

---

[1] Para fermento biológico fresco: 15 g = 1 tablete pequeno; 30 g = 2 tabletes pequenos; 60 g = 4 tabletes pequenos.

APRESENTAÇÃO DAS RECEITAS E MASSAS BÁSICAS

Massa básica salgada

Esta massa é um curinga: pode ser utilizada para diversos tipos de pão – de fôrma, recheado, bisnaga, redondo. O tipo de modelagem e a finalização definem o produto. O exemplo abaixo é de um pão salgado simples, finalizado com egg wash e gergelim, mas é possível pensar em alternativas como egg wash + queijo ralado, entre outras.

Ingredientes da massa	PP	Quantidade
Farinha de trigo	100%	1.000 g
Açúcar	8%	80 g
Sal	2%	20 g
Melhorador	1%	10 g
Leite em pó	4%	40 g
Glúten	2%	20 g
Fermento biológico fresco	4%	40 g
Água	50%	500 g
Ovo	10%	100 g
Manteiga	10%	100 g
Total da massa crua		1.910 g
Ingredientes do acabamento		**Quantidade**
Clara de ovo + água[2]		1 parte de clara para 10 de água
Semente de gergelim		q.b.

Métodos de utilização do fermento

Direto	Indireto			
	Massa fermentada	Esponja	Poolish	Levain
X				

Técnicas de mistura de massa

Básica	Aprimorada	Intensiva
X		X

Descanso

1	10 min bola grande
2	10 min porcionada

Peso da massa crua	1.910 g
	Unitário: 80 g
Rendimento	23 unidades

Acabamentos

Corte	Não
Secos	Semente de gergelim
Outros	Clara + água

Cocção

Forno		Vapor	Sem vapor
Turbo	155-160 °C		X
Lastro	190-200 °C		X

---

[2] Esta mistura pode ser substituída por ovo inteiro batido + água (egg wash). A mistura de clara com água é recomendada quando a intenção é somente colar o gergelim. Já o ovo batido, além de fazer o gergelim colar, confere brilho e cor ao pão.

:: MODO DE PREPARO

1. Separe os ingredientes que serão utilizados na receita, bem como os seguintes equipamentos, utensílios e materiais: bowl ou bacia (em caso de mistura manual), masseira semirrápida (em caso de mistura na máquina), espátula/raspador (para o caso de mistura na bancada e para porcionar a massa), balança, plástico (para cobrir),[3] pincel, assadeira furada ou lisa, óleo ou desmoldante[4] (para untar a assadeira), silpat (tapete de silicone que substitui o óleo para untar a assadeira).
2. Misture a farinha, o açúcar, o sal, o melhorador, o leite e o glúten na masseira em velocidade 1.
3. Adicione o fermento,[5] a água (deixe um pouco para o ajuste final) e o ovo e siga misturando.
4. Acrescente a manteiga.
5. Se necessário, acerte o ponto com a água (neste momento, o ponto correto é uma massa "grudenta").
6. Com a massa homogênea, mude a velocidade para 2 e sove/cilindre até desenvolver o glúten (ponto de véu).
7. Boleie (bola grande), cubra com plástico e deixe descansar por 10 minutos em superfície levemente untada com óleo.
8. Porcione (80 g), reboleie, cubra com plástico e deixe descansar por mais 10 minutos em superfície levemente untada com óleo.
9. Se necessário, abaixe a fermentação (pressionando a massa), faça a modelagem desejada e acondicione os pães em assadeira untada ou com silpat, deixando espaço de cerca de 5 cm entre as unidades.
10. Deixe fermentar em câmara no modo estufa, armário de fermentação ou ambiente fechado até dobrar de volume. Em caso de preparo doméstico, ligue o forno cerca de 15 minutos antes de levar os pães para assar.
11. Pincele com a mistura de clara e água e polvilhe com as sementes de gergelim.
12. Asse por aproximadamente 20 minutos (155-160 °C no forno turbo e 190-200 °C no forno de lastro). Em forno doméstico, o mesmo tempo a aproximadamente 200 °C.

---

[3] O filme plástico pode ser usado com sucesso em bowls ou bacias, porém quando uma massa é deixada para descansar em bancada o mais indicado é um plástico comum, que não se contrai como o filme plástico e, assim, permite total cobertura da massa, evitando seu ressecamento.

[4] Spray de gordura, como os sprays de manteiga ou azeite encontrados no mercado.

[5] Nesta receita, foi adicionado junto com a água por se tratar de biológico fresco. Quando o fermento é seco, deve entrar junto com farinha, sal, açúcar etc.

Massa básica doce

Esta massa, também versátil, serve para preparações de pães doces, recheados ou não. Apesar de ser chamada de doce, pode ser utilizada com recheios salgados ou bastante condimentados (como embutidos, por exemplo), para criar uma contraposição de sabores, dando equilíbrio ao paladar. O exemplo abaixo é de um pão de açúcar básico, coberto com açúcar refinado, mas é possível pensar em alternativas de finalização como creme de confeiteiro + gel de brilho + cereja em calda e gel de brilho + coco ralado, entre outras.

Ingredientes da massa	PP	Quantidade
Farinha de trigo	100%	2.000 g
Açúcar	20%	400 g
Sal	1,5%	30 g
Melhorador	1%	20 g
Leite em pó	6%	120 g
Fermento biológico fresco	4%	40 g
Água	35%	700 g
Ovo	18%	360 g
Manteiga ou margarina	10%	200 g
Total da massa crua		3.870 g
Ingredientes do acabamento		**Quantidade**
Ovo inteiro batido (egg wash)		1 unidade + água q.b.
Açúcar		q.b.

Métodos de utilização do fermento

Direto	Indireto			
	Massa fermentada	Esponja	Poolish	Levain
		X		

Técnicas de mistura de massa

Básica	Aprimorada	Intensiva
X	X	

Descanso

1	10 min bola grande
2	10 min porcionada

Peso da massa crua	3.870 g
	Unitário: 300 g
Rendimento	12 unidades[6]

Acabamentos

Corte	Sim
Secos	Açúcar
Outros	Egg wash

Cocção

Forno		Vapor	Sem vapor
Turbo	150-155 °C		X
Lastro	190-195 °C		X

---

[6] Com esta mesma fórmula é possível fazer, por exemplo, 64 pães menores (60 g de massa) que podem ser recheados ou enrolados com salsicha, ou 12 pães maiores (300 g) com cobertura de açúcar ou trançados com cobertura de creme de confeiteiro.

:: MODO DE PREPARO

1. Separe os ingredientes que serão utilizados na receita, bem como os seguintes equipamentos, utensílios e materiais: masseira semirrápida, bowl ou bacia, balança, plástico para cobrir, termômetro, espátula/raspador, rolo, assadeira furada ou lisa, óleo ou desmoldante ou silpat, bisturi.

ESPONJA

1. Coloque todo o fermento e 300 ml de água em um bowl. Adicione 300 g de farinha.
2. Misture e deixe fermentar em câmara no modo estufa, armário de fermentação ou ambiente fechado[7] por 40 minutos a 1 hora em temperatura de 24 °C a 26 °C (ver passo a passo na página 75).

MASSA

1. Misture o restante da farinha, o açúcar, o sal, o melhorador e o leite na masseira em velocidade 1.
2. Adicione a esponja, a água aos poucos (deixe um pouco para o ajuste final) e o ovo, e siga misturando.
3. Acrescente a manteiga ou margarina.
4. Se necessário, acerte o ponto com a água (neste momento, o ponto correto é uma massa "grudenta").
5. Com a massa homogênea, mude a velocidade para 2 e cilindre até que alise.
6. Boleie (bola grande), cubra com plástico e deixe descansar por 10 minutos em superfície levemente untada com óleo.
7. Porcione (300 g) e modele em formato de coxinha, cubra com plástico e deixe descansar por mais 10 minutos em superfície levemente untada com óleo.
8. Se necessário, abaixe a fermentação (pressionando a massa) e com as mãos ou o rolo abra em formato triangular.
9. Enrole como rocambole da ponta para a base, formando a bisnaga, e coloque com o fecho virado para baixo em assadeira untada ou com silpat (espaço médio de 5 cm entre as unidades).
10. Deixe fermentar em câmara no modo estufa, armário de fermentação ou ambiente fechado até dobrar de volume. Em caso de preparo doméstico, ligue o forno cerca de 15 minutos antes de levar os pães para assar.
11. Com o bisturi faça um corte no meio, no sentido longitudinal, e espere alguns minutos para o corte abrir.
12. Pincele com o egg wash nas laterais. No corte que se abriu, coloque uma linha de açúcar,[8] cobrindo-o.
13. Asse por aproximadamente 20 minutos (150-155 °C no forno turbo e 190-195 °C no forno de lastro). Em forno doméstico, o mesmo tempo a 180-190 °C.

OBSERVAÇÕES

A água e a farinha utilizadas na esponja são retiradas da mise en place, portanto devem ser descontadas do valor total da ficha técnica no momento da elaboração da massa.

Conforme dissemos anteriormente, a relação entre água e farinha em uma esponja deve sempre seguir este parâmetro: no mínimo, a mesma quantidade de farinha e água; no máximo, o dobro de farinha em relação à água. Tomando este caso como exemplo (300 ml de água), poderiam ser usados de 300 g a 600 g de farinha. Em dias muito quentes, deve-se fazer uma esponja mais firme; em dias muito frios, uma esponja mais mole. A decisão depende também do tempo disponível e da programação de elaboração dos pães: se o profissional tem muito trabalho a ser executado, uma massa menos hidratada possibilita um tempo maior de espera na bancada. Se há pressa, uma massa mais hidratada é mais recomendada.

A coloração varia de acordo com a concentração de açúcar na massa.
- De 5% a 6% de açúcar: cor amarelo-claro.
- De 7% a 12%: caramelo.
- Acima de 12%: quase marrom.

O máximo de açúcar que se pode agregar a uma receita de pão é 25%. Qualquer valor acima disso entra como recheio ou cobertura.

No forneamento, se o pão doce estiver claro, ele estará cru por dentro.

---

[7] Fora desses ambientes, é necessário o uso de filme plástico, para a massa não ressecar.
[8] O açúcar aqui tem a finalidade de segurar a umidade da massa no ponto do corte, possibilitando que a massa se expanda no corte, elevando-se no centro e proporcionando a abertura da pestana.

APRESENTAÇÃO DAS RECEITAS E MASSAS BÁSICAS

CAPÍTULO 8

Padaria brasileira

Broa caxambu

Apesar de o nome "broa" ser associado a pão, o produto elaborado com esta receita tem características de biscoito. Seu método de preparo é o mesmo das massas secas na confeitaria. De origem portuguesa, a broa foi adaptada no Brasil para a utilização do milho e se tornou produto tradicional nas casas do interior de Minas Gerais.

Ingredientes da massa	PP	Quantidade
Farinha de trigo	50%	250 g
Fubá	50%	250 g
Açúcar	25%	125 g
Semente de erva-doce	1%	5 g
Fermento químico em pó	2%	10 g
Ovo	25%	125 g
Manteiga ou margarina	25%	125 g
Total da massa crua		890 g

Ingredientes do acabamento	Quantidade
Ovo inteiro batido (egg wash)	1 unidade + água q.b.
Erva-doce	q.b.

Métodos de utilização do fermento

Direto	Indireto			
	Massa fermentada	Esponja	Poolish	Levain
X				

Técnicas de mistura de massa

Básica	Aprimorada	Intensiva
Não	Não	Não

Descanso

1	10 min bola grande
2	Não

Peso da massa crua

Peso da massa crua	890 g
	Unitário: ± 30 g
Rendimento	29 unidades

Acabamentos

Corte	Não
Secos	Erva-doce
Outros	Egg wash

Cocção

Forno		Vapor	Sem vapor
Turbo	170 °C		X
Lastro	200 °C		X

:: **MODO DE PREPARO**

1. Este produto não utiliza masseira e pode ser feito manualmente ou na batedeira planetária (batedor raquete; velocidade baixa). Separe os ingredientes que serão utilizados na receita, bem como os seguintes equipamentos, utensílios e materiais: bowl ou bacia (caso não use batedeira), assadeira lisa, plástico para cobrir, óleo ou desmoldante ou silpat, pincel. Em caso de preparo doméstico, ligue o forno neste momento, para preaquecê-lo.

2. No bowl ou na bacia da batedeira, misture a farinha, o fubá, o açúcar, a semente de erva-doce e o fermento.

3. Adicione a manteiga ou a margarina e misture até formar uma farofa.

4. Adicione os ovos e misture até que a massa fique homogênea e modelável. Caso a massa não atinja esse ponto de formar fácil uma bola, acrescente água para hidratá-la.

5. Boleie (bola grande), cubra com plástico e deixe a massa descansar por 10 minutos em superfície levemente untada com óleo.

6. Faça bolinhas e coloque em assadeira untada ou com silpat.

7. Pincele com o egg wash e polvilhe com a erva-doce.

8. Asse por aproximadamente 10 minutos (170 °C no forno turbo e 200 °C no forno de lastro). Em forno doméstico, o mesmo tempo a 220 °C.

PADARIA BRASILEIRA

Broa de milho

Tal qual a broa caxambu, este é um exemplo de produto resultante da mescla de culturas no Brasil. O milho presente em terras brasileiras era timidamente usado pelos índios; seu uso só se ampliou com a chegada dos portugueses e dos africanos. A palavra "fubá", inclusive, é de origem angolana.

Ingredientes da massa	PP	Quantidade
Farinha de trigo	80%	400 g
Fubá	20%	100 g
Açúcar	15%	75 g
Sal	2%	10 g
Melhorador	1%	5 g
Fermento biológico seco	2%	10 g
Água	40%	200 g
Ovo	10%	50 g
Manteiga	14%	70 g
Total da massa crua		920 g
Ingredientes do acabamento		**Quantidade**
Fubá		q.b.

Métodos de utilização do fermento

Direto	Indireto		
	Massa fermentada	Esponja	*Poolish*	*Levain*
X				

Técnicas de mistura de massa

Básica	Aprimorada	Intensiva
X		X

Descanso

1	10 min bola grande
2	10 min porcionada

Peso da massa crua: 920 g
Unitário: 300 g[1]

Rendimento: 3 unidades

Acabamentos

Corte	Sim
Secos	Fubá
Outros	Não

Cocção

Forno		Vapor	Sem vapor
Turbo	165 °C		X
Lastro	200 °C		X

---

[1] Esta é um sugestão; o peso unitário é de livre escolha.

:: MODO DE PREPARO

1. Separe os ingredientes que serão utilizados na receita, bem como os seguintes equipamentos, utensílios e materiais: masseira semirrápida, balança, plástico para cobrir, espátula/raspador, assadeira furada ou lisa, óleo ou desmoldante ou silpat.
2. Misture a farinha, o fubá, o açúcar, o sal, o fermento e o melhorador na masseira em velocidade 1.
3. Adicione a água (deixe um pouco para o ajuste final) e o ovo e siga misturando.
4. Acrescente a manteiga.
5. Se necessário, acerte o ponto com a água (neste momento, o ponto correto é uma massa "grudenta").
6. Com a massa homogênea, mude a velocidade para 2 e sove/cilindre até desenvolver o glúten (ponto de véu).
7. Boleie (bola grande), cubra com plástico e deixe descansar por 10 minutos em superfície levemente untada com óleo.
8. Porcione (300 g), reboleie, cubra com plástico e deixe descansar por mais 10 minutos em superfície levemente untada com óleo.
9. Se necessário, abaixe a fermentação (pressionando a massa), reboleie, passe no fubá cobrindo toda a bola e acondicione os pães em assadeira untada ou com silpat (espaço de 5 cm entre as unidades).
10. Deixe fermentar em câmara no modo estufa, armário de fermentação ou ambiente fechado até dobrar de volume. Em caso de preparo doméstico, ligue o forno cerca de 15 minutos antes de levar os pães para assar.
11. Com o bisturi, faça cortes decorativos na parte superior do pão.
12. Asse por aproximadamente 20 minutos (165 °C no forno turbo e 200 °C no forno de lastro). Em forno doméstico, o mesmo tempo a aproximadamente 210 °C.

Broa de milho aerosa (método Choux)

Adaptação brasileira da *pâte à choux*, usada na confeitaria para a produção de éclair ("bomba") e de profiterole ("carolina"). Como o próprio nome diz, é um pão aerado.

Ingredientes da massa	PP	Quantidade
Leite[2]	100%	500 g
Sal	1,6%	8 g
Manteiga	40%	200 g
Fubá	40%	200 g
Farinha de trigo	20%	100 g
Queijo parmesão ralado	20%	100 g
Ovo	80-90%	400-450 g
Fermento químico	2%	10 g
Total da massa crua		1.518 g
Ingredientes do acabamento		**Quantidade**
Fubá ou farinha		q.b.

Métodos de utilização do fermento				
Direto	Indireto			
	Massa fermentada	Esponja	*Poolish*	*Levain*
X				

Técnicas de mistura de massa		
Básica	Aprimorada	Intensiva
Não	Não	Não

Descanso	
1	Não
2	Não

Peso da massa crua	1.518 g
	Unitário: 30 g[3]
Rendimento	50 unidades

Acabamentos	
Corte	Não
Secos	Fubá ou farinha
Outros	Não

Cocção			
Forno		Vapor	Sem vapor
Turbo	165 °C		X
Lastro	200 °C		X

---

[2] Nesta receita, o leite é o valor 100%, diferentemente das demais apresentadas no livro, em que a farinha determina a porcentagem dos outros ingredientes.

[3] Esta é uma sugestão; o peso unitário é de livre escolha.

:: **MODO DE PREPARO**

1. Separe os ingredientes que serão utilizados na receita, bem como os seguintes equipamentos, utensílios e materiais: panela comum, bowl, fouet, espátula de silicone, manga de confeitar, bico perlê, assadeira lisa, óleo ou desmoldante ou silpat, peneira pequena.
2. Execute o método Choux: coloque o leite, o sal e a manteiga em uma panela e leve ao fogo até ferver sem mexer.
3. Misture o fubá e a farinha em um bowl e os coloque no líquido fervente, mexendo com uma espátula de silicone.
4. Cozinhe em fogo de médio a baixo, misturando sem parar até que se forme uma camada grossa no fundo da panela. A intenção é deixar o excesso de líquido evaporar para adicionar o ovo.
5. Deixe esfriar até a temperatura ambiente.
6. Adicione o ovo e o queijo. A massa deverá grudar na lateral do bowl ou da bacia. Acrescente o fermento.
7. Misture com uma colher ou um fouet ou use a batedeira (batedor raquete; velocidade média) até obter uma massa homogênea.
8. Ligue o forno para preaquecê-lo.
9. Coloque a massa em manga de confeitar (bico perlê) e pingue em assadeira untada ou com silpat.
10. Polvilhe com o fubá usando a peneira e asse por aproximadamente 25 minutos, até que seque e fique firme (165 °C no forno turbo e 200 °C no forno de lastro). Em forno doméstico, o mesmo tempo a aproximadamente 220 °C.

Cueca virada

É um tipo de biscoito de origem europeia tradicionalmente associado às festas de fim de ano. Especula-se que os imigrantes italianos que aqui chegaram no final do século XIX o tenham popularizado. O nome italiano ("grôstoli") ganhou no Brasil a denominação bem-humorada que remete à modelagem do produto.

Ingredientes da massa	PP	Quantidade
Farinha de trigo	100%	500 g
Açúcar	14%	70 g
Sal	2%	10 g
Fermento biológico seco	1%	5 g
Ovo	10%	50 g
Leite	40%	200 g
Manteiga ou margarina	12%	60 g
Total da massa crua		895 g
Ingredientes do acabamento		**Quantidade**
Açúcar		q.b.
Canela em pó		q.b.
Óleo para fritura		900 mℓ

Métodos de utilização do fermento				
Direto	Indireto			
	Massa fermentada	Esponja	Poolish	Levain
X				

Técnicas de mistura de massa		
Básica	Aprimorada	Intensiva
X		

Descanso	
1	10 min bola grande
2	Não

Peso da massa crua	895 g
	Unitário: 20 g
Rendimento	44 unidades

Acabamentos	
Corte	Não
Secos	Açúcar com canela
Outros	Não

Cocção	
Fritura em imersão (170 °C)	

:: **MODO DE PREPARO**

1. Este produto não utiliza masseira e pode ser feito manualmente ou na batedeira planetária (batedor gancho; velocidade média para baixa). Separe os ingredientes que serão utilizados na receita, bem como os seguintes equipamentos, utensílios e materiais: bowl ou bacia (caso não use batedeira), plástico para cobrir, rolo, assadeira lisa, óleo ou desmoldante, carretilha, régua, frigideira, escumadeira.

2. No bowl ou na bacia da batedeira (batedor gancho; velocidade média para baixa) misture a farinha, o açúcar, o sal e o fermento.

3. Adicione o ovo e o leite (deixe um pouco de leite para o ajuste final) e siga misturando.

4. Acrescente a manteiga ou a margarina.

5. Se necessário, acerte o ponto com o leite (neste momento, o ponto correto é uma massa "grudenta").

6. Com a massa homogênea, inicie o processo de sova (ver página 65). A massa terá uma consistência firme e lisa.

7. Boleie (bola grande), cubra com plástico e deixe descansar por 10 minutos em superfície levemente untada com óleo.

8. Com o rolo, abra em formato retangular e coloque a massa em uma assadeira untada ou com silpat, cubra com plástico e deixe descansar em câmara no modo estufa, armário de fermentação ou ambiente fechado até dobrar de volume.

9. Se, após fermentar, a massa estiver "grudenta", passe levemente uma camada de farinha (para a carretilha deslizar).

10. Com a carretilha, corte em tiras de 2 cm × 6 cm. Faça um corte no meio, no sentido longitudinal, e vire uma das extremidades para dentro do corte, fazendo a "cueca virada".

11. Frite em imersão em óleo a 170 °C, tomando cuidado para não colocar muitas cuecas viradas por vez, o que esfriaria o óleo.

12. Retire com a escumadeira, deixe o óleo escorrer bem e passe no açúcar com canela.

OBSERVAÇÃO
Se as cuecas viradas forem passadas na mistura de açúcar com canela sem que seja retirado o excesso de óleo, este vai encharcar o açúcar, impedindo que a cobertura grude.

Lua de mel

Muito popular nas padarias brasileiras, apresenta variações de recheio de acordo com as regiões do país. Em comum, as versões preservam o formato deste produto que agrada aos fãs de doces: uma lua cheia de um delicioso conteúdo, que remete ao momento mágico vivido pelos recém-casados.

Ingredientes da massa	PP	Quantidade
Farinha de trigo	100%	500 g
Açúcar	20%	100 g
Sal	2%	10 g
Fermento biológico seco	2%	10 g
Melhorador	1%	5 g
Leite em pó	6%	30 g
Água	35%	175 g
Ovo	20%	100 g
Manteiga	10%	50 g
Total da massa crua		**980 g**

Ingredientes do acabamento	Quantidade
Calda para embeber	
Leite	150 mℓ
Leite de coco	80 mℓ
Leite condensado	80 mℓ
Recheio	
Creme de leite UHT	400 mℓ
Leite de coco	200 mℓ
Leite condensado	200 mℓ
Cobertura	
Coco ralado	100 g
Açúcar	100 g
Leite em pó	50 g

Métodos de utilização do fermento

Direto	Indireto			
	Massa fermentada	Esponja	Poolish	Levain
	X			

Técnicas de mistura de massa

Básica	Aprimorada	Intensiva
X	X	

Descanso

1	10 min bola grande
2	10 min porcionada

Peso da massa crua	980 g
	Unitário: 20 g
Rendimento	49 unidades

Acabamentos

Corte	Não
Secos	Coco ralado + açúcar + leite em pó
Outros	Recheio e calda (finalização após assar)

Cocção

Forno		Vapor	Sem vapor
Turbo	160 °C		X
Lastro	190 °C		X

:: MODO DE PREPARO

1. Separe os ingredientes que serão utilizados na receita, bem como os seguintes equipamentos, utensílios e materiais: masseira semirrápida, bowls ou bacias, balança, termômetro, plástico para cobrir, espátula/raspador, bisnaga, assadeira lisa ou furada, óleo ou desmoldante ou silpat.

ESPONJA
1. Coloque todo o fermento e 75 mℓ de água em um bowl. Adicione 100 g de farinha.
2. Misture e deixe fermentar em câmara no modo estufa, armário de fermentação ou ambiente fechado[4] por 40 minutos a 1 hora em temperatura de 24 °C a 26 °C (ver passo a passo na página 75).

CALDA
1. Misture o leite, o leite de coco e o leite condensado em um bowl e reserve-os.

RECHEIO
1. Misture o creme de leite, o leite de coco e o leite condensado em um bowl e reserve-os.

COBERTURA
1. Misture o coco ralado, o açúcar e o leite em pó em um bowl e reserve-os.

MASSA
1. Misture o restante da farinha, o açúcar, o sal, o melhorador e o leite na masseira em velocidade 1.
2. Adicione a esponja, a água aos poucos (deixe um pouco para o ajuste final) e o ovo e siga misturando.
3. Acrescente a manteiga.
4. Se necessário, acerte o ponto com a água (neste momento, o ponto correto é uma massa "grudenta").
5. Com a massa homogênea, mude a velocidade para 2 e cilindre até que alise.
6. Boleie (bola grande), cubra com plástico e deixe descansar por 10 minutos em superfície levemente untada com óleo.
7. Porcione (20 g), modele em bolinhas, cubra com plástico e deixe descansar por mais 10 minutos em superfície levemente untada com óleo.
8. Reboleie, coloque em assadeira untada ou com silpat e deixe fermentar em câmara no modo estufa, armário de fermentação ou ambiente fechado até dobrar de volume. Em caso de preparo doméstico, ligue o forno cerca de 15 minutos antes de levar os pães para assar.
9. Asse por aproximadamente 10 a 15 minutos (160 °C no forno turbo e 190 °C no forno de lastro). Em forno doméstico, o mesmo tempo a 200 °C.

FINALIZAÇÃO
1. Deixe os pães amornarem, passe-os pela calda e deixe que escorram.
2. Coloque o recheio em uma bisnaga e espete-a no pão até que consiga atingir o centro. Aperte-a para depositar o recheio.
3. Aguarde a massa puxar a umidade (ou seja, deve ficar sequinha por fora).
4. Finalize passando cada pão na mistura de açúcar, leite em pó e coco ralado.

OBSERVAÇÃO
A água e a farinha utilizadas na esponja são retiradas da mise en place, portanto devem ser descontadas do valor total da ficha técnica no momento da elaboração da massa.

---

[4] Fora desses ambientes, é necessário o uso do filme plástico para a massa não ressecar.

Pão crioulo

Oriundo da época da colonização portuguesa, este pão de massa mais encorpada remete àqueles preparados de forma artesanal dentro das fazendas, assados em fornos a lenha.

Ingredientes da massa	PP	Quantidade
Farinha de trigo	100%	500 g
Banha de porco	10%	50 g
Ovo	10%	50 g
Sal	2%	10 g
Açúcar	8%	40 g
Fermento biológico seco	1%	5 g
Melhorador	1%	5 g
Água	± 40%	200 g
Total da massa crua		860 g
Ingredientes do acabamento		**Quantidade**
Ovo inteiro batido (egg wash)		1 unidade + água q.b.

Métodos de utilização do fermento

Direto	Indireto			
	Massa fermentada	Esponja	Poolish	Levain
X				

Técnicas de mistura de massa

Básica	Aprimorada	Intensiva
X		X

Descanso

1	10 min bola grande
2	10 min porcionada

Peso da massa crua
860 g
Unitário: 430 g

Rendimento
2 unidades

Acabamentos

Corte	Não
Secos	Não
Outros	Egg wash

Cocção

Forno		Vapor	Sem vapor
Turbo	165 °C		X
Lastro	195 °C		X

:: **MODO DE PREPARO**

1. Separe os ingredientes que serão utilizados na receita, bem como os seguintes equipamentos, utensílios e materiais: masseira semirrápida, balança, plástico para cobrir, rolo, assadeira furada ou lisa, óleo ou desmoldante ou silpat, pincel.
2. Misture a farinha, o açúcar, o sal, o melhorador e o fermento na masseira em velocidade 1.
3. Adicione a água (deixe um pouco para o ajuste final) e o ovo e siga misturando.
4. Acrescente a banha de porco.
5. Se necessário, acerte o ponto com a água (neste momento, o ponto correto é uma massa "grudenta").
6. Com a massa homogênea, mude a velocidade para 2 e sove/cilindre até desenvolver o glúten (ponto de véu).
7. Boleie (bola grande), cubra com plástico e deixe descansar por 10 minutos em superfície levemente untada com óleo.
8. Divida a massa em duas partes, cubra com plástico e deixe descansar por mais 10 minutos em superfície levemente untada com óleo.
9. Se necessário, abaixe a fermentação (pressionando a massa) e com as mãos ou o rolo abra a massa em formato retangular.
10. Enrole como um rocambole, acondicione com o fecho virado para baixo em assadeira untada ou com silpat (espaço de 5 cm entre as unidades) e deixe fermentar em câmara no modo estufa, armário de fermentação ou ambiente fechado até dobrar de volume. Em caso de preparo doméstico, ligue o forno cerca de 15 minutos antes de levar os pães para assar.
11. Com o bisturi, corte a massa ao meio em sentido longitudinal (sem dividi-la por completo).
12. Pincele com o egg wash.
13. Asse por aproximadamente 20 minutos (165 °C no forno turbo e 195 °C no forno de lastro). Em forno doméstico, o mesmo tempo a aproximadamente 210 °C.

PADARIA BRASILEIRA

Pão de abóbora

Preparado com um item originariamente americano e que foi levado para a Europa no século XVI, este pão versátil aceita recheios doces e salgados e pode ter diversas modelagens. A abóbora usada na receita pode ser processada com ou sem casca. O pão preparado com casca apresenta uma coloração mais esverdeada, sabor mais intenso e maior quantidade de fibras.

Ingredientes da massa	PP	Quantidade
Farinha de trigo	100%	500 g
Açúcar	10%	50 g
Sal	2%	10 g
Fermento biológico seco	1%	5 g
Melhorador	1%	5 g
Leite em pó	6%	30 g
Glúten (opcional)	2%	10 g
Abóbora cabotiá	50%	250 g
Água	30%	150 g
Ovo	10%	50 g
Azeite de oliva	8%	40 g
Total da massa crua		1.100 g

Ingredientes do acabamento	Quantidade
Ovo inteiro batido (egg wash)	1 unidade + água q.b.

Métodos de utilização do fermento

Direto	Indireto			
	Massa fermentada	Esponja	Poolish	Levain
X				

Técnicas de mistura de massa

Básica	Aprimorada	Intensiva
X		X

Descanso

1	10 min bola grande
2	10 min porcionada

Peso da massa crua	1.100 g
	Unitário: 150 g
Rendimento	7 unidades

Acabamentos

Corte	Não
Secos	Não
Outros	Egg wash

Cocção

Forno		Vapor	Sem vapor
Turbo	165 °C		X
Lastro	200 °C		X

:: MODO DE PREPARO

1. Separe os ingredientes que serão utilizados na receita, bem como os seguintes equipamentos, utensílios e materiais: panela, processador, masseira semirrápida, balança, espátula/raspador, plástico para cobrir, assadeira furada ou lisa, óleo ou desmoldante ou silpat, pincel.

ABÓBORA

1. Cozinhe a abóbora com casca (ou sem, dependendo da escolha) e água até a metade em panela semitampada em fogo médio até amolecer.
2. Escorra a abóbora e guarde a água em geladeira (para utilizar na preparação da massa).
3. Passe a abóbora pelo processador até obter um purê e deixe esfriar. Caso tenha optado pela versão com casca, passe a abóbora com ela pelo processador.

MASSA

1. Misture a farinha, o açúcar, o sal, o fermento, o melhorador, o leite e o glúten (caso esteja usando) na masseira em velocidade 1.
2. Adicione a abóbora processada, o líquido da cocção (deixe um pouco para o ajuste final) e o ovo e siga misturando.
3. Acrescente o azeite.
4. Se necessário, acerte o ponto com o líquido da cocção da abóbora (neste momento, o ponto correto é uma massa "grudenta").
5. Com a massa homogênea, mude a velocidade para 2 e sove/cilindre até desenvolver o glúten (ponto de véu).
6. Boleie (bola grande), cubra com plástico e deixe descansar por 10 minutos em superfície levemente untada com óleo.
7. Porcione (80 g), modele em formato alongado, cubra com plástico e deixe descansar por mais 10 minutos em superfície levemente untada com óleo.
8. Se necessário, abaixe a fermentação (pressionando a massa), faça tranças e enrole, formando uma roseta.
9. Acondicione em assadeira untada ou com silpat (espaço de 5 cm entre as unidades) e deixe fermentar em câmara no modo estufa, armário de fermentação ou ambiente fechado até dobrar de volume. Em caso de preparo doméstico, ligue o forno cerca de 15 minutos antes de levar os pães para assar.
10. Pincele com o egg wash.
11. Asse por aproximadamente 20 minutos (165 °C no forno turbo e 200 °C no forno de lastro). Em forno doméstico, o mesmo tempo a aproximadamente 210 °C.

PADARIA BRASILEIRA

Pão de batata com requeijão

Alia a maciez da massa de batata com a cremosidade do requeijão. Este recheio pode ser substituído por outros, como calabresa, frango com requeijão e cremes de outros queijos, como gorgonzola com ricota.

Ingredientes da massa	PP	Quantidade
Farinha de trigo	100%	500 g
Açúcar	10%	50 g
Sal	2%	10 g
Fermento biológico seco	1%	5 g
Melhorador	1%	5 g
Leite em pó	4%	20 g
Glúten (opcional)	2%	10 g
Batata cozida e amassada	50%	250 g
Água	30%	150 g
Ovo	10%	50 g
Manteiga ou margarina	10%	50 g
Total da massa crua		1.100 g

Ingredientes do acabamento	Quantidade
Ovo inteiro batido (egg wash)	1 unidade + água q.b.
Requeijão cremoso	800 g

Métodos de utilização do fermento

Direto	Indireto			
	Massa fermentada	Esponja	Poolish	Levain
X				

Técnicas de mistura de massa

Básica	Aprimorada	Intensiva
X		X

Descanso

1	10 min bola grande
2	10 min porcionada

Peso da massa crua

Peso da massa crua	1.100 g
	Unitário: 60 g
Rendimento	18 unidades

Acabamentos

Corte	Não
Secos	Não
Outros	Recheio e egg wash

Cocção

Forno		Vapor	Sem vapor
Turbo	165 °C		X
Lastro	195 °C		X

:: MODO DE PREPARO

1. Separe os ingredientes que serão utilizados na receita, bem como os seguintes equipamentos, utensílios e materiais: masseira semirrápida, balança, plástico para cobrir, espátula/raspador, rolo, assadeira furada ou lisa, óleo ou desmoldante ou silpat, pincel.

2. Misture a farinha, o açúcar, o sal, fermento, o melhorador, o leite e o glúten (caso esteja usando) na masseira em velocidade 1.

3. Adicione a batata, a água (deixe um pouco para o ajuste final) e o ovo e siga misturando.

4. Acrescente a manteiga ou a margarina.

5. Se necessário, acerte o ponto com a água (neste momento, o ponto correto é uma massa "grudenta").

6. Com a massa homogênea, mude a velocidade para 2 e sove/cilindre até desenvolver o glúten (ponto de véu).

7. Boleie (bola grande), cubra com plástico e deixe descansar por 10 minutos em superfície levemente untada com óleo.

8. Porcione (60 g), reboleie, cubra com plástico e deixe descansar por mais 10 minutos em superfície levemente untada com óleo.

9. Se necessário, abaixe a fermentação (pressionando a massa) e com as mãos ou o rolo abra as porções em formato circular.

10. Coloque o recheio no centro de cada uma e feche como uma trouxinha, grudando massa com massa, tomando cuidado para o requeijão não grudar na lateral da massa, pois a massa "suja" com requeijão não fecha.

11. Acondicione os pães em assadeira untada ou com silpat (espaço de 5 cm entre as unidades) e deixe fermentar em câmara no modo estufa, armário de fermentação ou ambiente fechado até dobrar de volume. Em caso de preparo doméstico, ligue o forno cerca de 15 minutos antes de levar os pães para assar.

12. Pincele com o egg wash.

13. Asse por aproximadamente 20 minutos (165 °C no forno turbo e 195 °C no forno de lastro). Em forno doméstico, o mesmo tempo a aproximadamente 200 °C.

Pão de cará

Faz parte do repertório das massas com adição de vegetais. É versátil e aceita recheios doces e salgados. O cará pode ser utilizado cozido (usando-se a água da cocção para a massa, tal qual feito no pão de abóbora) ou ralado cru. O pão feito com o cará ralado cru apresenta massa com textura diferenciada, pois é possível sentir as pequenas partes do vegetal.

Ingredientes da massa	PP	Quantidade
Farinha de trigo	100%	500 g
Açúcar	12%	60 g
Sal	2%	10 g
Fermento biológico seco	1%	5 g
Melhorador	1%	5 g
Leite em pó	2%	10 g
Glúten (opcional)	2%	10 g
Cará cru ralado	50%	250 g
Água	30%	150 g
Ovo	10%	50 g
Manteiga ou margarina	10%	50 g
Total da massa crua		1.100 g

Ingredientes do acabamento	Quantidade
Ovo inteiro batido (egg wash)	1 unidade + água q.b.
Requeijão cremoso	800 g

Métodos de utilização do fermento

Direto	Indireto			
	Massa fermentada	Esponja	Poolish	Levain
X				

Técnicas de mistura de massa

Básica	Aprimorada	Intensiva
X		X

Descanso

1	10 min bola grande
2	10 min porcionada

Peso da massa crua	1.100 g
	Unitário: 8 peças de 125 g (cada pão será formado por 2 peças)
Rendimento	4 unidades

Acabamentos

Corte	Não
Secos	Não
Outros	Egg wash

Cocção

Forno		Vapor	Sem vapor
Turbo	165 °C		X
Lastro	200 °C		X

:: MODO DE PREPARO

1. Separe os ingredientes que serão utilizados na receita, bem como os seguintes equipamentos, utensílios e materiais: masseira semirrápida, balança, plástico para cobrir, espátula/raspador, 4 fôrmas de 20 cm × 8 cm × 5 cm, óleo ou desmoldante, pincel.
2. Misture a farinha, o açúcar, o sal, o fermento, o melhorador, o leite e o glúten (caso esteja usando) na masseira em velocidade 1.
3. Adicione o cará, a água (deixe um pouco para o ajuste final) e o ovo e siga misturando.
4. Acrescente a manteiga ou margarina.
5. Se necessário, acerte o ponto com a água (neste momento, o ponto correto é uma massa "grudenta").
6. Com a massa homogênea, mude a velocidade para 2 e sove/cilindre até desenvolver o glúten (ponto de véu).
7. Boleie (bola grande), cubra com plástico e deixe descansar por 10 minutos em superfície levemente untada com óleo.
8. Porcione em 8 pedaços de 125 g, modele em formato alongado, cubra com plástico e deixe descansar por mais 10 minutos em superfície levemente untada com óleo.
9. Se necessário, abaixe a fermentação (pressionando a massa), alongue as massas e torça-as de duas em duas, formando 4 pães.
10. Acomode em fôrmas untadas e deixe fermentar em câmara no modo estufa, armário de fermentação ou ambiente fechado até que passe da lateral da assadeira. Em caso de preparo doméstico, ligue o forno cerca de 15 minutos antes de levar os pães para assar.
11. Pincele com o egg wash delicadamente, para a massa não despencar.
12. Asse por aproximadamente 20 minutos (165 °C no forno turbo e 200 °C no forno de lastro). Em forno doméstico, o mesmo tempo a aproximadamente 210 °C.

Pão de leite

Tradicionalmente utilizado na fabricação de diversos produtos, como bisnaguinha e pães de fôrma, de cachorro-quente e de hambúrguer, entre outros.

Ingredientes da massa	PP	Quantidade
Farinha de trigo	100%	500 g
Açúcar	10%	50 g
Sal	2%	10 g
Fermento biológico seco	1%	5 g
Melhorador	3%	15 g
Leite em pó	3%	15 g
Água	50%	250 g
Ovo	10%	50 g
Manteiga ou margarina	8%	40 g
Total da massa crua		935 g

Ingredientes do acabamento	Quantidade
Ovo inteiro batido (egg wash)	1 unidade + água q.b.
Gergelim (opcional)	q.b.

Métodos de utilização do fermento

Direto	Indireto			
	Massa fermentada	Esponja	Poolish	Levain
X				

Técnicas de mistura de massa

Básica	Aprimorada	Intensiva
X		X

Descanso

1	10 min bola grande
2	10 min porcionada

Peso da massa crua
935 g
Unitário: 60 g (bisnaguinha);
80 g (cachorro-quente e hambúrguer)

Rendimento
15 unidades de 60 g;
11 unidades de 80 g

Acabamentos

Corte	Não
Secos	Gergelim
Outros	Egg wash

Cocção

Forno		Vapor	Sem vapor
Turbo	165 °C		X
Lastro	190 °C		X

:: **MODO DE PREPARO**

1. Separe os ingredientes que serão utilizados na receita, bem como os seguintes equipamentos, utensílios e materiais: masseira semirrápida, balança, plástico para cobrir, espátula/raspador, rolo, assadeira furada ou lisa, óleo ou desmoldante ou silpat, pincel.
2. Misture a farinha, o açúcar, o sal, o fermento, o melhorador e o leite na masseira em velocidade 1.
3. Adicione a água (deixe um pouco para o ajuste final) e o ovo e siga misturando.
4. Acrescente a manteiga ou a margarina.
5. Se necessário, acerte o ponto com a água (neste momento, o ponto correto é uma massa "grudenta").
6. Com a massa homogênea, mude a velocidade para 2 e sove/cilindre até desenvolver o glúten (ponto de véu).
7. Boleie (bola grande), cubra com plástico e deixe descansar por 10 minutos em superfície levemente untada com óleo.

PARA BISNAGUINHA

1. Porcione (60 g), modele em formato de coxinha, cubra com plástico e deixe descansar por mais 10 minutos em superfície levemente untada com óleo.

2. Se necessário, abaixe a fermentação (pressionando a massa) e com as mãos ou o rolo abra em formato triangular.

3. Enrole da ponta para a base para formar as bisnaguinhas.

4. Acondicione com o fecho virado para baixo em assadeira untada ou com silpat, deixando espaço de apenas 1 cm entre as unidades.
5. Coloque para fermentar em câmara no modo estufa, armário de fermentação ou ambiente fechado até as bisnaguinhas dobrarem de tamanho e se unirem, formando um "colchão". Em caso de preparo doméstico, ligue o forno cerca de 15 minutos antes de levar os pães para assar.
6. Pincele com o egg wash e asse por aproximadamente 20 minutos (160 °C no forno turbo e 190 °C no forno de lastro). Em forno doméstico, o mesmo tempo a aproximadamente 200 °C.

PARA CACHORRO-QUENTE

1. Porcione (80 g), modele em formato de coxinha, cubra com plástico e deixe descansar por mais 10 minutos em superfície levemente untada com óleo.
2. Se necessário, abaixe a fermentação (pressionando a massa) e com as mãos ou o rolo abra em formato triangular.
3. Enrole da ponta para a base para formar as bisnagas de cachorro-quente. Acondicione com o fecho virado para baixo em assadeira untada ou com silpat, deixando espaço de 5 cm entre as unidades (ao contrário das bisnaguinhas, aqui os pães não devem se unir após a fermentação).
4. Coloque para fermentar em câmara no modo estufa, armário de fermentação ou ambiente fechado até os pães de cachorro-quente dobrarem de tamanho. Em caso de preparo doméstico, ligue o forno cerca de 15 minutos antes de levar os pães para assar.
5. Pincele com o egg wash e asse por aproximadamente 20 minutos (160 °C no forno turbo e 190 °C no forno de lastro). Em forno doméstico, o mesmo tempo a aproximadamente 200 °C.

PARA HAMBÚRGUER

1. Porcione (80 g), reboleie, cubra com plástico e deixe descansar por mais 10 minutos em superfície levemente untada com óleo.
2. Se necessário, abaixe a fermentação (pressionando a massa), remodele e acondicione em assadeira untada ou com silpat, deixando espaço de 5 cm entre as unidades.
3. Coloque para fermentar em câmara no modo estufa, armário de fermentação ou ambiente fechado até dobrar de tamanho. Em caso de preparo doméstico, ligue o forno cerca de 15 minutos antes de levar os pães para assar.
4. Pincele com o egg wash e, se quiser, polvilhe com gergelim.
5. Asse por aproximadamente 20 minutos (160 °C no forno turbo e 190 °C no forno de lastro). Em forno doméstico, o mesmo tempo a aproximadamente 200 °C.

Pão de leite

Pão francês

Pão de mandioca

Quando feito com mandioca cozida, apresenta textura semelhante à do pão de batata. Já o pão elaborado com o vegetal ralado cru tem massa com textura mais rústica, em que é possível sentir os pedacinhos da mandioca.

Ingredientes da massa	PP	Quantidade
Farinha de trigo	100%	500 g
Açúcar	6%	30 g
Sal	2%	10 g
Fermento biológico seco	1%	5 g
Melhorador	1%	5 g
Leite em pó	4%	20 g
Glúten (opcional)	2%	10 g
Mandioca crua ralada	50%	250 g
Água	30%	150 g
Ovo	10%	50 g
Manteiga ou margarina	8%	40 g
Total da massa crua		**1.070 g**
Ingredientes do acabamento		**Quantidade**
Ovo inteiro batido (egg wash)		q.b.

Métodos de utilização do fermento

Direto	Indireto			
	Massa fermentada	Esponja	Poolish	Levain
X				

Técnicas de mistura de massa

Básica	Aprimorada	Intensiva
X		X

Descanso

1	10 min bola grande
2	10 min porcionada

Peso da massa crua

1.070 g

Unitário: 8 peças de 125 g (cada pão será formado por 4 peças)

Rendimento

2 unidades de 500 g

Acabamentos

Corte	Sim
Secos	Não
Outros	Egg wash

Cocção

Forno		Vapor	Sem vapor
Turbo	165 ºC		X
Lastro	200 ºC		X

:: MODO DE PREPARO

1. Separe os ingredientes que serão utilizados na receita, bem como os seguintes equipamentos, utensílios e materiais: masseira semirrápida, balança, plástico para cobrir, espátula/raspador, fôrma de bolo furada, óleo ou desmoldante, pincel, tesoura de cozinha.

2. Misture a farinha de trigo, o açúcar, o sal, o fermento, o melhorador, o leite em pó e o glúten (caso esteja usando) na masseira em velocidade 1.

3. Adicione a mandioca, a água (deixe um pouco para o ajuste final) e o ovo e siga misturando.

4. Acrescente a manteiga ou a margarina.

5. Se necessário, acerte o ponto com a água (neste momento, o ponto correto é uma massa "grudenta").

6. Com a massa homogênea, mude a velocidade para 2 e sove/cilindre até desenvolver o glúten (ponto de véu).

7. Boleie (bola grande), cubra com plástico e deixe descansar por 10 minutos em superfície levemente untada com óleo.

8. Porcione em 8 pedaços de 125 g, reboleie, cubra com plástico e deixe descansar por mais 10 minutos em superfície levemente untada com óleo.

9. Se necessário, abaixe a fermentação (pressionando a massa) e coloque os pedaços de massa na fôrma untada, apertando-os (4 porções de massa por fôrma).

10. Deixe fermentar em câmara no modo estufa, armário de fermentação ou ambiente fechado até passar da fôrma. Em caso de preparo doméstico, ligue o forno cerca de 15 minutos antes de levar os pães para assar.

11. Pincele com o egg wash, e com a tesoura faça um picote na parte superior de cada uma das porções de massa que foram acondicionadas as fôrmas.

12. Asse por aproximadamente 20 minutos (165 °C no forno turbo e 200 °C no forno de lastro). Em forno doméstico, o mesmo tempo a aproximadamente 210 °C.

PADARIA BRASILEIRA

129

Pão de queijo

Não há consenso sobre sua origem, mas especula-se que a receita do pão de queijo exista desde o século XVIII. Durante muito tempo esteve restrito às casas mineiras. Na segunda metade do século XX se disseminou pelo país e hoje é presença obrigatória também em cafeterias e lanchonetes como acompanhamento do tradicional cafezinho. O pão de queijo na verdade é um tipo de biscoito de polvilho que adquire textura macia em razão do queijo meia cura adicionado à massa. Entre as donas de casas mineiras, cada uma tem a "sua" receita. A que apresentamos aqui, que utiliza apenas polvilho azedo, é bem tradicional do estado de Minas Gerais. Mas existem versões que mesclam o polvilho azedo com o doce (50% de cada). Neste caso, o resultado é um pão de massa mais densa.

Ingredientes da massa	PP	Quantidade
Polvilho azedo	100%	500 g
Queijo meia cura	100%	500 g
Leite	60%	300 g
Sal	1%	5 g
Manteiga	20%	100 g
Ovo	20%	100 g
Total da massa crua		1.505 g
Ingredientes do acabamento		**Quantidade**
Não há		–

Métodos de utilização do fermento				
Direto	Indireto			
	Massa fermentada	Esponja	*Poolish*	*Levain*
Não	Não	Não	Não	Não

Técnicas de mistura de massa		
Básica	Aprimorada	Intensiva
Não	Não	Não

Descanso	
1	15 min
2	Não

Peso da massa crua	1.505 g
	Unitário: ± 30 g[5]
Rendimento	50 unidades

Acabamentos	
Corte	Não
Secos	Não
Outros	Não

Cocção			
Forno		Vapor	Sem vapor
Turbo	165 °C		X
Lastro	200 °C		X

---

[5] Esta é uma sugestão; o peso unitário é de livre escolha.

:: **MODO DE PREPARO**

1. Este produto não utiliza masseira. Separe os ingredientes que serão utilizados na receita, bem como os seguintes equipamentos, utensílios e materiais: ralador, panela, bowl ou bacia, espátula de silicone, filme plástico, assadeira furada ou lisa, óleo ou desmoldante ou silpat.
2. Rale o queijo e o reserve.

3. Coloque o leite e a manteiga para ferver em uma panela.

4. Em um bowl escalde o polvilho, jogando o líquido quente sobre ele. Misture para que o líquido penetre no polvilho. Acrescente o sal.
5. Misture até amornar.

6. Adicione o queijo ralado e o ovo.
7. Misture.
8. Cubra com filme plástico e deixe a massa descansar por 15 minutos. Em caso de preparo doméstico, ligue o forno.

9. Faça bolinhas e as acomode em assadeira untada ou com silpat.
10. Asse por aproximadamente 20 minutos (165 °C no forno turbo e 200 °C no forno de lastro). Em forno doméstico, o mesmo tempo a aproximadamente 200 °C.

Pão delícia

Este ícone das padarias baianas está para os baianos como o pão de queijo está para os mineiros. As histórias contam que, ao fazer um pão, uma dona de casa obteve uma massa mais hidratada porque a farinha acabou. A massa fermentou e ela a colocou para assar assim mesmo, pincelando com manteiga e polvilhando com queijo ralado. O resultado é um produto extremamente aerado.

Ingredientes da massa	PP	Quantidade
Farinha de trigo	100%	500 g
Açúcar	18%	90 g
Sal	2%	10 g
Fermento biológico seco	2%	10 g
Leite em pó	7%	35 g
Água	40%	200 g
Ovo	10%	50 g
Manteiga	20%	100 g
Total da massa crua		995 g

Ingredientes do acabamento	Quantidade
Manteiga derretida	100 g
Queijo parmesão ralado	100 g

Métodos de utilização do fermento				
Direto	Indireto			
	Massa fermentada	Esponja	Poolish	Levain
X				

Técnicas de mistura de massa		
Básica	Aprimorada	Intensiva
X		X

Descanso	
1	10 min bola grande
2	10 min porcionada

Peso da massa crua	995 g
	Unitário: 30 g
Rendimento	33 unidades

Acabamentos	
Corte	Não
Secos	Não
Outros	Manteiga e queijo ralado após assado

Cocção			
Forno		Vapor	Sem vapor
Turbo	165 °C		X
Lastro	195 °C		X

:: MODO DE PREPARO

1. Separe os ingredientes que serão utilizados na receita, bem como os seguintes equipamentos, utensílios e materiais: masseira semirrápida, balança, plástico para cobrir, espátula/raspador, assadeira furada ou lisa, óleo ou desmoldante ou silpat, pincel.
2. Misture a farinha, o açúcar, o sal, o fermento e o leite na masseira em velocidade 1.
3. Adicione a água (deixe um pouco para o ajuste final) e o ovo e siga misturando.
4. Acrescente a manteiga.
5. Se necessário, acerte o ponto com a água (neste momento, o ponto correto é uma massa "grudenta").
6. Com a massa homogênea, mude a velocidade para 2 e sove/cilindre até desenvolver o glúten (ponto de véu).
7. Boleie (bola grande), cubra com plástico e deixe descansar por 10 minutos em superfície levemente untada com óleo.
8. Porcione (30 g), reboleie, cubra com plástico e deixe descansar por mais 10 minutos em superfície levemente untada com óleo.
9. Se necessário, abaixe a fermentação (pressionando a massa), remodele se necessário e acondicione os pães em assadeira untada ou com silpat, deixando espaço de 5 cm entre as unidades.
10. Deixe fermentar em câmara no modo estufa, armário de fermentação ou ambiente fechado até dobrar de volume. Em caso de preparo doméstico, ligue o forno cerca de 15 minutos antes de levar os pães para assar.
11. Asse por aproximadamente 20 minutos (155-160 °C no forno turbo e 190-200 °C no forno de lastro). Em forno doméstico, o mesmo tempo a aproximadamente 210 °C.
12. Retire do forno e deixe amornar.
13. Passe os pães na manteiga derretida ou pincele com a manteiga.
14. Polvilhe com o queijo parmesão ralado.

Pão francês

Também chamado de pão de sal ou cacetinho – dependendo da região do país –, o nosso pão francês não é igual aos feitos na França. Ele surgiu aqui no início do século XX, quando os brasileiros que viajavam à Europa passaram a falar do pão que haviam experimentado lá (na época, consumia-se na França um precursor da baguete). Assim se desenvolveu o nosso tradicional "pãozinho", que substituiu os pães de massa escura até então comuns no Brasil. Oriundo da divulgação dos endinheirados, o pão "francês" se tornou o item de panificação mais popular do Brasil. Com manteiga ou "na chapa", forma com o café com leite o desjejum clássico do brasileiro.

Justamente este pão é um que necessita de masseira para chegar ao resultado que conhecemos. O desenvolvimento da massa totalmente manual não é suficiente para o produto alcançar as características típicas do nosso pão francês.

Ingredientes da massa	PP	Quantidade
Farinha de trigo	100%	500 g
Açúcar	2%	10 g
Sal	2%	10 g
Fermento biológico seco	1%	5 g
Melhorador	2%	10 g
Água	65%	325 g
Manteiga	2%	10 g
Total da massa crua		870 g
Ingredientes do acabamento		**Quantidade**
Fubá		q.b.

Métodos de utilização do fermento				
Direto	Indireto			
	Massa fermentada	Esponja	Poolish	Levain
X				

Técnicas de mistura de massa		
Básica	Aprimorada	Intensiva
		X

Descanso	
1	20 min bola grande
2	15 min porcionada

Peso da massa crua	895 g
	Unitário: 70 g
Rendimento	12 unidades

Acabamentos	
Corte	Sim
Secos	Fubá
Outros	Não

Cocção			
Forno		Vapor	Sem vapor
Turbo	170 °C	X	
Lastro	210 °C	X	

:: **MODO DE PREPARO**

1. Separe os ingredientes que serão utilizados na receita, bem como os seguintes equipamentos, utensílios e materiais: masseira semirrápida, balança, plástico para cobrir, espátula/raspador, assadeira furada ou lisa, óleo ou desmoldante ou silpat.
2. Misture a farinha, o açúcar, o sal, o fermento e o melhorador na masseira em velocidade 1.
3. Adicione a água (deixe um pouco para o ajuste final) e siga misturando.
4. Acrescente a manteiga.
5. Se necessário, acerte o ponto com a água (neste momento, o ponto correto é uma massa "grudenta").
6. Com a massa homogênea, mude a velocidade para 2 e sove/cilindre até desenvolver o glúten (ponto de véu).
7. Boleie (bola grande), cubra com plástico e deixe descansar por 20 minutos em superfície levemente untada com óleo.

8. Porcione (65 g a 70 g), modele em formato de coxinha, cubra com plástico e deixe descansar por 15 minutos em superfície levemente untada com óleo.

9. Se necessário, abaixe a fermentação (pressionando a massa) e abra a massa em formato triangular.
10. Enrole a massa como rocambole da ponta para a base.
11. Passe no fubá e acondicione com o fecho virado para baixo em assadeira.
12. Deixe fermentar em câmara no modo estufa, armário de fermentação ou ambiente fechado até dobrar de volume. Em caso de forno doméstico, ligue-o cerca de 15 minutos antes de levar os pães para assar.

13. Com o bisturi, faça um corte reto no centro de cada pão.
14. Asse por aproximadamente 20 minutos (170 °C no forno turbo e 210 °C no forno de lastro), acionando o modo vaporização do equipamento. Em forno doméstico, asse por 20 minutos a aproximadamente 200 °C. Neste tipo de equipamento, a vaporização precisa ser feita de modo alternativo – por exemplo, colocando-se uma assadeira com água no piso do forno para os primeiros 10 minutos de cocção (nos 10 minutos finais o forneamento deve ser seco para o pão criar a crosta).

OBSERVAÇÃO
Mas mesmo a solução alternativa de vaporização em forno doméstico não é suficiente para que o pão francês assado nesse equipamento fique crocante como o da padaria. Ou seja, o pão mais popular do Brasil demanda equipamento profissional para que se chegue ao resultado ideal.

135

Pão Petrópolis

Mesmo com sua origem pouco divulgada, é um pão muito conhecido dos fluminenses – principalmente dos turistas que visitam a região serrana do Rio de Janeiro. Acredita-se que a dificuldade de conhecer a origem do pão Petrópolis se deve ao fato de a receita ter sido guardada a sete chaves por aqueles que a produziam como fonte de renda. É um pão de elaboração simples, macio e de cobertura crocante, o que confere uma textura especial ao produto.

Ingredientes da massa	PP	Quantidade
Farinha de trigo	100%	500 g
Açúcar	10%	50 g
Sal	2%	10 g
Fermento biológico seco	2%	10 g
Melhorador	1%	5 g
Leite em pó	2%	10 g
Água	40%	200 g
Ovo	10%	50 g
Manteiga ou margarina	10%	50 g
Total da massa crua		**995 g**

Ingredientes do acabamento	Quantidade
Farinha de trigo	50 g
Açúcar	40 g
Manteiga	25 g
Coco ralado seco	25 g
Canela em pó	1 g
Ovo inteiro batido (egg wash)	1 unidade + água q.b.

Métodos de utilização do fermento

Direto	Indireto			
	Massa fermentada	Esponja	Poolish	Levain
X				

Técnicas de mistura de massa

Básica	Aprimorada	Intensiva
X		X

Descanso

1	10 min
2	10 min

Peso da massa crua: 885 g
Unitário: 440 g

Rendimento: 2 unidades

Acabamentos

Corte	Não
Secos	Não
Outros	Cobertura e egg wash

Cocção

Forno		Vapor	Sem vapor
Turbo	165 °C		X
Lastro	195 °C		X

:: MODO DE PREPARO

1. Separe os ingredientes que serão utilizados na receita, bem como os seguintes equipamentos, utensílios e materiais: masseira semirrápida, balança, plástico para cobrir, espátula/raspador, rolo, 2 fôrmas de 25 cm × 10 cm × 6 cm, óleo, pincel.
2. Misture a farinha, o açúcar, o sal, o fermento, o melhorador e o leite na masseira em velocidade 1.
3. Adicione a água (deixe um pouco para o ajuste final) e o ovo e siga misturando.
4. Acrescente a manteiga ou a margarina.
5. Se necessário, acerte o ponto com a água (neste momento, o ponto correto é uma massa "grudenta").
6. Com a massa homogênea, mude a velocidade para 2 e sove/cilindre até desenvolver o glúten (ponto de véu).
7. Boleie (bola grande), cubra com plástico e deixe descansar por 10 minutos em superfície levemente untada com óleo.
8. Divida a massa em duas partes, modele em formato coxinha, cubra com plástico e deixe descansar por mais 10 minutos em superfície levemente untada com óleo.
9. Se necessário, abaixe a fermentação (pressionando a massa) e com as mãos ou o rolo abra em formato triangular.
10. Enrole da ponta para a base e acondicione com o fecho virado para baixo em fôrma untada.
11. Deixe a massa fermentar em câmara no modo estufa, armário de fermentação ou ambiente fechado até passar da lateral da fôrma. Em caso de forno doméstico, ligue 15 minutos antes de levar os pães para assar. Aproveite e prepare a cobertura, misturando a farinha de trigo, o açúcar, a manteiga, o coco seco e a canela em um bowl até obter uma farofa.
12. Pincele a massa com o egg wash e salpique a cobertura.
13. Asse por aproximadamente 25 a 30 minutos (165 °C no forno turbo e 195 °C no forno de lastro). Em forno doméstico, o mesmo tempo a aproximadamente 200 °C. As duas assadeiras podem ir juntas ao forno.
14. Desenforme e deixe esfriar.

Pão sírio

No Brasil, também é conhecido como pão árabe ou pita – embora possa haver variações de receitas. Em comum, esses pães oriundos do Oriente Médio têm o formato achatado. O sírio foi trazido pelos sírios e libaneses, daí seu nome.

Ingredientes da massa	PP	Quantidade
Farinha de trigo	100%	500 g
Açúcar	2%	10 g
Sal	2%	10 g
Melhorador	1%	5 g
Fermento biológico seco	1%	5 g
Água	45%	225 g
Iogurte integral	17%	85 g
Azeite de oliva	4%	20 g
Total da massa crua		860 g

Ingredientes do acabamento	Quantidade
Farinha de trigo	q.b.

Métodos de utilização do fermento

Direto	Indireto			
	Massa fermentada	Esponja	*Poolish*	*Levain*
X				

Técnicas de mistura de massa

Básica	Aprimorada	Intensiva
X		X

Descanso

1	10 min bola grande
2	10 min porcionada

Peso da massa crua
860 g
Unitário: 60 g

Rendimento
14 unidades

Acabamentos

Corte	Não
Secos	Farinha de trigo
Outros	Não

Cocção

Forno		Vapor	Sem vapor
Turbo	250 °C		X
Lastro	300 °C		X

> **OBSERVAÇÃO**
> Como o forno doméstico não alcança as temperaturas dos equipamentos profissionais, nesses casos existe a opção de cozinhar os pães em chapa grossa quente de metal, na boca do fogão. Não é necessário untar.

:: **MODO DE PREPARO**

1. Separe os ingredientes que serão utilizados na receita, bem como os seguintes equipamentos, utensílios e materiais: masseira semirrápida, balança, plástico para cobrir, espátula/raspador, rolo, assadeira furada ou lisa, óleo ou desmoldante ou silpat.
2. Misture a farinha, o açúcar, o sal, o fermento e o melhorador na masseira em velocidade 1.
3. Adicione a água (deixe um pouco para o ajuste final) e o iogurte e siga misturando.
4. Acrescente o azeite.
5. Se necessário, acerte o ponto com a água (neste momento, o ponto correto é uma massa "grudenta").
6. Com a massa homogênea, mude a velocidade para 2 e sove/cilindre até desenvolver o glúten (ponto de véu).
7. Boleie (bola grande), cubra com plástico e deixe descansar por 10 minutos em superfície levemente untada com óleo.
8. Porcione (60 g), reboleie, cubra com plástico e deixe descansar por mais 10 minutos em superfície levemente untada com óleo.
9. Se necessário, abaixe a fermentação (pressionando a massa), reboleie e deixe a massa fermentar em câmara no modo estufa, armário de fermentação ou ambiente fechado até dobrar de volume. Em caso de preparo doméstico, ligue o forno cerca de 15 minutos antes de levar os pães para assar.
10. Com as mãos ou com o rolo, abra a massa em superfície enfarinhada, acondicione em assadeira untada ou com silpat e asse por aproximadamente 5 minutos (250 °C no forno turbo e 300 °C no forno de lastro). Em forno doméstico, o mesmo tempo na maior temperatura que o equipamento permitir.

Pão sovado

Originário da França (região de Provence), passou a ser chamado de sovado no Brasil pelo fato de a massa necessitar de consecutivas passadas no cilindro para adquirir sua textura característica. É conhecido também como pão de São José, em Minas Gerais, e pão Tatu, em outras partes do país.

Ingredientes da massa	PP	Quantidade
Farinha de trigo	100%	500 g
Banha de porco	15%	75 g
Ovo	5%	25 g
Sal	2%	10 g
Açúcar	4%	20 g
Fermento biológico seco	1%	5 g
Leite em pó	2%	10 g
Melhorador	1%	5 g
Água	50%	250 g
Total da massa crua		900 g
Ingredientes do acabamento		**Quantidade**
Manteiga (textura pomada)		q.b.
Ovo inteiro batido (egg wash)		1 unidade + água q.b.

Métodos de utilização do fermento

Direto	Indireto			
	Massa fermentada	Esponja	Poolish	Levain
X				

Técnicas de mistura de massa

Básica	Aprimorada	Intensiva
X		X

Descanso

1	10 min
2	15 min

Peso da massa crua	900 g
	Unitário: 900 g
Rendimento	1 unidade

Acabamentos

Corte	Não
Secos	Não
Outros	Manteiga e egg wash

Cocção

Forno		Vapor	Sem vapor
Turbo	165 °C		X
Lastro	190 °C		X

OBSERVAÇÃO
Para fazer a dobra simples de 3, execute os passos abaixo.

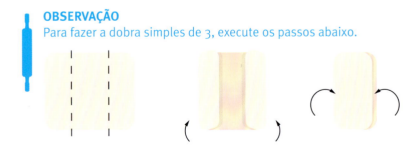

:: **MODO DE PREPARO**

1. Separe os ingredientes que serão utilizados na receita, bem como os seguintes equipamentos, utensílios e materiais: masseira semirrápida, balança, plástico para cobrir, rolo, faca, assadeira furada ou lisa, óleo ou desmoldante ou silpat, pincel.

2. Misture a farinha, o açúcar, o sal, o fermento, o melhorador e o leite na masseira em velocidade 1.

3. Adicione a água (deixe um pouco para o ajuste final) e o ovo e siga misturando.

4. Acrescente a banha de porco.

5. Se necessário, acerte o ponto com a água (neste momento, o ponto correto é uma massa "grudenta").

6. Com a massa homogênea, mude a velocidade para 2 e sove/cilindre até desenvolver o glúten (ponto de véu).

7. Boleie (bola grande), cubra com plástico e deixe descansar por 10 minutos em superfície levemente untada com óleo.

8. Passe aproximadamente 4 vezes no cilindro ou abra com rolo e faça dobra simples de 3, repetindo o processo de abrir e dobrar 4 vezes. Faça novamente uma bola, cubra com plástico e deixe descansar mais 15 minutos.

9. Se necessário, abaixe a fermentação (pressionando a massa) e com um rolo abra a massa em formato retangular e a enrole como um rocambole.

10. Com uma faca, corte a massa enrolada em três ou quatro partes e coloque-as viradas para cima, encostando uma na outra, em uma assadeira untada ou com silpat. O fecho de cada pedaço deve estar unido ao outro pedaço, para melhor resultado no pão assado.

11. Deixe a massa fermentar em câmara no modo estufa, armário de fermentação ou ambiente fechado até dobrar de volume. Em caso de preparo doméstico, ligue o forno cerca de 15 minutos antes de levar o pão para assar.

12. Com o bisturi ou faca bem afiada, faça um corte na parte superior de cada um dos pedaços que formam o pão.

13. Adicione a manteiga sobre o corte (ela manterá a massa hidratada, já que não há vaporização no forneamento do pão sovado).

14. Pincele o egg wash na lateral.

15. Asse por aproximadamente 20 minutos (165 °C no forno turbo e 195 °C no forno de lastro). Em forno doméstico, o mesmo tempo a aproximadamente 200 °C.

Rosquinha de pinga (cachaça)

Tradicional produto das festividades de ano-novo, remonta à Idade Média. De origem incerta, era de comum preparo na Itália, na Espanha e em Portugal. Trazido pelos imigrantes ao Brasil, teve a bebida adicionada à receita, para obtenção de maior crocância, além do açúcar, para alegrar a todos no primeiro dia do ano.

Ingredientes da massa	PP	Quantidade
Farinha de trigo	100%	500 g
Manteiga ou margarina	26%	130 g
Ovo	12%	60 g
Pinga	10%	50 g
Açúcar	26%	130 g
Fermento químico em pó	3%	15 g
Leite	26%	130 g
Total da massa crua		1.015 g

Ingredientes do acabamento	Quantidade
Chá de erva-doce com um pouco de pinga	q.b.
Açúcar	q.b.

Métodos de utilização do fermento

Direto	Indireto			
	Massa fermentada	Esponja	Poolish	Levain
X				

Técnicas de mistura de massa

Básica	Aprimorada	Intensiva
X		

Descanso

1	Não
2	Não

Peso da massa crua
1.015 g
Unitário: 30 g

Rendimento
33 unidades

Acabamentos

Corte	Não
Secos	Não
Outros	Pinga e açúcar

Cocção

Forno		Vapor	Sem vapor
Turbo	165 °C		X
Lastro	195 °C		X

> **OBSERVAÇÃO**
> Podem ser utilizadas cachaças de diversos tipos, conferindo um toque gourmet à receita.

:: MODO DE PREPARO

1. Este produto não utiliza masseira. Separe os ingredientes que serão utilizados na receita, bem como os seguintes equipamentos, utensílios e materiais: bowl ou bacia, balança, assadeira furada ou lisa, óleo ou desmoldante ou silpat.

2. Em um bowl ou na bacia, misture a farinha, o açúcar e o fermento.
3. Adicione o ovo, o leite e a pinga.
4. Acrescente a manteiga ou a margarina.

5. Faça bolinhas de 30 g.
6. Estique as bolinhas, formando um pequeno cordão, e junte as pontas.
7. Asse por aproximadamente 20 minutos (165 °C no forno turbo e 195 °C no forno de lastro). Em forno doméstico, o mesmo tempo a aproximadamente 200 °C.
8. Banhe as rosquinhas ainda quentes no chá e passe-as no açúcar.

Sonho

Originariamente denominada Bolas de Berlim, esta receita foi trazida para o Brasil pelos portugueses. São massas fritas cobertas de açúcar e recheadas com creme de confeiteiro – um verdadeiro sonho para quem as degusta.

Ingredientes da massa	PP	Quantidade
Farinha de trigo	100%	500 g
Manteiga ou margarina	4%	20 g
Ovo	22%	120 g
Sal	1%	5 g
Açúcar	4%	20 g
Fermento biológico seco	2%	10 g
Melhorador	1%	5 g
Leite em pó	3%	15 g
Água	± 50%	250 g
Total da massa crua		945 g

Ingredientes do creme de confeiteiro[6]	Quantidade
Açúcar	120 g
Amido de milho	45 g
Gema	120 g
Leite integral	750 g
Manteiga	30 g
Baunilha em extrato	15 g

Ingredientes do acabamento	Quantidade
Óleo para fritura	q.b.
Açúcar de confeiteiro	50 g
Creme de confeiteiro	1.000 g

Métodos de utilização do fermento

Direto	Indireto			
	Massa fermentada	Esponja	Poolish	Levain
X				

Técnicas de mistura de massa

Básica	Aprimorada	Intensiva
X		X

Descanso

1	10 min bola grande
2	10 min porcionada

Peso da massa crua	945 g
	Unitário: 40 g
Rendimento	23 unidades

Acabamentos

Corte	Sim
Secos	Creme de confeiteiro
Outros	Açúcar de confeiteiro

Cocção

Fritura em imersão (165 °C)

---

[6] Apresentamos esta receita básica que rende 1.080 g de creme, mas ressaltamos que no dia a dia da panificação o mais comum é utilizar pré-mistura industrializada de creme de confeiteiro (o pó é misturado com leite de acordo com a quantidade especificada na embalagem).

:: **MODO DE PREPARO**

1. Separe os ingredientes que serão utilizados na receita, bem como os seguintes equipamentos, utensílios e materiais: panela, bowl, fouet, espátula de silicone, batedeira (batedor raquete), masseira semirrápida, balança, filme plástico, plástico para cobrir, assadeira, óleo ou desmoldante ou silpat, frigideira, escumadeira, faca serrilhada, colher, peneira pequena.

CREME DE CONFEITEIRO

1. Na panificação, embora o mais comum seja utilizar a pré-mistura industrializada de creme de confeiteiro (o pó é misturado com leite de acordo com a quantidade especificada na embalagem), apresentamos aqui a receita básica (que rende 1.050 g de creme).
2. Na panela, leve o leite e metade do açúcar ao fogo médio, mexendo com a espátula de silicone até ferver.
3. Em um bowl, coloque as gemas, a outra metade do açúcar e o amido de milho. Misture bem com o auxílio de um fouet.
4. Misture aos poucos o líquido quente à mistura de gemas no bowl, com o auxílio de um fouet.
5. Volte a mistura para a panela e retorne ao fogo médio, mexendo com a espátula de silicone até ficar cremosa.
6. Acrescente a manteiga e mexa com a espátula de silicone apenas para incorporar o ingrediente. Adicione a baunilha em extrato.
7. Desligue o fogo e deixe o creme esfriar coberto com filme plástico (em contato com o creme para evitar a formação de uma película seca após o resfriamento).
8. Caso deixe o creme reservado na geladeira e quando for utilizá-lo ele estiver meio endurecido, use a batedeira (batedor raquete; velocidade média) até atingir uma textura cremosa e brilhante.

MASSA

1. Misture a farinha, o açúcar, o sal, o fermento, o melhorador e o leite na masseira em velocidade 1.
2. Adicione a água (deixe um pouco para o ajuste final), o ovo e siga misturando.
3. Acrescente a manteiga.
4. Se necessário, acerte o ponto com a água (neste momento, o ponto correto é uma massa "grudenta").
5. Com a massa homogênea, mude a velocidade para 2 e sove/cilindre até desenvolver o glúten (ponto de véu).
6. Boleie (bola grande), cubra com plástico e deixe descansar por 10 minutos em superfície levemente untada com óleo.
7. Porcione (40 g), reboleie, cubra com plástico e deixe descansar por mais 10 minutos em superfície levemente untada com óleo.
8. Se necessário, abaixe a fermentação (pressionando a massa), remodele e acondicione os pães em assadeira untada ou com silpat, deixando espaço de 5 cm entre as unidades.
9. Deixe em câmara no modo estufa, armário de fermentação ou ambiente fechado até dobrar de volume.
10. Em uma frigideira, aqueça o óleo a 165 °C.
11. Pegue as bolas fermentadas com cuidado e frite bem dos dois lados.
12. Com uma escumadeira, escorra e deixe esfriar.
13. Com uma faca serrilhada, corte cada pão no centro e recheie com o creme de confeiteiro.
14. Finalize com o açúcar de confeiteiro polvilhado, usando a peneira.

PADARIA BRASILEIRA

Sonho

CAPÍTULO 9
Padaria das Américas

Alfajor

Doce originário da Espanha, da região de Andaluzia, tem o nome oriundo do árabe, que significa "recheado". Muito popular na Argentina, mas também presente no Chile e no Uruguai, é composto de duas camadas de massa recheadas com doce de leite e cobertas com chocolate. A receita original, composta por mel, amêndoas e avelãs, modificou-se com o tempo, chegando ao produto que hoje conhecemos feito com farinha de trigo e amido de milho.

Ingredientes da massa	PP	Quantidade
Farinha de trigo	75%	375 g
Amido de milho	25%	125 g
Sal	1%	5 g
Malte em pó	1%	5 g
Essência de baunilha	1%	5 g
Essência de amêndoas	1%	5 g
Mel	10%	50 g
Bicarbonato de amônia	2%	10 g
Fermento químico em pó	4%	20 g
Cacau em pó 100%	2%	10 g
Manteiga	48%	240 g
Açúcar	40%	200 g
Ovo	20%	100 g
Total da massa crua		**1.150 g**
Ingredientes do acabamento		**Quantidade**
Doce de leite (recheio)		600 g
Chocolate de cobertura		500 g

Métodos de utilização do fermento

Direto	Indireto			
	Massa fermentada	Esponja	Poolish	Levain
X				

Técnicas de mistura de massa

Básica	Aprimorada	Intensiva
Não	Não	Não

Descanso

1	20 min em geladeira
2	Não

> **OBSERVAÇÃO**
> Note aqui que o 100% de farinha vem da soma dos dois tipos usados nesta receita: 75% da farinha de trigo e 25% do amido de milho.

Peso da massa crua	1.150 g
	Unitário: 20 g cada biscoito
Rendimento	Cada camada com proporções iguais: 20 g de biscoito + 20 g de recheio + 20 g de biscoito + cobertura (± 10 g). Assim, 20 g de biscoito rendem 57 unidades, ou 28 alfajores.

Acabamentos

Corte	Sim
Secos	Não
Outros	Recheio e cobertura

Cocção

Forno		Vapor	Sem vapor
Turbo	170 °C		X
Lastro	200 °C		X

:: MODO DE PREPARO

1. Este produto não utiliza masseira. Separe os ingredientes que serão utilizados na receita, bem como os seguintes equipamentos, utensílios e materiais: bowls, filme plástico, plástico, rolo, régua, cortador redondo (sugestão: 4 cm), garfo, assadeira lisa, óleo ou desmoldante ou silpat, garfo para banhar, grade.
2. Em um bowl misture a farinha, o amido, o sal, o malte, o bicarbonato de amônia, o fermento e o cacau.

3. Em outro bowl, misture o mel, os ovos, o açúcar e as essências. Acrescente a manteiga.

4. Coloque nesse bowl os secos que foram misturados no passo 2 e sove até obter uma massa homogênea.

5. Cubra com filme plástico e deixe a massa descansar na geladeira por 20 minutos. Ligue o forno para preaquecê-lo.

6. Com o rolo, abra a massa até obter uma espessura de 1 cm. Se quiser utilize plástico para facilitar o processo.

7. Corte a massa com o cortador redondo e fure com um garfo.
8. Acondicione em assadeira untada ou com silpat e asse por 10 a 15 minutos (170 °C em forno turbo e 200 °C em forno de lastro). Em forno doméstico, o mesmo tempo a aproximadamente 210 °C.
9. Deixe esfriar em temperatura ambiente.
10. Pegue dois biscoitos, passe o doce de leite em um deles e grude o outro. Derreta o chocolate (seguindo as orientações da embalagem) assim que terminar de rechear todos os biscoitos.
11. Cubra com chocolate usando o garfo próprio para banhar doces e coloque os biscoitos sobre uma grade para que o excesso escorra e o chocolate endureça.

PADARIA DAS AMÉRICAS

Anadama

Tradicional da Nova Inglaterra, da culinária do período colonial norte-americano, é feito com a mistura das farinhas de trigo, integral e de milho. O melaço dá um toque especial ao pão no sabor e na coloração. Conta a história que o nome faz referência a uma mulher chamada Anna e que não possuía muitos dotes culinários. O esposo, inventor da receita, teria dito quando a criou: "Anna, damn her" ["Maldita seja ela (Anna)"].

Ingredientes da massa	PP	Quantidade
Farinha de trigo	62%	310 g
Farinha de trigo integral	30%	150 g
Farinha de milho	8%	40 g
Sal	2%	10 g
Fermento biológico seco	1%	5 g
Melhorador	1%	5 g
Água	± 50%	250 g
Melaço de cana	16%	80 g
Manteiga	8%	40 g
Total da massa crua		890 g
Ingredientes do acabamento		**Quantidade**
Farinha de milho		q.b.

Métodos de utilização do fermento			
Direto	Indireto			
	Massa fermentada	Esponja	Poolish	Levain
X				

Peso da massa crua	890 g
	Unitário: 445 g
Rendimento	2 unidades

Acabamentos	
Corte	Sim
Secos	Farinha de milho
Outros	Não

Técnicas de mistura de massa		
Básica	Aprimorada	Intensiva
X		X

Cocção			
Forno		Vapor	Sem vapor
Turbo	165 °C		X
Lastro	190 °C		X

Descanso	
1	10 min bola grande
2	10 min porcionada

> **OBSERVAÇÃO**
> Note aqui que o 100% de farinha vem da soma dos três tipos usados nesta receita: 62% da farinha de trigo, 30% da integral e 8% da de milho.

:: MODO DE PREPARO

1. Separe os ingredientes que serão utilizados na receita, bem como os seguintes equipamentos, utensílios e materiais: masseira semirrápida, plástico para cobrir, espátula/raspador, rolo, 2 fôrmas de 25 cm × 10 cm × 6 cm, óleo ou desmoldante, peneira pequena, bisturi.
2. Misture as farinhas, o sal, o fermento e o melhorador na masseira em velocidade 1.
3. Adicione a água e o melaço (deixe um pouco de água para o ajuste final) e siga misturando.
4. Acrescente a manteiga.
5. Se necessário, acerte o ponto com a água (neste momento, o ponto correto é uma massa "grudenta").
6. Com a massa homogênea, mude a velocidade para 2 e sove/cilindre até desenvolver o glúten (ponto de véu).
7. Boleie (bola grande), cubra com plástico e deixe descansar por 10 minutos em superfície levemente untada com óleo.
8. Divida a massa ao meio, modele em formato coxinha, cubra com plástico e deixe descansar por mais 10 minutos em superfície levemente untada com óleo.
9. Se necessário, abaixe a fermentação (pressionando a massa) e com as mãos ou o rolo abra a massa em formato triangular, fechando-a da ponta para a base como um rocambole.
10. Coloque em fôrmas untadas com o fecho virado para baixo. Aperte a massa dentro da fôrma, para que fique bem acomodada e de maneira uniforme.
11. Deixe em câmara no modo estufa, armário de fermentação ou ambiente fechado até a massa passar da lateral da fôrma. Em caso de preparo doméstico, ligue o forno cerca de 15 minutos antes de levar os pães para assar.
12. Polvilhe com a farinha de milho, e com o bisturi faça cortes diagonais na superfície do pão.
13. Asse por aproximadamente 25 a 30 minutos (165 °C no forno turbo e 190 °C no forno de lastro). Em forno doméstico, o mesmo tempo a aproximadamente 210 °C.

PADARIA DAS AMÉRICAS

Bagel

Apesar de ser muito conhecido e consumido nos Estados Unidos, tem origem europeia. Muitas histórias são contadas, mas sabemos que a receita do bagel viajou com famílias judias e é dito que o nome faz referência à palavra austríaca *beugel*, que significa estribo (em referência ao rei da Polônia e ao estribo do seu cavalo).

Ingredientes da massa	PP	Quantidade
Farinha de trigo	100%	500 g
Açúcar	9%	45 g
Sal	2%	10 g
Fermento biológico seco	2%	10 g
Melhorador	1%	5 g
Leite em pó	6%	30 g
Água	55%	275 g
Manteiga	10%	50 g
Total da massa crua		925 g
Ingredientes do acabamento		**Quantidade**
Água para ferver		O suficiente para a massa poder ser virada na panela
Ovo inteiro batido (egg wash)		q.b.
Gergelim ou sementes (opcional)		q.b.

Métodos de utilização do fermento

Direto	Indireto			
	Massa fermentada	Esponja	Poolish	Levain
X				

Técnicas de mistura de massa

Básica	Aprimorada	Intensiva
X		X

Descanso

1	10 min bola grande
2	10 min porcionada

Peso da massa crua

Peso da massa crua	925 g
	Unitário: 70 g
Rendimento	13 unidades

Acabamentos

Corte	Não
Secos	Gergelim ou sementes
Outros	Egg wash

Cocção

Forno		Vapor	Sem vapor
Turbo	165 °C		X
Lastro	200 °C		X

:: MODO DE PREPARO

1. Separe os ingredientes que serão utilizados na receita, bem como os seguintes equipamentos, utensílios e materiais: masseira semirrápida, balança, plástico para cobrir, espátula/raspador, assadeira furada ou lisa, óleo ou desmoldante ou silpat, panela, escumadeira, pincel.
2. Misture a farinha, o açúcar, o sal, o fermento, o melhorador e o leite na masseira em velocidade 1.
3. Adicione a água (deixe um pouco para o ajuste final) e siga misturando.
4. Acrescente a manteiga.
5. Se necessário, acerte o ponto com a água (neste momento, o ponto correto é uma massa "grudenta").
6. Com a massa homogênea, mude a velocidade para 2 e sove/cilindre até desenvolver o glúten (ponto de véu).
7. Boleie (bola grande), cubra com plástico e deixe descansar por 10 minutos em superfície levemente untada com óleo.
8. Porcione (70 g), reboleie, cubra com plástico e deixe descansar por mais 10 minutos em superfície levemente untada com óleo.
9. Se necessário, abaixe a fermentação (pressionando a massa) e abra as massas porcionadas como roscas. Vá acomodando as roscas em assadeiras untadas ou com silpat.
10. Deixe fermentar em câmara no modo estufa, armário de fermentação ou ambiente fechado até dobrar de volume.

11. Cozinhe as roscas imersas em água fervente por 1 minuto de cada lado.
12. Acomode em assadeira untada ou com silpat (espaço de 5 cm entre as unidades), pincele com o egg wash e polvilhe com o gergelim ou as sementes.
13. Asse por aproximadamente 25 minutos (165 °C no forno turbo e 200 °C no forno de lastro). Em forno doméstico, o mesmo tempo a aproximadamente 210 °C.

Bread stick

Originário da região de Piemonte, na Itália (mais especificamente, Turim), esta receita foi criada no século XIV e levada para a América pelos imigrantes italianos. É um item muito apreciado como aperitivo ou entrada em razão de seu formato, que lhe permite ser mergulhado em pastas e patês.

Ingredientes da massa	PP	Quantidade
Farinha de trigo	100%	500 g
Açúcar	5%	25 g
Sal	2%	10 g
Fermento biológico seco	1%	5 g
Melhorador	1%	5 g
Água	60%	300 g
Azeite de oliva	5%	25 g
Total da massa crua		870 g

Ingredientes do acabamento	Quantidade
Queijo parmesão ralado	50 g
Orégano seco	2 g
Salsinha picada (opcional)	q.b.
Alho desidratado	4 g
Cebola desidratada	10 g
Ovo inteiro batido (egg wash)	1 unidade + água q.b.

Métodos de utilização do fermento

Direto	Indireto			
	Massa fermentada	Esponja	Poolish	Levain
X				

Técnicas de mistura de massa

Básica	Aprimorada	Intensiva
X		X

Descanso

1	10 min bola grande
2	Não

Peso da massa crua
925 g
Unitário: 40 g a 50 g

Rendimento
± 20 unidades

Acabamentos

Corte	Não
Secos	Queijo, orégano, salsinha (opcional), alho e cebola
Outros	Egg wash

Cocção

Forno		Vapor	Sem vapor
Turbo	165 °C		X
Lastro	200 °C		X

:: **MODO DE PREPARO**

1. Separe os ingredientes que serão utilizados na receita, bem como os seguintes equipamentos, utensílios e materiais: masseira semirrápida, plástico para cobrir, rolo, régua, assadeira furada ou lisa, óleo ou desmoldante ou silpat, pincel, carretilha.
2. Misture a farinha, o açúcar, o sal, o fermento e o melhorador na masseira em velocidade 1.
3. Adicione a água (deixe um pouco para o ajuste final) e siga misturando.
4. Acrescente o azeite.
5. Se necessário, acerte o ponto com a água (neste momento, o ponto correto é uma massa "grudenta").
6. Com a massa homogênea, mude a velocidade para 2 e sove/cilindre até desenvolver o glúten (ponto de véu).
7. Boleie (bola grande), cubra com plástico e deixe descansar por 10 minutos em superfície levemente untada com óleo.

8. Se necessário, abaixe a fermentação (pressionando a massa) e com as mãos ou o rolo abra a massa até atingir 3 mm de espessura.

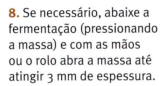

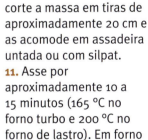

10. Com uma carretilha, corte a massa em tiras de aproximadamente 20 cm e as acomode em assadeira untada ou com silpat.
11. Asse por aproximadamente 10 a 15 minutos (165 °C no forno turbo e 200 °C no forno de lastro). Em forno doméstico, o mesmo tempo a aproximadamente 210 °C.

9. Pincele com o egg wash, polvilhe com os temperos e com o queijo e aperte com as mãos.

Bread stick

Chifrinhos de banha

Banha sempre foi um ingrediente muito utilizado quando a manteiga e a margarina não estavam disponíveis. Produtos de panificação feitos com banha têm um aroma típico dos pães caseiros de fazendas. Para muitas pessoas, têm sabor de infância. Macios e saborosos, são ótimos para serem consumidos puros ou montados como sanduíches.

Ingredientes da massa	PP	Quantidade
Farinha de trigo	100%	500 g
Açúcar	10%	50 g
Sal	2%	10 g
Fermento biológico seco	1%	5 g
Melhorador	1%	5 g
Água	40%	200 g
Ovo	10%	50 g
Banha de porco	20%	100 g
Total da massa crua		920 g
Ingredientes do acabamento		**Quantidade**
Não		–

Métodos de utilização do fermento

Direto	Indireto			
	Massa fermentada	Esponja	Poolish	Levain
X				

Técnicas de mistura de massa

Básica	Aprimorada	Intensiva
X		X

Descanso

1	10 min bola grande
2	20 min porcionada

Peso da massa crua
920 g
Unitário: 50 g

Rendimento
18 unidades

Acabamentos

Corte	Não
Secos	Não
Outros	Não

Cocção

Forno		Vapor	Sem vapor
Turbo	165 °C		X
Lastro	200 °C		X

:: **MODO DE PREPARO**

1. Separe os ingredientes que serão utilizados na receita, bem como os seguintes equipamentos, utensílios e materiais: masseira semirrápida, balança, plástico para cobrir, espátula/raspador, rolo, assadeira furada ou lisa, óleo ou desmoldante ou silpat.

2. Misture a farinha, o açúcar, o sal, o fermento e o melhorador na masseira em velocidade 1.

3. Adicione a água (deixe um pouco para o ajuste final) e o ovo e siga misturando.

4. Acrescente a banha de porco.

5. Se necessário, acerte o ponto com a água (neste momento, o ponto correto é uma massa "grudenta").

6. Com a massa homogênea, mude a velocidade para 2 e sove/cilindre até desenvolver o glúten (ponto de véu).

7. Boleie (bola grande), cubra com plástico e deixe descansar por 10 minutos em superfície levemente untada com óleo.

8. Porcione (50 g), reboleie, cubra com plástico e deixe descansar por 20 minutos em superfície levemente untada com óleo.

9. Se necessário, abaixe a fermentação (pressionando a massa) e com as mãos ou o rolo abra a massa em retângulos de ± 20 cm × 10 cm.

10. Enrole das pontas para o centro, formando dois rolinhos.

11. Acomode um rolinho por cima do outro, fazendo uma cruz. Aperte o centro.

12. Acondicione em assadeira untada ou com silpat (espaço de 5 cm entre as unidades) e deixe fermentar em câmara no modo estufa, armário de fermentação ou ambiente fechado até dobrar de volume. Em caso de preparo doméstico, ligue o forno cerca de 15 minutos antes de levar os pães para assar.

13. Asse por aproximadamente 20 minutos (165 °C no forno turbo e 200 °C no forno de lastro). Em forno doméstico, asse por 15 minutos a aproximadamente 200 °C.

Chipa

Conhecida como "pão de queijo argentino", a chipa é feita com praticamente os mesmos ingredientes da receita mineira. As porcentagens, porém, são diferentes, o que garante o resultado também diferente: a chipa é mais "sequinha" do que o pão de queijo e vem fazendo sucesso cada vez maior no Brasil.

Ingredientes da massa	PP	Quantidade
Polvilho azedo	50%	250 g
Polvilho doce	50%	250 g
Queijo meia cura	80%	400 g
Leite	40%	200 g
Sal	2%	10 g
Manteiga	20%	100 g
Ovo	10%	50 g
Total da massa crua		1.360 g
Ingredientes do acabamento		**Quantidade**
Não		–

Métodos de utilização do fermento				
Direto	Indireto			
	Massa fermentada	Esponja	*Poolish*	*Levain*
Não	Não	Não	Não	Não

Técnicas de mistura de massa		
Básica	Aprimorada	Intensiva
Não	Não	Não

Descanso	
1	15 min
2	Não

Peso da massa crua	1.360 g
	Unitário: 40 g
Rendimento	34 unidades

Acabamentos	
Corte	Não
Secos	Não
Outros	Não

Cocção			
Forno		Vapor	Sem vapor
Turbo	165 °C		X
Lastro	200 °C		X

> **OBSERVAÇÃO**
> Note aqui que o 100% de farinha vem da soma dos dois polvilhos usados nesta receita: 50% do azedo e 50% do doce.

:: MODO DE PREPARO

1. Este produto não utiliza masseira. Separe os ingredientes que serão utilizados na receita, bem como os seguintes equipamentos, utensílios e materiais: ralador, panela, bowl ou bacia, espátula de silicone, filme plástico, assadeira furada ou lisa, óleo ou desmoldante ou silpat.
2. Rale o queijo e reserve.
3. Em uma panela, ferva o leite com a manteiga.
4. Em um bowl escalde os polvilhos, jogando o líquido quente sobre eles. Misture para que o líquido penetre nos polvilhos. Acrescente o sal.

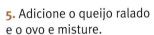

5. Adicione o queijo ralado e o ovo e misture.
6. Cubra com filme plástico e deixe a massa descansar por 15 minutos. Em caso de forno doméstico, ligue para preaquecê-lo.

7. Faça bolinhas e estique, formando um minicordão.

8. Acomode os minicordões em formato de "U" em assadeira untada ou com silpat.
9. Asse por aproximadamente 20 minutos (165 °C no forno turbo e 200 °C no forno de lastro). Em forno doméstico, o mesmo tempo a aproximadamente 210 °C.

Chola

A denominação veio do pão Challah. Provavelmente, a receita foi levada para a América pelos judeus e então passou por alterações. O produto se tornou menos doce que o Challah, mas manteve a característica de massa macia e saborosa.

Ingredientes da massa	PP	Quantidade
Farinha de trigo	100%	500 g
Açúcar	10%	50 g
Sal	2%	10 g
Fermento biológico seco	1%	5 g
Melhorador	1%	5 g
Água	45%	225 g
Gemas	12%	60 g
Óleo de milho	8%	40 g
Total da massa crua		895 g
Ingredientes do acabamento		**Quantidade**
Ovo inteiro batido (egg wash)		1 unidade + água q.b.

Métodos de utilização do fermento

Direto	Indireto			
	Massa fermentada	Esponja	*Poolish*	*Levain*
X				

Técnicas de mistura de massa

Básica	Aprimorada	Intensiva
X		X

Descanso

1	10 min bola grande
2	10 min porcionada

Peso da massa crua	895 g
	Unitário: ± 100 g
Rendimento	9 unidades

Acabamentos

Corte	Não
Secos	Não
Outros	Egg wash

Cocção

Forno		Vapor	Sem vapor
Turbo	165 °C		X
Lastro	190 °C		X

:: **MODO DE PREPARO**

1. Separe os ingredientes que serão utilizados na receita, bem como os seguintes equipamentos, utensílios e materiais: masseira semirrápida, balança, plástico para cobrir, espátula/raspador, assadeira furada ou lisa, óleo ou desmoldante ou silpat, pincel.
2. Misture a farinha, o açúcar, o sal, o fermento e o melhorador na masseira em velocidade 1.
3. Adicione a água (deixe um pouco para o ajuste final) e as gemas e siga misturando.
4. Acrescente o óleo de milho.
5. Se necessário, acerte o ponto com a água (neste momento, o ponto correto é uma massa "grudenta").
6. Com a massa homogênea, mude a velocidade para 2 e sove/cilindre até desenvolver o glúten (ponto de véu).
7. Boleie (bola grande), cubra com plástico e deixe descansar por 10 minutos em superfície levemente untada com óleo.
8. Porcione (100 g), reboleie, cubra com plástico e deixe descansar por mais 10 minutos em superfície levemente untada com óleo.
9. Se necessário, abaixe a fermentação (pressionando a massa), faça cordões longos e enrole.
10. Acondicione em assadeiras untadas ou com silpat (espaço de 5 cm entre as unidades) e deixe em câmara no modo estufa, armário de fermentação ou ambiente fechado até dobrar de volume. Em caso de preparo doméstico, ligue o forno cerca de 15 minutos antes de levar os pães para assar.
11. Pincele com o egg wash.
12. Asse por aproximadamente 20 minutos (165 °C no forno turbo e 190 °C no forno de lastro). Em forno doméstico, o mesmo tempo a aproximadamente 200 °C.

PADARIA DAS AMÉRICAS

Cinnamon roll

Nasceu nos países nórdicos da Europa. Na Suécia existe uma festa que se chama "Kanelbullens Dag" ("Dia do rolinho de canela"). Esses enroladinhos são muito comuns nas padarias norte-americanas e foram levados para a América por imigrantes.

Ingredientes da massa	PP	Quantidade
Farinha de trigo	100%	500 g
Açúcar	20%	100 g
Sal	2%	10 g
Fermento biológico seco	2%	10 g
Melhorador	1%	5 g
Leite em pó	4%	20 g
Água	35%	175 g
Ovo	10%	50 g
Manteiga	20%	100 g
Total da massa crua		970 g

Ingredientes do acabamento	Quantidade
Açúcar	300 g
Manteiga	150 g
Canela em pó	12 g
Fondant (opcional)	O suficiente para cobrir levemente o pão

Métodos de utilização do fermento

Direto	Indireto			
	Massa fermentada	Esponja	Poolish	Levain
		X		

Técnicas de mistura de massa

Básica	Aprimorada	Intensiva
X	X	

Descanso

1	10 min bola grande
2	10 min porcionada

> **OBSERVAÇÃO**
> A água e a farinha utilizadas na esponja são retiradas da mise en place, portanto devem ser descontadas do valor total da ficha técnica no momento da elaboração da massa.

Peso da massa crua	970 g
	Unitário: 480 g (2 rocamboles)
Rendimento	18 rodelas de ± 50 g (9 por rocambole)

Acabamentos

Corte	Sim
Secos	Não
Outros	Recheio e cobertura (fondant; opcional)

Cocção

Forno		Vapor	Sem vapor
Turbo	160 °C		X
Lastro	190 °C		X

:: MODO DE PREPARO

1. Separe os ingredientes que serão utilizados na receita, bem como os seguintes equipamentos, utensílios e materiais: balança, termômetro, masseira semirrápida, plástico para cobrir, espátula/raspador, rolo, assadeira furada ou lisa, faca, óleo ou desmoldante ou silpat.

ESPONJA

1. Coloque todo o fermento e 75 mℓ de água em um bowl. Adicione de 75 g a 100 g[1] farinha.
2. Misture e deixe fermentar em câmara no modo estufa, armário de fermentação ou ambiente fechado[2] por 40 minutos a 1 hora em temperatura de 24 °C a 26 °C (ver passo a passo na página 75).

RECHEIO

1. Em um bowl, misture o açúcar, a manteiga e a canela até obter uma pasta homogênea. Reserve na geladeira, coberto com filme plástico.

FONDANT COM LIMÃO (OPCIONAL)

1. Em um bowl, misture 500 g de açúcar de confeiteiro e 85 mℓ de suco de limão (taiti ou siciliano)[3] e deixe descansar por 10 min.

2. Coloque a porção que vai utilizar em um refratário e aqueça uma panela, em banho-maria, até fluidificar. Também é possível aquecer em poucos segundos no micro-ondas.
3. Aplique imediatamente sobre o cinnamon roll, já que o fondant endurece rapidamente.

MASSA

1. Misture a farinha, o açúcar, o sal, o fermento, o melhorador e o leite na masseira em velocidade 1.
2. Adicione a esponja, a água aos poucos (deixe um pouco para o ajuste final) e o ovo e siga misturando.
3. Acrescente a manteiga.
4. Se necessário, acerte o ponto com a água (neste momento, o ponto correto é uma massa "grudenta").
5. Com a massa homogênea, mude a velocidade para 2 e cilindre até que alise.
6. Boleie (bola grande), cubra com plástico e deixe descansar por 10 minutos em superfície levemente untada com óleo.
7. Porcione (± 480 g), reboleie, cubra com plástico e deixe descansar por mais 10 minutos em superfície levemente untada com óleo.
8. Se necessário, abaixe a fermentação (pressionando a massa) e com o rolo abra em formato retangular.

9. Com uma colher, espalhe o recheio, deixando um espaço de aproximadamente 1 cm na parte que será fechada por último para que a massa grude e o fecho não se abra durante a fermentação.

10. Enrole como rocambole.

11. Com uma espátula ou um cortador, faça aproximadamente 8 rodelas de igual espessura.

12. Acomode essas rodelas viradas para cima em assadeira untada ou com silpat.
13. Deixe em câmara no modo estufa, armário de fermentação ou ambiente fechado até dobrar de volume. Em caso de preparo doméstico, ligue o forno cerca de 15 minutos antes de levar os pães para assar.
14. Asse por aproximadamente 20 minutos (160 °C no forno turbo e 190 °C no forno de lastro). Em forno doméstico, o mesmo tempo a 200 °C.
15. Caso deseje, finalize com fondant.

---

1 Lembre que na esponja a relação entre água e farinha deve ser sempre esta: no mínimo, a mesma quantidade de farinha e água; no máximo, o dobro de farinha em relação à água. Em dias muito quentes, deve-se fazer uma esponja mais firme; em dias muito frios, uma esponja mais mole. A decisão depende do tempo disponível e da programação de elaboração dos pães.
2 Fora desses ambientes, é necessário o uso do filme plástico para a massa não ressecar.
3 Para uma cobertura mais doce, substitua o limão por água.

Cinnamon roll

Empanado chileno

Embora tenha sido levado pelos espanhóis para a Argentina e para o Chile, este produto tem sua origem nos países árabes, que o introduziram na Europa durante a ocupação da Península Ibérica.

Ingredientes da massa	PP	Quantidade
Farinha de trigo	100%	500 g
Sal	2%	10 g
Banha de porco	20%	100 g
Água fervente	30%	150 g
Total da massa crua		760 g

Ingredientes do recheio	Quantidade
Carne bovina moída	1.000 g
Cebola picada	1 unidade
Alho picado	3 dentes
Óleo vegetal	20 mℓ
Sal	q.b.
Pimenta-do-reino	q.b.
Ovo de codorna cozido	19 unidades

Ingredientes do acabamento	Quantidade
Ovo inteiro batido (egg wash)	1 unidade + água q.b.

Métodos de utilização do fermento

Direto	Indireto			
	Massa fermentada	Esponja	Poolish	Levain
Não	Não	Não	Não	Não

Técnicas de mistura de massa

Básica	Aprimorada	Intensiva
Não	Não	Não

Descanso

1	30 min bola grande
2	Não

Peso da massa crua	760 g
	Unitário: 40 g
Rendimento	19 unidades

Acabamentos

Corte	Não
Secos	Não
Outros	Egg wash

Cocção

Forno		Vapor	Sem vapor
Turbo	170 °C		X
Lastro	200 °C		X

:: **MODO DE PREPARO**

1. Este produto não utiliza masseira. Separe os ingredientes que serão utilizados na receita, bem como os seguintes equipamentos, utensílios e materiais: panela, colher, balança, plástico para cobrir, espátula/raspador, rolo, régua, assadeira furada ou lisa, óleo ou desmoldante ou silpat, pincel.

RECHEIO

1. Frite a carne no óleo em fogo médio para alto até que fique bem sequinha. Toda a umidade vai sair e formar uma camada grudada no fundo. Jogue um pouco de água, para deglacear. Quando o fundo da panela estiver "limpo", adicione a cebola e o alho e refogue. Finalize com o sal e a pimenta-do-reino.
2. Deixe a carne esfriar, tampe a panela e reserve.
3. Cozinhe os ovos de codorna, tire a casca e reserve.

MASSA

1. Em um bowl ou em uma bacia, misture a farinha e o sal.
2. Adicione a banha de porco e a água fervente.
3. Misture até formar uma massa homogênea e lisa.
4. Boleie, cubra com plástico e deixe descansar por 30 minutos em superfície levemente untada com óleo.
5. Porcione (40 g) e com o rolo abra em discos de 3 mm de espessura.

6. Recheie com a carne e os ovos de codornas picados, feche em meia-lua[4] e pincele com o egg wash.

7. Acondicione em assadeira untada ou com silpat e asse por aproximadamente 20 minutos (170 °C no forno turbo e 200 °C no forno de lastro). Em forno doméstico, o mesmo tempo a aproximadamente 210 °C.

---

[4] O fecho do empanado é igual ao da salteña (ver passo a passo na página 193). A diferença é que a salteña é posicionada em pé na assadeira, enquanto o empanado é colocado deitado, no formato de meia-lua que remonta a um pastel assado.

Figaza

Pão comum na Argentina, tem origem italiana e se caracteriza por ser macio, levemente achatado e de formato arredondado ou hexagonal.

Ingredientes da massa	PP	Quantidade
Farinha de trigo	100%	500 g
Açúcar	6%	30 g
Sal	2%	10 g
Fermento biológico seco	1%	5 g
Melhorador	1%	5 g
Leite em pó	2%	10 g
Água	45%	225 g
Manteiga	20%	100 g
Total da massa crua		885 g
Ingredientes do acabamento		**Quantidade**
Não		–

Métodos de utilização do fermento

Direto	Indireto			
	Massa fermentada	Esponja	Poolish	Levain
X				

Técnicas de mistura de massa

Básica	Aprimorada	Intensiva
		X

Descanso

1	60 min de fermentação
2	Não

Peso da massa crua
885 g
Unitário: 60 g

Rendimento
14 unidades

Acabamentos

Corte	Não
Secos	Não
Outros	Não

Cocção

Forno		Vapor	Sem vapor
Turbo	165 °C		X
Lastro	190 °C		X

:: **MODO DE PREPARO**

1. Separe os ingredientes que serão utilizados na receita, bem como os seguintes equipamentos, utensílios e materiais: masseira semirrápida, balança, plástico para cobrir, rolo, régua, assadeira furada ou lisa, cortador de 6 cm (de preferência, hexagonal), óleo ou desmoldante ou silpat.

2. Misture a farinha de trigo, o açúcar, o sal, o fermento, o melhorador e o leite na masseira em velocidade 1.

3. Adicione água (deixe um pouco para o ajuste final) e siga misturando.

4. Acrescente a manteiga.

5. Se necessário, acerte o ponto com a água (neste momento, o ponto correto é uma massa "grudenta").

6. Com a massa homogênea, mude a velocidade para 2 e sove/cilindre até desenvolver o glúten (ponto de véu).

7. Boleie, cubra com plástico e deixe fermentar em câmara no modo estufa, armário de fermentação ou ambiente fechado por 1 hora.

8. Abaixe a fermentação (pressionando a massa) e com as mãos ou o rolo abra sobre uma superfície enfarinhada até atingir a espessura de 1 cm.

9. Com o cortador de 6 cm (de preferência, hexagonal), corte a massa. Polvilhe com farinha de trigo se necessário para que a massa não grude no utensílio.

10. Acomode a massa em uma assadeira e deixe fermentar em câmara no modo estufa, armário de fermentação ou ambiente fechado até dobrar de volume.

11. Asse por aproximadamente 20 minutos (165 °C no forno turbo e 190 °C no forno de lastro). Em forno doméstico, o mesmo tempo a 200 °C.

Hallulla

Comum no Chile, é um pão achatado de formato arredondado, como a figaza. A diferença está nos furos feitos na massa para que não ganhe muita altura no assamento. Além disso, a textura é mais seca e firme se comparada à da figaza.

Ingredientes da massa	PP	Quantidade
Farinha de trigo	100%	500 g
Sal	2%	10 g
Fermento biológico seco	1%	5 g
Melhorador	1%	5 g
Leite em pó	5%	25 g
Água	± 58%	290 g
Manteiga	7%	35 g
Total da massa crua		870 g
Ingredientes do acabamento		**Quantidade**
Farinha de trigo		q.b.

Métodos de utilização do fermento

Direto	Indireto			
	Massa fermentada	Esponja	*Poolish*	*Levain*
X				

Técnicas de mistura de massa

Básica	Aprimorada	Intensiva
X		

Descanso

1	10 min bola grande
2	Não

Peso da massa crua

Peso da massa crua	870 g
	Unitário: 40 g
Rendimento	21 unidades

Acabamentos

Corte	Sim
Secos	Farinha de trigo
Outros	Furos na massa (com rolo perfurador ou garfo)

Cocção

Forno		Vapor	Sem vapor
Turbo	170 °C	X	
Lastro	200 °C	X	

:: **MODO DE PREPARO**

1. Separe os ingredientes que serão utilizados na receita, bem como os seguintes equipamentos, utensílios e materiais: masseira semirrápida, balança, plástico para cobrir, rolo, rolo perfurador de massa ou garfo, cortador redondo de 6 cm, assadeira furada ou lisa, óleo ou desmoldante ou silpat.
2. Misture a farinha de trigo, o sal, o fermento, o melhorador e o leite em pó na masseira em velocidade 1.
3. Adicione a água (deixe um pouco para o ajuste final) e siga misturando.
4. Acrescente a manteiga.
5. Se necessário, acerte o ponto com a água (neste momento, o ponto correto é uma massa "grudenta").
6. Com a massa homogênea, mude a velocidade para 2 e sove/cilindre até desenvolver o glúten (ponto de véu).
7. Boleie (bola grande), cubra com plástico e deixe descansar por 10 minutos em superfície levemente untada com óleo.
8. Se necessário, abaixe a fermentação (pressionando a massa) e com o rolo abra em formato retangular até atingir a espessura de 1 cm.
9. Polvilhe com farinha de trigo e faça uma dobra simples de 3 (ver página 140). Polvilhe com farinha também na parte exterior.
10. Com o rolo, abra novamente a massa em formato retangular com 1 cm de espessura.
11. Fure a massa com o rolo perfurador ou um garfo e corte com o auxílio do cortador redondo.
12. Acondicione em assadeira untada ou com silpat (espaço de 5 cm entre as unidades) e deixe fermentar em câmara no modo estufa, armário de fermentação ou ambiente fechado até dobrar de volume. Em caso de preparo doméstico, ligue o forno cerca de 15 minutos antes de levar os pães para assar.
13. Asse por aproximadamente 15 minutos (170 °C no forno turbo e 200 °C no forno de lastro). Em forno doméstico, o mesmo tempo a aproximadamente 210 °C.

PADARIA DAS AMÉRICAS

173

Kaiser

Embora bastante popular e consumido nos Estados Unidos, foi criado em Viena, Áustria. Chamado de "Kaisersemmel" ("kaiser" = imperador; "semmel" = enrolado), trata-se de um pão torcido, em formato de roseta, de casca crocante. Muito utilizado para sanduíches.

Ingredientes da massa	PP	Quantidade
Farinha de trigo	100%	500 g
Sal	2%	10 g
Fermento biológico seco	1%	5 g
Melhorador	1%	5 g
Malte em pó	2%	10 g
Água	± 65%	325 g
Manteiga	2%	10 g
Total da massa crua		865 g
Ingredientes do acabamento		**Quantidade**
Ovo inteiro batido (egg wash)		1 unidade + água q.b.
Sementes diversas		q.b.

Métodos de utilização do fermento

Direto	Indireto			
	Massa fermentada	Esponja	*Poolish*	*Levain*
X				

Técnicas de mistura de massa

Básica	Aprimorada	Intensiva
X		X

Descanso

1	20 min bola grande
2	10 min porcionada

Peso da massa crua

Peso da massa crua	865 g
	Unitário: 100 g
Rendimento	8 unidades

Acabamentos

Corte	Não
Secos	Sementes diversas
Outros	Egg wash

Cocção

Forno		Vapor	Sem vapor
Turbo	170 ºC	X	
Lastro	210 ºC	X	

:: **MODO DE PREPARO**

1. Separe os ingredientes que serão utilizados na receita, bem como os seguintes equipamentos, utensílios e materiais: masseira semirrápida, balança, plástico para cobrir, espátula/raspador, assadeira furada ou lisa, óleo ou desmoldante ou silpat, pincel.
2. Misture a farinha, o sal, o fermento, o melhorador e o malte na masseira em velocidade 1.
3. Adicione a água (deixe um pouco para o ajuste final) e siga misturando.
4. Acrescente a manteiga.
5. Se necessário, acerte o ponto com a água (neste momento, o ponto correto é uma massa "grudenta").
6. Com a massa homogênea, mude a velocidade para 2 e sove/cilindre até desenvolver o glúten (ponto de véu).
7. Boleie (bola grande), cubra com plástico e deixe descansar por 20 minutos em superfície levemente untada com óleo.
8. Porcione (100 g), alongue, cubra com plástico e deixe descansar por 10 minutos em superfície levemente untada com óleo.

9. Se necessário, abaixe a fermentação (pressionando a massa) e faça cordões.

10. Trance e enrole, formando a roseta.

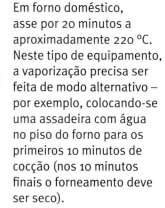

11. Pincele com o egg wash e passe nas sementes.
12. Acondicione em assadeira untada ou com silpat (espaço de 5 cm entre as unidades) e deixe fermentar em câmara no modo estufa, armário de fermentação ou ambiente fechado até dobrar de volume. Em caso de preparo doméstico, ligue o forno cerca de 15 minutos antes de levar os pães para assar.

13. Asse por aproximadamente 20 minutos (170 °C no forno turbo e 210 °C no forno de lastro), acionando o modo vaporização do equipamento. Em forno doméstico, asse por 20 minutos a aproximadamente 220 °C. Neste tipo de equipamento, a vaporização precisa ser feita de modo alternativo – por exemplo, colocando-se uma assadeira com água no piso do forno para os primeiros 10 minutos de cocção (nos 10 minutos finais o forneamento deve ser seco).

Kaiser

Marraqueta

Pão chileno muito consumido, principalmente no café da manhã. Assemelha-se ao nosso pãozinho francês (é também chamado de "pan batido" e "pan francês"). De casca crocante, tem o corte no centro reforçado com um rolo fino para que o pão fique dividido em duas partes.

Ingredientes da massa	PP	Quantidade
Farinha de trigo	100%	500 g
Açúcar	2%	10 g
Sal	2%	10 g
Fermento biológico seco	1%	5 g
Melhorador	2%	10 g
Água	65%	325 g
Manteiga	3%	15 g
Total da massa crua		875 g
Ingredientes do acabamento		**Quantidade**
Farinha de trigo		q.b.

Métodos de utilização do fermento

Direto	Indireto			
	Massa fermentada	Esponja	Poolish	Levain
X				

Técnicas de mistura de massa

Básica	Aprimorada	Intensiva
X		X

Descanso

1	20 min bola grande
2	10 min porcionada

Peso da massa crua
850 g
Unitário: 60 g

Rendimento
14 unidades

Acabamentos

Corte	X
Secos	Farinha de trigo
Outros	Apertado no centro com rolo fino

Cocção

Forno		Vapor	Sem vapor
Turbo	170 °C	X	
Lastro	210 °C	X	

:: **MODO DE PREPARO**

1. Separe os ingredientes que serão utilizados na receita, bem como os seguintes equipamentos, utensílios e materiais: balança, plástico para cobrir, espátula/raspador, assadeira furada ou lisa, óleo ou desmoldante ou silpat, bisturi, rolo médio ou grande, rolo fino.
2. Misture a farinha, o açúcar, o sal, o fermento e o melhorador na masseira em velocidade 1.
3. Adicione a água (deixe um pouco para o ajuste final) e siga misturando.
4. Acrescente a manteiga.
5. Se necessário, acerte o ponto com a água (neste momento, o ponto correto é uma massa "grudenta").
6. Com a massa homogênea, mude a velocidade para 2 e sove/cilindre até desenvolver o glúten (ponto de véu).
7. Boleie (bola grande), cubra com plástico e deixe descansar por 20 minutos em superfície levemente untada com óleo.
8. Porcione (60 g), modele em formato de coxinha, cubra com plástico e deixe descansar por 10 minutos em superfície levemente untada com óleo.

9. Se necessário, abaixe a fermentação (pressionando a massa) e com as mãos ou o rolo maior abra em formato triangular. Enrole da ponta para a base para obter a bisnaga.
10. Acondicione com o fecho virado para baixo em assadeira untada ou com silpat (espaço de 5 cm entre as unidades) e deixe fermentar em câmara no modo estufa, armário de fermentação ou ambiente fechado até dobrar de volume. Em caso de preparo doméstico, ligue o forno cerca de 15 minutos antes de levar os pães para assar.

11. Com uma espátula ou com um bisturi, faça um corte reto no sentido longitudinal.

12. Aperte o centro com o rolo fino.
13. Asse por aproximadamente 20 minutos (170 °C no forno turbo e 210 °C no forno de lastro), acionando o modo vaporização do equipamento. Em forno doméstico, asse por 20 minutos a aproximadamente 200 °C. Neste tipo de equipamento, a vaporização precisa ser feita de modo alternativo – por exemplo, colocando-se uma assadeira com água no piso do forno para os primeiros 10 minutos de cocção (nos 10 minutos finais o forneamento deve ser seco).

Medialuna

Feita de massa semifolhada, assemelha-se bastante ao croissant, porém é menor e tem menos volume do que produto francês. Muito consumida no café da manhã pelos argentinos.

Ingredientes da massa	PP	Quantidade
Farinha de trigo	100%	500 g
Açúcar	3%	15 g
Sal	2%	10 g
Fermento biológico seco	1%	5 g
Leite em pó	2%	10 g
Água	± 56%	280 g
Ovo	10%	50 g
Manteiga	4%	20 g
Margarina para folhar	50%	250 g
Total da massa crua		1.140 g
Ingredientes do acabamento		**Quantidade**
Ovo inteiro batido (egg wash)		1 unidade + água q.b.

Métodos de utilização do fermento

Direto	Indireto			
	Massa fermentada	Esponja	Poolish	Levain
X				

Técnicas de mistura de massa

Básica	Aprimorada	Intensiva
X		X

Descanso

1	20 min bola grande
2	20 min entre as dobras

Peso da massa crua

Peso da massa crua	1.140 g
	Unitário: 40 g
Rendimento	28 unidades

Acabamentos

Corte	Não
Secos	Não
Outros	Egg wash

Cocção

Forno		Vapor	Sem vapor
Turbo	160 °C		X
Lastro	190 °C		X

> **OBSERVAÇÃO**
> Na produção de massas folhadas e semifolhadas é possível usar tanto manteiga como margarina para folhar. Quando se utiliza manteiga, os descansos devem ser feitos na geladeira. Com margarina, em temperatura ambiente.

:: **MODO DE PREPARO**

1. Separe os ingredientes que serão utilizados na receita, bem como os seguintes equipamentos, utensílios e materiais: masseira semirrápida, balança, plástico para cobrir, rolo, régua, escova de farinha, cortador triangular, assadeira furada ou lisa, óleo ou desmoldante ou silpat, pincel.

2. Misture a farinha, o açúcar, o sal, o fermento, melhorador e o leite na masseira em velocidade 1.
3. Adicione a água (deixe um pouco para o ajuste final) e o ovo e siga misturando.
4. Acrescente a manteiga.
5. Se necessário, acerte o ponto com a água (neste momento, o ponto correto é uma massa "grudenta").
6. Com a massa homogênea, mude a velocidade para 2 e sove/cilindre até quase atingir o ponto de véu. Nesta receita, o glúten se desenvolve totalmente na passagem pela laminadora (em caso de uso desse equipamento) ou no processo de dobras (ver abaixo).
7. Boleie (bola grande), cubra com plástico e deixe descansar por 20 minutos em superfície levemente untada com óleo.

8. Com o rolo, abra a massa em formato quadrado em superfície levemente untada com óleo. Abra também a margarina de folhar (utilize plástico em cima e embaixo da margarina).
9. Retire o plástico da margarina e a coloque em diagonal sobre a massa, fechando-a como um envelope.
10. Polvilhe a massa "envelopada" levemente com farinha de trigo (em cima e embaixo) e abra com o rolo. Após aberta, tire o excesso de farinha com a escova e faça uma dobra de 3 (ver página 140).
11. Cubra com plástico e deixe descansar por 20 minutos.
12. Execute mais duas vezes o processo de abrir a massa com o rolo e fazer a dobra de 3, com descansos de 20 minutos (a massa deve descansar coberta com plástico). Sempre que for abrir a massa, polvilhe com um pouco de farinha em cima e embaixo e, antes da dobra, retire o excesso com a escova. (Se esse cuidado não for tomado, haverá grumos de farinha no meio da folhagem, comprometendo a qualidade final do produto.)
13. Abra a massa até atingir a espessura de 3 mm e com o cortador faça cortes em formato triangular.

14. Enrole da base para a ponta e faça uma curvatura leve nas extremidades, para obter o formato de meia-lua.
15. Acomode em assadeiras untadas ou com silpat (espaço de 5 cm entre as unidades) e deixe fermentar em câmara no modo estufa, armário de fermentação ou ambiente fechado até dobrar de volume.
16. Pincele com o egg wash e asse por aproximadamente 20 minutos (160 ºC no forno turbo e 190 ºC no forno de lastro). Em forno doméstico, o mesmo tempo a aproximadamente 200 ºC.

Medialuna

Pão de Cremona

Pão de Cremona

Cremona é uma cidade italiana que fica na região da Lombardia. Acredita-se que algum imigrante italiano tenha levado a receita para a Argentina. A massa é semifolhada como a do croissant e da medialuna, porém a quantidade menor de gordura a torna mais sequinha e crocante.

Ingredientes da massa	PP	Quantidade
Farinha de trigo	100%	500 g
Sal	2%	10 g
Fermento biológico seco	1%	5 g
Melhorador	1%	5 g
Mel ou malte	2%	10 g
Água	± 68%	340 g
Banha de porco ou manteiga	3%	15 g
Margarina para folhar	20%	100 g
Total da massa crua		885 g
Ingredientes do acabamento		**Quantidade**
Farinha de trigo		q.b.

Métodos de utilização do fermento

Direto	Indireto			
	Massa fermentada	Esponja	Poolish	Levain
X				

Técnicas de mistura de massa

Básica	Aprimorada	Intensiva
X		X

Descanso

1	20 min bola grande
2	20 min entre as dobras

Peso da massa crua
885 g
Unitário: 440 g

Rendimento
2 unidades

Acabamentos

Corte	Sim
Secos	Farinha de trigo
Outros	Não

Cocção

Forno		Vapor	Sem vapor
Turbo	170 °C	X	
Lastro	210 °C	X	

:: MODO DE PREPARO

1. Separe os ingredientes que serão utilizados na receita, bem como os seguintes equipamentos, utensílios e materiais: masseira semirrápida, balança, plástico para cobrir, rolo médio ou grande, régua, escova de farinha, rolo fino, carretilha, assadeira furada ou lisa, óleo ou desmoldante ou silpat.
2. Misture a farinha, o sal, o fermento e o melhorador na masseira em velocidade 1. Caso esteja usando malte em vez de mel, ele entra nesta etapa.
3. Adicione a água (deixe um pouco para o ajuste final) e siga misturando. Caso esteja usando mel em vez de malte, ele é adicionado nesta etapa.
4. Acrescente a banha ou a manteiga.
5. Se necessário, acerte o ponto com a água (neste momento, o ponto correto é uma massa "grudenta").
6. Com a massa homogênea, mude a velocidade para 2 e sove/cilindre até quase atingir o ponto de véu. Nesta receita, o glúten se desenvolve totalmente na passagem pela laminadora (em caso de uso desse equipamento) ou no processo de dobras (ver abaixo).
7. Boleie (bola grande), cubra com plástico e deixe descansar por 20 minutos em superfície levemente untada com óleo.

8. Com o rolo, abra a massa em formato quadrado em superfície levemente untada com óleo. Abra também a margarina de folhar (utilize plástico em cima e embaixo da margarina).
9. Retire o plástico da margarina e a coloque em diagonal sobre a massa, fechando-a como um envelope.
10. Polvilhe a massa "envelopada" levemente com farinha de trigo (em cima e embaixo) e abra com o rolo. Após aberta, tire o excesso de farinha com a escova e faça uma dobra de 3 (ver página 140).
11. Cubra com plástico e deixe descansar por 20 minutos.
12. Execute mais 1 vez o processo de abrir a massa com o rolo e fazer a dobra de 3, com descanso de 20 minutos (a massa deve descansar coberta com plástico). Quando abrir a massa, polvilhe com um pouco de farinha em cima e embaixo e, antes da dobra, retire o excesso com a escova.
13. Com o rolo, abra até atingir a espessura de 3 mm.
14. Com a carretilha, corte em dois retângulos e aperte o centro de cada retângulo com o rolo fino, para facilitar a dobra que será feita na massa.

15. Dobre cada retângulo ao meio, no sentido longitudinal.

16. Com a carretilha, faça "franjas", deixando a parte próxima à dobra sem cortar.

17. Enrole, formando uma flor. "Encaixe" uma ponta sobreposta à outra, para que não soltem depois que a massa fermentar.
18. Acondicione em assadeira untada ou com silpat (espaço de 5 cm entre as unidades) e deixe fermentar em câmara no modo estufa, armário de fermentação ou ambiente fechado até dobrar de volume.
19. Asse por aproximadamente 20 minutos (170 ºC no forno turbo e 210 ºC no forno de lastro). Em forno doméstico, o mesmo tempo a aproximadamente 210 ºC.

Pão andino

A receita conta com sementes de quinoa e amaranto, espécies nativas da região andina. Essas sementes são consumidas pelos povos residentes no Altiplano há cerca de quatro mil anos. É um produto rico em fibras, com alto teor proteico e de vitaminas do complexo B.

Ingredientes da massa	PP	Quantidade
Farinha de trigo	100%	500 g
Farelo de trigo	5%	25 g
Açúcar mascavo	10%	50 g
Sal	2%	10 g
Fermento biológico seco	2%	10 g
Melhorador	1%	5 g
Gérmen de trigo	4%	20 g
Quinoa	10%	50 g
Amaranto	6%	30 g
Água	50%	250 g
Manteiga	20%	100 g
Total da massa crua		1.050 g
Ingredientes do acabamento		**Quantidade**
Farinha de trigo		q.b.

Métodos de utilização do fermento

Direto	Indireto			
	Massa fermentada	Esponja	Poolish	Levain
X				

Técnicas de mistura de massa

Básica	Aprimorada	Intensiva
X		X

Descanso

1	10 min bola grande
2	10 min porcionada

Peso da massa crua
1.050 g
Unitário: 100 g

Rendimento
10 unidades

Acabamentos

Corte	Não
Secos	Farinha de trigo
Outros	Não

Cocção

Forno		Vapor	Sem vapor
Turbo	165 °C		X
Lastro	200 °C		X

:: MODO DE PREPARO

1. Separe os ingredientes que serão utilizados na receita, bem como os seguintes equipamentos, utensílios e materiais: masseira semirrápida, balança, plástico para cobrir, espátula/raspador, assadeira furada ou lisa, óleo ou desmoldante ou silpat.
2. Misture a farinha, o farelo, o açúcar, o sal, o fermento, o melhorador, o gérmen, a quinoa e o amaranto na masseira em velocidade 1.
3. Adicione a água (deixe um pouco para o ajuste final) e siga misturando.
4. Acrescente a manteiga.
5. Se necessário, acerte o ponto com a água (neste momento, o ponto correto é uma massa "grudenta").
6. Com a massa homogênea, mude a velocidade para 2 e sove/cilindre até desenvolver o glúten (ponto de véu).
7. Boleie (bola grande), cubra com plástico e deixe descansar por 10 minutos em superfície levemente untada com óleo.
8. Porcione (100 g), reboleie, cubra com plástico e deixe descansar por mais 10 minutos em superfície levemente untada com óleo.
9. Se necessário, abaixe a fermentação (pressionando a massa) e modele.
10. Acondicione em assadeira untada ou com silpat (espaço de 5 cm entre as unidades) e deixe fermentar em câmara no modo estufa, armário de fermentação ou ambiente fechado até dobrar de volume. Em caso de preparo doméstico, ligue o forno cerca de 15 minutos antes de levar os pães para assar.
11. Polvilhe com a farinha de trigo e asse por aproximadamente 20 minutos (165 °C no forno turbo e 200 °C no forno de lastro). Em forno doméstico, o mesmo tempo a aproximadamente 210 °C.

Pão de milho colombiano

O milho é nativo da América Central, e seu cultivo data de 7.300 anos. Foi alimento básico dos maias, astecas e incas. Existem diversas variedades, com cores também diferentes. Tal como no Brasil, a Colômbia tem sua versão da broinha de milho, com características semelhantes à da nossa broa, porém sem as sementes de erva-doce.

Ingredientes da massa	PP	Quantidade
Farinha de trigo	60%	300 g
Farinha de milho (fubá)	40%	200 g
Açúcar	14%	70 g
Sal	2%	10 g
Fermento biológico seco	1%	5 g
Melhorador	1%	5 g
Leite em pó	4%	20 g
Água	± 50%	250 g
Manteiga	12%	60 g
Total da massa crua		920 g
Ingredientes do acabamento		**Quantidade**
Farinha de trigo		q.b.

Métodos de utilização do fermento

Direto	Indireto			
	Massa fermentada	Esponja	Poolish	Levain
		X		

Técnicas de mistura de massa

Básica	Aprimorada	Intensiva
X	X	

Descanso

1	10 min bola grande
2	10 min porcionada

Peso da massa crua

Peso da massa crua	920 g
	Unitário: 150 g
Rendimento	6 unidades

Acabamentos

Corte	Não
Secos	Farinha de trigo
Outros	Não

Cocção

Forno		Vapor	Sem vapor
Turbo	175 °C	X	
Lastro	200 °C	X	

OBSERVAÇÕES

Note aqui que o 100% de farinha vem da soma dos dois tipos usados nesta receita: 60% da farinha de trigo e 40% da de milho (fubá).

Embora a opção vapor esteja anotada na ficha técnica, o assamento do pão de milho colombiano pode também ser feito sem a vaporização. Neste caso, o produto terá uma casca mais macia.

O uso da esponja no pão de milho colombiano tem a finalidade de melhorar a estrutura da massa, pois o fubá, que entra em grande quantidade na preparação, não contém glúten.

A água e a farinha utilizadas na esponja são retiradas da mise en place, portanto devem ser descontadas do valor total da ficha técnica no momento da elaboração da massa.

:: **MODO DE PREPARO**

1. Separe os ingredientes que serão utilizados na receita, bem como os seguintes equipamentos, utensílios e materiais: balança, termômetro, masseira semirrápida, plástico para cobrir, espátula/raspador, assadeira furada ou lisa, óleo ou desmoldante ou silpat, pincel.

ESPONJA

1. Coloque todo o fermento e 75 ml de água em um bowl. Adicione 100 g de farinha.
2. Misture e deixe fermentar em câmara no modo estufa, armário de fermentação ou ambiente fechado[5] por 40 minutos a 1 hora em temperatura de 24 °C a 26 °C (ver passo a passo na página 75).

MASSA

1. Misture as farinhas, o açúcar, o sal, fermento, o melhorador e o leite na masseira em velocidade 1.
2. Adicione a água (deixe um pouco para o ajuste final) e a esponja.
3. Acrescente a manteiga.
4. Se necessário, acerte o ponto com a água (neste momento, o ponto correto é uma massa "grudenta").
5. Com a massa homogênea, mude a velocidade para 2 e cilindre até que alise.
6. Boleie (bola grande), cubra com plástico e deixe descansar por 10 minutos em superfície levemente untada com óleo.

7. Porcione (150 g), reboleie, cubra com plástico e deixe descansar por mais 10 minutos em superfície levemente untada com óleo.
8. Se necessário, abaixe a fermentação (pressionando a massa) e modele em formato de bola.
9. Acondicione em assadeira untada ou com silpat (espaço de 5 cm entre as unidades) e deixe fermentar em câmara no modo estufa, armário de fermentação ou ambiente fechado até dobrar de volume. Em caso de preparo doméstico, ligue o forno cerca de 15 minutos antes de levar os pães para assar.
10. Polvilhe com a farinha e asse por aproximadamente 20 minutos (175 °C no forno turbo e 200 °C no forno de lastro), acionando o modo vaporização do equipamento.

Em forno doméstico, asse por 20 minutos a aproximadamente 200 °C. Neste tipo de equipamento, a vaporização precisa ser feita de modo alternativo – por exemplo, colocando-se uma assadeira com água no piso do forno para os primeiros 10 minutos de cocção (nos 10 minutos finais o forneamento deve ser seco).

---

5 Fora desses ambientes, é necessário o uso do filme plástico para a massa não ressecar.

PADARIA DAS AMÉRICAS

Pão de páprica

A páprica, nativa da América Central, confere a este pão seu sabor e seu aroma marcantes. É muito macio, mas com toques de crocância dados pelas sementes de girassol. Aceita diversas modelagens e tamanhos, e pode ser usado como base para preparo de sanduíches e hambúrgueres.

Ingredientes da massa	PP	Quantidade
Farinha de trigo	100%	500 g
Sal	2%	10 g
Fermento biológico seco	2%	10 g
Melhorador	1%	5 g
Páprica doce	5%	25 g
Sementes de girassol torradas	10%	50 g
Água	± 60%	300 g
Mel	2%	10 g
Azeite	10%	50 g
Total da massa crua		960 g
Ingredientes do acabamento		**Quantidade**
Farinha de trigo (opcional)		q.b.

Métodos de utilização do fermento

| Direto | Indireto |||
	Massa fermentada	Esponja	Poolish	Levain
X				

Técnicas de mistura de massa

Básica	Aprimorada	Intensiva
X		X

Descanso

1	20 min bola grande
2	10 min porcionada

Peso da massa crua
960 g
Unitário: 320 g

Rendimento
3 unidades

Acabamentos

Corte	Não
Secos	Farinha de trigo (opcional)
Outros	Não

Cocção

Forno		Vapor	Sem vapor
Turbo	170 ºC		X
Lastro	210 ºC		X

:: MODO DE PREPARO

1. Separe os ingredientes que serão utilizados na receita, bem como os seguintes equipamentos, utensílios e materiais: frigideira, colher, masseira semirrápida, balança, plástico para cobrir, espátula/raspador, assadeira furada ou lisa, óleo ou desmoldante ou silpat, peneira pequena (caso vá polvilhar com farinha de trigo).

SEMENTES DE GIRASSOL
1. Coloque as sementes de girassol em uma frigideira e leve ao fogo médio, mexendo constantemente até que as sementes adquiram uma leve cor de tostadas.
2. Retire da frigideira e deixe esfriar para utilizar no pão.

MASSA
1. Misture a farinha, o sal, o fermento, o melhorador, a páprica e as sementes na masseira em velocidade 1.
2. Adicione a água (deixe um pouco para o ajuste final) e o mel e siga misturando.
3. Acrescente o azeite.
4. Se necessário, acerte o ponto com a água (neste momento, o ponto correto é uma massa "grudenta").
5. Com a massa homogênea, mude a velocidade para 2 e sove/cilindre até desenvolver o glúten (ponto de véu).
6. Boleie (bola grande), cubra com plástico e deixe descansar por 20 minutos em superfície levemente untada com óleo.
7. Porcione (320 g), reboleie, cubra com plástico e deixe descansar por 10 minutos em superfície levemente untada com óleo.
8. Se necessário, abaixe a fermentação (pressionando a massa), modele e acondicione em assadeira untada ou com silpat (espaço médio de 5 cm entre as unidades).
9. Deixe fermentar em câmara no modo estufa, armário de fermentação ou ambiente fechado até dobrar de volume. Em caso de preparo doméstico, ligue o forno cerca de 15 minutos antes de levar os pães para assar.
10. Polvilhe com a farinha de trigo (se estiver usando), com o auxílio da peneira, e asse por aproximadamente 20 minutos (170 °C no forno turbo e 210 °C no forno de lastro). Em forno doméstico, o mesmo tempo a aproximadamente 220 °C.

Salteña

Conta a história que foi levada da Argentina para a Bolívia por uma senhora chamada Juana Gorriti. O nome "salteña" remete à cidade de origem da sra. Gorriti ("Salta"), que a comercializava na Bolívia, e por essa razão o produto começou a ser chamado de "a empanada da sra. saltenha". Como dissemos anteriormente, diferentemente do feito nos empanados, o fecho da salteña é colocado para cima.

Ingredientes da massa	PP	Quantidade
Farinha de trigo	100%	500 g
Sal	2%	10 g
Pimenta vermelha em pó	0,4%	2 g
Água quente	26%	130 g
Gema	4%	20 g
Banha de porco ou manteiga	20%	100 g
Total da massa crua		762 g

Ingredientes do recheio	Quantidade
Presunto	350 g
Queijo	350 g

Ingredientes do acabamento	Quantidade
Ovo inteiro batido (egg wash)	1 unidade + água q.b.

Métodos de utilização do fermento

Direto	Indireto			
	Massa fermentada	Esponja	Poolish	Levain
Não	Não	Não	Não	Não

Técnicas de mistura de massa

Básica	Aprimorada	Intensiva
X		

Descanso

1	15 min bola grande
2	Não

Peso da massa crua

Peso da massa crua	762 g
	Unitário: 50 g
Rendimento	15 unidades

Acabamentos

Corte	Não
Secos	Não
Outros	Egg wash

Cocção

Forno		Vapor	Sem vapor
Turbo	165 °C		X
Lastro	200 °C		X

:: **MODO DE PREPARO**

1. Este produto não utiliza masseira. Separe os ingredientes que serão utilizados na receita, bem como os seguintes equipamentos, utensílios e materiais: ralador ou faca, bowl, balança, plástico para cobrir, rolo, régua, cortador redondo de 10 cm, colher, assadeira furada ou lisa, óleo ou desmoldante ou silpat, pincel.

RECHEIO
1. Pique ou rale o presunto e o queijo, misture e reserve em um bowl.

MASSA
1. Em um bowl ou em uma bacia, misture a farinha, o sal e a pimenta vermelha e adicione a água quente.
2. Sove até alisar a massa e acrescente as gemas e a banha.
3. Cubra com plástico e deixe descansar por 15 minutos.

4. Com o rolo, abra a massa até atingir a espessura de 2 mm.

5. Corte com cortador redondo (10 cm). Caso deseje um diâmetro maior, boleie a massa e abra com o rolo.

6. Com o auxílio de uma colher, acomode o recheio.

7. Feche as bordas manualmente.

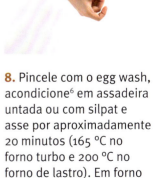

8. Pincele com o egg wash, acondicione[6] em assadeira untada ou com silpat e asse por aproximadamente 20 minutos (165 °C no forno turbo e 200 °C no forno de lastro). Em forno doméstico, o mesmo tempo a aproximadamente 210 °C.

---

6 Lembre que a salteña é posicionada em pé, diferentemente do empanado.

Sourdough

Este é um pão que tem como diferencial ser elaborado com fermento natural (que, como vimos na parte I, pode ser chamado de *sourdough*). Embora outras receitas apresentadas no livro tenham fermento natural em sua composição, neste caso ele designa o próprio produto por se tratar de um exemplo muito representativo dos chamados pães de longa fermentação (que são os pães elaborados com fermento natural). O termo "sourdough" é por vezes utilizado no universo da panificação para se referir genericamente a pães rústicos, de casca dura, semelhantes ao pão italiano. Assim como o italiano, o sourdough tem essa mesma crosta, além de leve acidez e aroma mais intenso. Um sourdough famoso é o fabricado na padaria Boudin, na cidade norte-americana de São Francisco.

Ingredientes da massa	PP	Quantidade
Farinha de trigo	100%	500 g
Sal	3%	15 g
Fermento biológico seco	0,2%	1 g
Água	± 65%	325 g
Levain	50%	250 g
Azeite	2%	10 g
Total da massa crua		1.101 g
Ingredientes do acabamento		**Quantidade**
Farinha de trigo ou de arroz		q.b.

Métodos de utilização do fermento

Direto	Indireto			
	Massa fermentada	Esponja	*Poolish*	*Levain*
				X

Técnicas de mistura de massa

Básica	Aprimorada	Intensiva
X	X	

Descanso

1	20 min bola grande
2	10 min porcionada

Peso da massa crua	1.101 g
	Unitário: 350 g
Rendimento	3 unidades

Acabamentos

Corte	Sim
Secos	Farinha de trigo ou de arroz
Outros	Não

Cocção

Forno		Vapor	Sem vapor
Turbo	170-175 °C	X	
Lastro	210-220 °C	X	

OBSERVAÇÃO
Nesta receita, o sourdough é fermentado em câmara, em temperaturas médias de 35 °C a 40 °C. No entanto, no preparo tradicional somente a massa azeda é adicionada à mistura (ou seja, não há o reforço extra do fermento biológico seco apresentado aqui), e o pão é fermentado com temperatura mais baixa controlada (em torno de 12 °C), para que a massa desenvolva mais acidez. Nesse caso, o processo de fermentação chega a demorar 24 horas. Em temperatura ambiente (o que em panificação corresponde a cerca de 26 °C), são necessárias de 6 a 8 horas de fermentação.

:: MODO DE PREPARO

1. Separe os ingredientes que serão utilizados na receita, bem como os seguintes equipamentos, utensílios e materiais: masseira semirrápida, balança, plástico para cobrir, espátula/raspador, lona ou tecido grosso, assadeira furada ou lisa, óleo ou desmoldante ou silpat, bisturi.

2. Misture a farinha, o sal e o fermento na masseira em velocidade 1.

3. Adicione a água (deixe um pouco para o ajuste final) e o *levain*.

4. Acrescente o azeite.

5. Se necessário, acerte o ponto com a água (neste momento, o ponto correto é uma massa "grudenta").

6. Com a massa homogênea, mude a velocidade para 2 e cilindre até que alise.

7. Boleie (bola grande) em superfície enfarinhada, cubra com plástico e deixe descansar por 20 minutos.

8. Porcione (350 g), reboleie, cubra com plástico e deixe descansar por 10 minutos.

9. Se necessário, abaixe a fermentação (pressionando a massa) e modele.

10. Passe na farinha e coloque para fermentar em lona ou tecido grosso em câmara no modo estufa, armário de fermentação ou ambiente fechado até dobrar de volume. Em caso de preparo doméstico, ligue o forno cerca de 15 minutos antes de levar os pães para assarem.

11. Polvilhe com a farinha de arroz. Com o bisturi, faça cortes decorativos.

12. Asse por aproximadamente 20 minutos (170-175 °C no forno turbo e 210-220 °C no forno de lastro), acionando o modo vaporização do equipamento.
Em forno doméstico, asse por 20 minutos a aproximadamente 230 °C. Neste tipo de equipamento, a vaporização precisa ser feita de modo alternativo – por exemplo, colocando-se uma assadeira com água no piso do forno para os primeiros 10 minutos de cocção (nos 10 minutos finais o forneamento deve ser seco).

PADARIA DAS AMÉRICAS

Tomato bread

Apesar de pensarmos que o tomate é italiano, a sua origem é americana (região central e do sul). Na Califórnia, Estados Unidos, esta receita foi desenvolvida com a inserção de tomates secos ao sol. O pão tem pedaços de tomate seco aparentes e coloração levemente avermelhada.

Ingredientes da massa	PP	Quantidade
Farinha de trigo	90%	450 g
Farinha de trigo integral	10%	50 g
Açúcar	4%	20 g
Sal	1,5%	7 g
Fermento biológico seco	1%	5 g
Melhorador	1%	5 g
Água	± 55%	275 g
Tomate assado	30%	150 g
Azeite de oliva	2%	10 g
Total da massa crua		972 g
Ingredientes do tomate		**Quantidade**
Tomate maduro sem polpa		4 unidades
Azeite de oliva		50 ml
Sal		q.b.
Pimenta-do-reino		q.b.
Manjericão fresco		q.b.
Ervas		q.b.
Alho		3 dentes com casca
Ingredientes do acabamento		**Quantidade**
Fubá ou semolina		q.b.

Métodos de utilização do fermento

Direto	Indireto			
	Massa fermentada	Esponja	Poolish	Levain
X				

Técnicas de mistura de massa

Básica	Aprimorada	Intensiva
X		X

Descanso

1	10 min bola grande
2	10 min porcionada

Peso da massa crua	972 g
	Unitário: 300 g
Rendimento	3 unidades

Acabamentos

Corte	Sim
Secos	Fubá ou semolina
Outros	Não

Cocção

Forno		Vapor	Sem vapor
Turbo	170 °C	X	
Lastro	210 °C	X	

:: **MODO DE PREPARO**

1. Separe os ingredientes que serão utilizados na receita, bem como os seguintes equipamentos, utensílios e materiais: masseira semirrápida, balança, plástico para cobrir, espátula/raspador, rolo, assadeira furada ou lisa, óleo ou desmoldante ou silpat, bisturi.

TOMATE
1. Corte os tomates ao meio, retire e polpa e tempere com o sal e a pimenta-do-reino. Coloque os alhos com casca e misture. Regue com o azeite.
2. Leve ao fogo forno baixo (aproximadamente 170 °C) até que esteja bem desidratado. Deixe esfriar.
3. Descasque o alho, pique e misture aos tomates. Reserve.

MASSA
1. Misture as farinhas, o açúcar, o sal, o fermento e o melhorador na masseira em velocidade 1.
2. Adicione a água (deixe um pouco para o ajuste final) e siga misturando.
3. Acrescente o azeite.
4. Se necessário, acerte o ponto com a água (neste momento, o ponto correto é uma massa "grudenta").
5. Com a massa homogênea, mude a velocidade para 2 e sove/cilindre até desenvolver o glúten (ponto de véu). Adicione os tomates reservados, baixe a velocidade para 1 e misture apenas para que os tomates sejam incorporados à massa.
6. Boleie (bola grande), cubra com plástico e deixe descansar por 10 minutos em superfície levemente untada com óleo.
7. Porcione (300 g), modele de formato de coxinha, cubra com plástico e deixe descansar por mais 10 minutos em superfície levemente untada com óleo.
8. Se necessário, abaixe a fermentação (pressionando a massa) e com o rolo abra a massa em formato triangular.
9. Enrole como rocambole e afine as pontas.
10. Acondicione com o fecho virado para baixo em assadeira untada ou com silpat (espaço de 5 cm entre as unidades) e deixe fermentar em câmara no modo estufa, armário de fermentação ou ambiente fechado até dobrar de volume. Em caso de preparo doméstico, ligue o forno cerca de 15 minutos antes de levar os pães para assar.
11. Polvilhe com o fubá ou a semolina.
12. Com o bisturi faça cortes decorativos.
13. Asse por aproximadamente 20 minutos (170 °C no forno turbo e 210 °C no forno de lastro), acionando o modo vaporização do equipamento. Em forno doméstico, asse por 20 minutos a aproximadamente 200 °C. Neste tipo de equipamento, a vaporização precisa ser feita de modo alternativo – por exemplo, colocando-se uma assadeira com água no piso do forno para os primeiros 10 minutos de cocção (nos 10 minutos finais o forneamento deve ser seco).

Tortilla

Pão achatado, levado pelos conquistadores espanhóis ao México, teve o preparo adaptado para o cereal consumido localmente (milho). Utilizada como base que pode receber diversos recheios e diferentes finalizações, como tacos, quesadillas e nachos.

Ingredientes da massa	PP	Quantidade
Farinha de trigo	80%	400 g
Fubá	20%	100 g
Sal	2%	10 g
Fermento químico em pó	1%	5 g
Banha de porco	2%	100 g
Água fervente	50%	250 g
Total da massa crua		865 g
Ingredientes do acabamento		Quantidade
Não		–

Métodos de utilização do fermento			
Direto	Indireto		
	Massa fermentada	Esponja	Poolish	Levain
		X		

Técnicas de mistura de massa		
Básica	Aprimorada	Intensiva
Não	Não	Não

Descanso	
1	Não
2	Não

Peso da massa crua	865 g
	Unitário: 60 g
Rendimento	14 unidades

Acabamentos	
Corte	Não
Secos	Não
Outros	Não

Cocção
Cocção em chapa quente

:: MODO DE PREPARO

1. Este produto não utiliza masseira. Separe os ingredientes que serão utilizados na receita, bem como os seguintes equipamentos, utensílios e materiais: bowl ou bacia, espátula de silicone ou colher, balança, plástico para cobrir, rolo, chapa.

2. Em um bowl ou em uma bacia, misture a farinha, o fubá e o sal.
3. Adicione água fervente e misture até obter uma massa homogênea.
4. Deixe esfriar, acrescente o fermento e misture bem.
5. Faça bolas de 60 g, cubra com plástico e deixe descansar por 10 minutos.

6. Com o rolo, abra a massa em discos finos em superfície levemente enfarinhada se necessário.
7. Cozinhe sobre uma chapa quente. (A chapa deve ser untada com óleo antes da primeira utilização. Depois, não há mais necessidade.) Empilhe para que não ressequem.

CAPÍTULO 10

Padaria europeia

Centeio

O centeio é um cereal mais ambientado a solos em que o trigo cresce com dificuldade. Por esse motivo, era muito utilizado na Europa para a fabricação de pães. De sabor e textura únicos, o pão de centeio, embora muito consumido em todo o continente, é comum principalmente no norte e no leste europeus.

Ingredientes da massa	PP	Quantidade
Farinha de centeio	100%	500 g
Sal	2,5%	14 g
Fermento biológico seco	1%	5 g
Melhorador	1%	5 g
Água	± 65%	325 g
Levain	100%	500 g
Mel	2%	10 g
Azeite de oliva	2%	10 g
Total da massa crua		1.370 g

Ingredientes do acabamento	Quantidade
Farinha de trigo	q.b.

Métodos de utilização do fermento

Direto	Indireto			
	Massa fermentada	Esponja	*Poolish*	*Levain*
				X

Técnicas de mistura de massa

Básica	Aprimorada	Intensiva
	X	

Descanso

1	20 min bola grande
2	10 min porcionada

Peso da massa crua	1.370 g
	Unitário: 450 g
Rendimento	3 unidades

Acabamentos

Corte	Sim
Secos	Farinha de trigo
Outros	Não

Cocção

Forno		Vapor	Sem vapor
Turbo	170-175 °C	X	
Lastro	210-220 °C	X	

:: **MODO DE PREPARO**

1. Separe os ingredientes que serão utilizados na receita, bem como os seguintes equipamentos, utensílios e materiais: masseira semirrápida, balança, plástico para cobrir, espátula/raspador, assadeira furada ou lisa, óleo ou desmoldante ou silpat, peneira pequena, bisturi.

2. Misture a farinha, o sal, o fermento e o melhorador na masseira em velocidade 1.

3. Adicione a água (deixe um pouco para o ajuste final), o mel e o *levain* e siga misturando.

4. Acrescente o azeite.

5. Se necessário, acerte o ponto com a água (neste momento, o ponto correto é uma massa "grudenta").

6. Com a massa homogênea, mude a velocidade para 2 e cilindre até que alise.

7. Boleie (bola grande) em superfície enfarinhada, cubra com plástico e deixe descansar por 20 minutos.

8. Porcione (450 g), reboleie, cubra com plástico e deixe descansar por 10 minutos.

9. Se necessário, abaixe a fermentação (pressionando a massa), remodele se necessário e acondicione os pães em assadeira untada ou com silpat (espaço de 5 cm entre as unidades).

10. Deixe fermentar em câmara no modo estufa, armário de fermentação ou ambiente fechado até dobrar e volume. Em caso de preparo doméstico, ligue o forno cerca de 15 minutos antes de levar os pães para assar.

11. Polvilhe com farinha de trigo usando a peneira, corte com o bisturi e asse por aproximadamente 20 minutos (170-175 °C no forno turbo e 210-220 °C no forno de lastro), acionando o modo vaporização do equipamento.

Em forno doméstico, asse por 20 minutos a aproximadamente 230 °C. Neste tipo de equipamento, a vaporização precisa ser feita de modo alternativo – por exemplo, colocando-se uma assadeira com água no piso do forno para os primeiros 10 minutos de cocção (nos 10 minutos finais o forneamento deve ser seco).

PADARIA EUROPEIA

Churro

De origem ibérica, é muito comum na Espanha – onde, ao contrário do Brasil, não leva recheio. A massa é frita e servida passada no açúcar, com acompanhamento de um molho à base de chocolate.

Ingredientes da massa	PP	Quantidade
Farinha de trigo	100%	200 g
Leite ou água	100%	200 g
Amido	15 %	30 g
Açúcar	15 %	30 g
Sal	0,5%	1 g
Manteiga	20 %	40 g
Ovo	75 %	150 g
Total da massa crua		651 g
Ingredientes do acabamento		**Quantidade**
Óleo para fritura		q.b.
Açúcar		q.b.

Métodos de utilização do fermento

Direto	Indireto			
	Massa fermentada	Esponja	*Poolish*	*Levain*
Não	Não	Não	Não	Não

Técnicas de mistura de massa

Básica	Aprimorada	Intensiva
Não	Não	Não

Descanso

1	Não
2	Não

Peso da massa crua

Peso da massa crua	651 g
	Unitário: 50 g
Rendimento	13 unidades

Acabamentos

Corte	Não
Secos	Açúcar
Outros	Não

Cocção

Forno	Vapor	Sem vapor
Fritura em imersão (180 °C)		

:: MODO DE PREPARO

1. Este produto não utiliza masseira. Separe os ingredientes que serão utilizados na receita, bem como os seguintes equipamentos, utensílios e materiais: bowl, panela para cozinhar, batedeira planetária (batedor raquete; velocidade média), colher de cabo firme, manga de confeitar, bico pitanga, frigideira ou panela para fritar, escumadeira.
2. Em um bowl, misture a farinha, o amido, o açúcar e o sal.
3. Em uma panela, leve o leite ou a água com a manteiga para ferver.
4. Retire a panela do fogo e adicione a mistura dos ingredientes secos. Misture com a colher de cabo firme até que todo o líquido seja absorvido.
5. Retorne a panela ao fogo baixo e cozinhe mais um pouco, mexendo, para que as farinhas percam o gosto de cruas. Uma crosta se formará no fundo da panela. Além disso, a massa ficará dura e apresentará pelotas. Neste momento, essas características são normais.
6. Deixe a massa esfriar.
7. Leve a massa à batedeira (batedor raquete) e adicione os ovos. Bata até que o ovo seja incorporado à massa. A textura ficará firme, porém lisa.
8. Em uma frigideira ou na panela para fritar, aqueça o óleo.

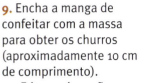

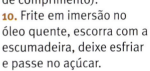

9. Encha a manga de confeitar com a massa para obter os churros (aproximadamente 10 cm de comprimento).
10. Frite em imersão no óleo quente, escorra com a escumadeira, deixe esfriar e passe no açúcar.

Integral

O pão integral foi o primeiro a ser consumido pela humanidade, já que nos primórdios ainda não havia condições de separação da farinha branca da casca do grão do trigo, como feito atualmente nos moinhos modernos. O pão integral é rico em fibras e minerais. Apresenta menor volume que o pão de farinha branca e sabor mais intenso.

Ingredientes da massa	PP	Quantidade
Farinha de trigo integral	100%	500 g
Sal	2,5%	14 g
Melhorador	1%	5 g
Malte em pó	2%	10 g
Fermento biológico seco	1%	5 g
Água	± 65%	325 g
Levain	100%	500 g
Azeite de oliva	4%	20 g
Total da massa crua		1.379 g
Ingredientes do acabamento		**Quantidade**
Farinha de trigo		q.b.

Métodos de utilização do fermento

Direto	Indireto			
	Massa fermentada	Esponja	*Poolish*	*Levain*
				X

Técnicas de mistura de massa

Básica	Aprimorada	Intensiva
X	X	

Descanso

1	20 min bola grande
2	10 min porcionada

Peso da massa crua	1.379 g
	Unitário: 150 g
Rendimento	9 unidades

Acabamentos

Corte	Não
Secos	Farinha de trigo
Outros	Não

Cocção

Forno		Vapor	Sem vapor
Turbo	170 °C	X	
Lastro	210 °C	X	

:: MODO DE PREPARO

1. Separe os ingredientes que serão utilizados na receita, bem como os seguintes equipamentos, utensílios e materiais: masseira semirrápida, balança, plástico para cobrir, espátula/raspador, assadeira furada ou lisa, óleo ou desmoldante ou silpat, peneira pequena.
2. Misture a farinha, o sal, o fermento, o melhorador e o malte na masseira em velocidade 1.
3. Adicione a água (deixe um pouco para o ajuste final) e o *levain* e siga misturando.
4. Acrescente o azeite.
5. Se necessário, acerte o ponto com a água (neste momento, o ponto correto é uma massa "grudenta").
6. Com a massa homogênea, mude a velocidade para 2 e cilindre até que alise.
7. Boleie (bola grande) em superfície enfarinhada, cubra com plástico e deixe descansar por 20 minutos.
8. Porcione (150 g), reboleie, cubra com plástico e deixe descansar por mais 10 minutos.
9. Se necessário, abaixe a fermentação (pressionando a massa) e remodele.
10. Acondicione em assadeira untada ou com silpat (espaço médio de 5 cm entre as unidades) e deixe fermentar em câmara no modo estufa, armário de fermentação ou ambiente fechado até dobrar de volume. Em caso de preparo doméstico, ligue o forno cerca de 15 minutos antes de levar os pães para assar.
11. Polvilhe com farinha de trigo usando a peneira e asse por aproximadamente 20 minutos (170-175 °C no forno turbo e 210-220 °C no forno de lastro). Em forno doméstico, o mesmo tempo a 230 °C.

Khachapuri

Semelhante a uma esfiha ou a uma pizza brotinho, este pão é coberto com queijo e finalizado com ovo. Tem origem na Geórgia (país situado no Cáucaso), onde é considerado iguaria nacional.

Ingredientes da massa	PP	Quantidade
Farinha de trigo	100%	500 g
Açúcar	8%	40 g
Sal	2%	10 g
Melhorador	1%	5 g
Fermento biológico seco	1%	5 g
Água	± 55%	275 g
Óleo vegetal	6%	30 g
Total da massa crua		865 g
Ingredientes do acabamento		**Quantidade**
Queijo mozarela picado ou ralado		300 g
Queijo parmesão ralado		100 g
Ricota processada		300 g
Ervas a gosto		q.b.
Ovo		10 unidades
Sal		q.b.

Métodos de utilização do fermento

Direto	Indireto			
	Massa fermentada	Esponja	Poolish	Levain
X				

Técnicas de mistura de massa

Básica	Aprimorada	Intensiva
X		

Descanso

1	10 min bola grande
2	Não

Peso da massa crua

Peso da massa crua	865 g
	Unitário: 80 g
Rendimento	10 unidades

Acabamentos

Corte	Não
Secos	Não
Outros	Recheio

Cocção

Forno		Vapor	Sem vapor
Turbo	180 °C		X
Lastro	250 °C		X

:: MODO DE PREPARO

1. Este produto não utiliza masseira. Separe os ingredientes que serão utilizados na receita, bem como os seguintes equipamentos, utensílios e materiais: bowls ou bacias, balança, plástico para cobrir, espátula/raspador, rolo, assadeira furada ou lisa, óleo ou desmoldante ou silpat.

RECHEIO
1. Em um bowl, misture a mozarela, o parmesão, a ricota, o sal e as ervas. Reserve um pouco do parmesão para salpicar por cima.
2. Reserve os ovos.

MASSA
1. Em um bowl ou em uma bacia, ou na bancada, misture a farinha, o açúcar, o sal, o fermento e o melhorador.
2. Adicione a água (deixe um pouco para o ajuste final) e siga misturando.
3. Acrescente o óleo.
4. Se necessário, acerte o ponto com a água (neste momento, o ponto correto é uma massa "grudenta").
5. Com a massa homogênea, sove até ficar lisa.
6. Boleie (bola grande), cubra com plástico e deixe descansar por 10 minutos em superfície levemente untada com óleo.
7. Porcione (80 g), reboleie e acondicione em assadeira lisa ou furada untada com óleo ou desmoldante ou com silpat. Deixe fermentar em câmara no modo estufa, armário de fermentação ou ambiente fechado até dobrar de volume.

8. Em uma superfície levemente untada com óleo, abra a massa em formato circular usando as mãos ou o rolo e modele uma canoa.

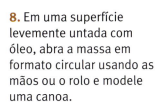

9. Coloque o recheio na canoa.

10. Junte e acerte as pontas.
11. Acondicione em assadeira untada ou com silpat e asse por aproximadamente 20 minutos (180 °C no forno turbo e 250 °C no forno de lastro). Em forno doméstico, o mesmo tempo na temperatura máxima que o equipamento permitir. Quando a massa estiver quase no ponto, retire, coloque o ovo e devolva ao forno por mais uns instantes.

PADARIA EUROPEIA

Kümmelbrot

Kümmel (alcarávia) é uma especiaria semelhante à erva-doce e originária da Europa central e da Ásia. Utilizada há pelo menos 5.000 anos, é muito popular na Alemanha, de onde vem este pão.

Ingredientes da massa	PP	Quantidade
Farinha de trigo	80%	400 g
Farinha de centeio	20%	100 g
Açúcar	8%	40 g
Fermento biológico seco	1%	5 g
Sal	2%	10 g
Melhorador	1%	5 g
Glúten em pó	2%	10 g
Sementes de kümmel	0,4%	2 g
Água	55%	275 g
Manteiga	2%	100 g
Total da massa crua		947 g
Ingredientes do acabamento		Quantidade
Ovo inteiro batido (egg wash)		1 unidade + água q.b.
Sementes de kümmel		q.b.

Métodos de utilização do fermento

Direto	Indireto			
	Massa fermentada	Esponja	Poolish	Levain
X				

Técnicas de mistura de massa

Básica	Aprimorada	Intensiva
X		X

Descanso

1	20 min bola grande
2	10 min porcionada

Peso da massa crua	942 g
	Unitário: 460 g
Rendimento	2 unidades

Acabamentos

Corte	Não
Secos	Sementes de kümmel
Outros	Egg wash

Cocção

Forno		Vapor	Sem vapor
Turbo	160 ºC		X
Lastro	200 ºC		X

> **OBSERVAÇÃO**
> Note aqui que o 100% de farinha vem da soma dos dois tipos usados nesta receita: 80% da farinha de trigo e 20% da de centeio.

:: **MODO DE PREPARO**

1. Separe os ingredientes que serão utilizados na receita, bem como os seguintes equipamentos, utensílios e materiais: masseira semirrápida, balança, plástico para cobrir, espátula/raspador, rolo, 2 fôrmas de 25 cm × 10 cm × 6 cm, óleo ou desmoldante, pincel.
2. Misture as farinhas, o açúcar, o sal, o melhorador, o glúten e as sementes de kummel na masseira em velocidade 1.
3. Adicione a água (deixe um pouco para o ajuste final) e siga misturando.
4. Acrescente a manteiga.
5. Se necessário, acerte o ponto com a água (neste momento, o ponto correto é uma massa "grudenta").
6. Com a massa homogênea, mude a velocidade para 2 e sove/cilindre até desenvolver o glúten (ponto de véu).
7. Boleie (bola grande), cubra com plástico e deixe descansar por 20 minutos em superfície levemente untada com óleo.
8. Porcione (460 g), modele em formato de coxinha, cubra com plástico e deixe descansar por 10 minutos em superfície levemente untada com óleo.
9. Se necessário, abaixe a fermentação (pressionando a massa) e com o rolo abra a massa em formato triangular. Enrole a massa da ponta para a base e coloque em fôrma untada com o fecho virado para baixo. Aperte para que se ajuste na fôrma.

10. Deixe fermentar em câmara no modo estufa, armário de fermentação ou ambiente fechado até passar da lateral da fôrma. Em caso de preparo doméstico, ligue o forno cerca de 15 minutos antes de levar os pães para assar.

11. Pincele com o egg wash e polvilhe com as sementes de kümmel.
12. Asse por aproximadamente 25 minutos (160 °C no forno turbo e 200 °C no forno de lastro). Em forno doméstico, o mesmo tempo a aproximadamente 210 °C.

PADARIA EUROPEIA

Pão preto

A cor escura deste pão de origem alemã se deve ao centeio, ao açúcar mascavo e ao cacau. Os alemães o consomem em grande quantidade em razão de suas características de textura e sabor. Quanto mais preto o pão, mais valorizado o padeiro que o fabrica, por demonstrar habilidade de preparo.

Ingredientes da massa	PP	Quantidade
Farinha de trigo	50%	250 g
Farinha de trigo integral	25%	125 g
Farinha de centeio	25%	125 g
Açúcar mascavo	8%	40 g
Sal	2%	10 g
Fermento biológico seco	1%	5 g
Cacau em pó 100%	3%	15 g
Malte em pó	1%	5 g
Glúten em pó	2%	10 g
Água	± 55%	275 g
Ovo	10%	50 g
Manteiga	6%	30 g
Total da massa crua		940 g
Ingredientes do acabamento		**Quantidade**
Farinha de trigo		q.b.

Métodos de utilização do fermento

Direto	Indireto			
	Massa fermentada	Esponja	Poolish	Levain
X				

Técnicas de mistura de massa

Básica	Aprimorada	Intensiva
X		X

Descanso

1	10 min bola grande
2	10 min porcionada

Peso da massa crua

Peso da massa crua	940 g
	Unitário: 470 g
Rendimento	2 unidades

Acabamentos

Corte	Sim
Secos	Farinha de trigo
Outros	Não

Cocção

Forno		Vapor	Sem vapor
Turbo	165 °C		X
Lastro	200 °C		X

> **OBSERVAÇÃO**
> Note aqui que o 100% de farinha vem da soma dos três tipos usados nesta receita: 50% da farinha de trigo, 25% da integral e 25% da de centeio.

:: MODO DE PREPARO

1. Separe os ingredientes que serão utilizados na receita, bem como os seguintes equipamentos, utensílios e materiais: masseira semirrápida, balança, plástico para cobrir, espátula/raspador, rolo, 2 fôrmas de 25 cm × 10 cm × 6 cm, óleo ou desmoldante, peneira pequena, bisturi.
2. Misture as farinhas, o açúcar, o sal, o fermento, o cacau, o malte e o glúten na masseira em velocidade 1.
3. Adicione a água (deixe um pouco para o ajuste final) e o ovo e siga misturando.
4. Acrescente a manteiga.
5. Se necessário, acerte o ponto com a água (neste momento, o ponto correto é uma massa "grudenta").
6. Com a massa homogênea, mude a velocidade para 2 e sove/cilindre até quase desenvolver o glúten.
7. Boleie (bola grande), cubra com plástico e deixe descansar por 10 minutos em superfície levemente untada com óleo.
8. Porcione (470 g), modele em formato de coxinha, cubra com plástico e deixe descansar por mais 10 minutos em superfície levemente untada com óleo.
9. Se necessário, abaixe a fermentação (pressionando a massa) e com o rolo abra em formato triangular. Enrole da ponta para a base.
10. Acondicione com o fecho voltado para baixo na fôrma untada e aperte para que a massa se ajuste na fôrma.
11. Deixe fermentar em câmara no modo estufa, armário de fermentação ou ambiente fechado até passar da lateral da fôrma. Em caso de preparo doméstico, ligue o forno cerca de 15 minutos antes de levar os pães para assar.
12. Polvilhe com a farinha de trigo usando a peneira e com o bisturi faça um corte no sentido longitudinal.
13. Asse por aproximadamente 20 minutos (165 °C no forno turbo e 200 °C no forno de lastro). Em forno doméstico, o mesmo tempo a aproximadamente 200 °C.

Pirozhki (piroshki ou pirojki)

Pirozhki é a forma plural da palavra "pirozhok", que significa "torta pequena". É um pãozinho recheado, de formato alongado, que pode ser frito ou assado e recebe diversos recheios. Não confunda com uma outra preparação (típica da Polônia e da Eslováquia) chamada Pierogi, que se assemelha às massas italianas recheadas cozidas em água (como ravióli, por exemplo).

Ingredientes da massa	PP	Quantidade
Farinha de trigo	100%	500 g
Açúcar	6%	30 g
Sal	2%	10 g
Leite em pó	4%	20 g
Fermento biológico seco	1%	5 g
Água	± 30%	150 g
Ovo	30%	150 g
Manteiga	10%	50 g
Total da massa crua		915 g

Ingredientes do recheio	Quantidade
Carne bovina moída	1.000 g
Manteiga	100 g
Cebola picada	1 unidade média
Água	q.b.
Cenoura ralada	1 unidade média
Salsão picado	1 talo
Cogumelo fresco laminado	200 g
Sal e pimenta-do-reino	q.b.

Ingredientes do acabamento	Quantidade
Ovo inteiro batido (egg wash)	1 unidade + água q.b.

Métodos de utilização do fermento

Direto	Indireto			
	Massa fermentada	Esponja	Poolish	Levain
X				

Técnicas de mistura de massa

Básica	Aprimorada	Intensiva
X		X

Descanso

1	10 min bola grande
2	10 min porcionada

Peso da massa crua
915 g
Unitário: 60 g

Rendimento
15 unidades

Acabamentos

Corte	Não
Secos	Não
Outros	Egg wash

Cocção

Forno		Vapor	Sem vapor
Turbo	165 °C		X
Lastro	195 °C		X

:: MODO DE PREPARO

1. Separe os ingredientes que serão utilizados na receita, bem como os seguintes equipamentos, utensílios e materiais: panela, espátula de silicone, masseira semirrápida, balança, plástico para cobrir, espátula/raspador, rolo, colher, assadeira furada ou lisa, óleo ou desmoldante ou silpat, pincel.

RECHEIO

1. Em uma panela, frite bem a carne moída na manteiga até que no fundo se crie uma crosta.
2. Coloque a cebola e refogue.
3. Adicione um pouco de água para fazer a crosta desgrudar do fundo.

4. Acrescente a cenoura, o salsão e o cogumelo. Mexa com uma espátula até que os vegetais cozinhem e o recheio seque. (Fogo médio, para evaporar a água que o cogumelo soltar.)
5. Acerte o sal e a pimenta-do-reino e deixe esfriar.

MASSA

1. Misture a farinha, o açúcar, o sal, o fermento e leite em pó na masseira em velocidade 1.
2. Adicione a água (deixe um pouco para o ajuste final), o ovo e siga misturando.

3. Acrescente a manteiga.
4. Se necessário, acerte o ponto com a água (neste momento, o ponto correto é uma massa "grudenta").
5. Com a massa homogênea, mude a velocidade para 2 e sove/cilindre até desenvolver o glúten (ponto de véu).
6. Boleie (bola grande), cubra com plástico e deixe descansar por 10 minutos em superfície levemente untada com óleo.
7. Porcione (60 g), reboleie, cubra com plástico e deixe descansar por mais 10 minutos em superfície levemente untada com óleo.

8. Se necessário, abaixe a fermentação (pressionando a massa) e com as mãos ou o rolo abra a massa em formato circular.

9. Com o auxílio da colher, coloque o recheio no centro.

10. Pincele as bordas com o egg wash, para facilitar o fechamento da massa.

11. Feche com cuidado como se fosse um pastel, grudando bem a massa, para que ela não abra durante a fermentação. Depois, coloque o fecho para baixo.

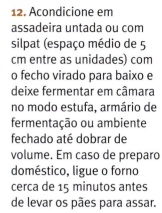

12. Acondicione em assadeira untada ou com silpat (espaço médio de 5 cm entre as unidades) com o fecho virado para baixo e deixe fermentar em câmara no modo estufa, armário de fermentação ou ambiente fechado até dobrar de volume. Em caso de preparo doméstico, ligue o forno cerca de 15 minutos antes de levar os pães para assar.

13. Pincele com o egg wash e asse por aproximadamente 20 minutos (165 ºC no forno turbo e 195 ºC no forno de lastro). Em forno doméstico, o mesmo tempo a aproximadamente 205 ºC.

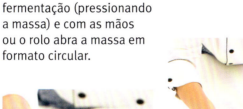

PADARIA EUROPEIA

Pirozhki

Pretzel

Pretzel

Pão originário do sul da Alemanha, onde é chamado de "bretzel", também muito consumido em outros países e localidades que falam a língua alemã (Suíça, Áustria e regiões da Alsácia). O original é salgado e quebradiço, em forma de nó. Ao longo do tempo, recebeu modificações. Esta versão, além de doce, é macia – o que permite que o produto se conserve por mais tempo.

Ingredientes da massa	PP	Quantidade
Farinha de trigo	100%	500 g
Açúcar	14%	70 g
Sal	1,5%	8 g
Melhorador	1%	5 g
Leite em pó	6%	30 g
Fermento biológico seco	1%	5 g
Água	55%	275 g
Ovo	10%	50 g
Manteiga	8%	40 g
Total da massa crua		983 g

Ingredientes do acabamento	Quantidade
Manteiga derretida	200 g
Açúcar	q.b.
Canela em pó	q.b.

Métodos de utilização do fermento

Direto	Indireto			
	Massa fermentada	Esponja	Poolish	Levain
X				

Técnicas de mistura de massa

Básica	Aprimorada	Intensiva
X		X

Descanso

1	20 min bola grande
2	10 min porcionada

Peso da massa crua
983 g
Unitário: 60 g

Rendimento: 16 unidades

Acabamentos

Corte	Não
Secos	Açúcar e canela em pó
Outros	Manteiga derretida

Cocção

Forno		Vapor	Sem vapor
Turbo	160 °C		X
Lastro	200 °C		X

:: **MODO DE PREPARO**

1. Separe os ingredientes que serão utilizados na receita, bem como os seguintes equipamentos, utensílios e materiais: masseira semirrápida, balança, plástico para cobrir, espátula/raspador, assadeira furada ou lisa, óleo ou desmoldante ou silpat.
2. Misture a farinha, o açúcar, o sal, o fermento, o melhorador e o leite na masseira em velocidade 1.
3. Adicione a água (deixe um pouco para o ajuste final) e o ovo e siga misturando.
4. Acrescente a manteiga.
5. Se necessário, acerte o ponto com a água (neste momento, o ponto correto é uma massa "grudenta").
6. Com a massa homogênea, mude a velocidade para 2 e sove/cilindre até desenvolver o glúten (ponto de véu).
7. Boleie (bola grande), cubra com plástico e deixe descansar por 20 minutos em superfície levemente untada com óleo.
8. Porcione (60 g), reboleie, cubra com plástico e deixe descansar por 10 minutos em superfície levemente untada com óleo.

9. Se necessário, abaixe a fermentação (pressionando a massa) e em superfície levemente untada ou em um silpat faça cordões.

10. Para obter o pretzel, primeiro cruze as extremidades do cordão e então cruze novamente, como se fosse uma trança.

11. Dobre esse trançado sobre o círculo.

12. Una as extremidades do cordão trançado no círculo, obtendo o formato de nó característico do pretzel.
13. Acondicione em assadeira untada ou com silpat (espaço médio de 5 cm entre as unidades) e deixe fermentar em câmara no modo estufa, armário de fermentação ou ambiente fechado até dobrar de volume. Em caso de preparo doméstico, ligue o forno cerca de 15 minutos antes de levar os pães para assar.

14. Asse por aproximadamente 20 minutos (160 °C no forno turbo e 200 °C no forno de lastro). Em forno doméstico, o mesmo tempo a aproximadamente 210 °C.
15. Passe o pretzel ainda quente pela manteiga derretida e, então, passe pelo açúcar misturado com a canela.

Pumpernickel

Produto originário da Alemanha e que geralmente não leva fermento. A massa, feita de centeio e água, é levada para fermentar naturalmente por alguns dias. Antigamente, era um pão associado a famílias sem recursos financeiros, em razão do custo menor do centeio em relação ao do trigo. Preparava-se o pumpernickel em um forno já apagado, somente com o calor residual, para poupar a lenha.

Ingredientes da massa	PP	Quantidade
Esponja 1		
Farinha de centeio		50 g
Fermento biológico fresco		1 g
Água		150 g
Esponja 2		
Esponja 1		Toda a qtde. fabricada
Farinha de centeio		140 g
Água		75 g
Esponja 3		
Esponja 2		Toda a qtde. fabricada
Farinha de centeio		100 g
Água		50 g
Esponja 4		
Esponja 3		Toda a qtde. fabricada
Farinha de centeio		100 g
Massa final		
Farinha de centeio	100%	500 g
Sal	3%	15 g
Fermento biológico seco	0,2%	1 g
Água	± 30%	150 g
Mel	10%	50 g
Sementes de centeio cozidas	100%	500 g
Sementes de kümmel	0,4%	2 g
Esponja	100%	500 g
Total da massa crua		1.716 g
Ingredientes do acabamento		**Quantidade**
Não		–

Métodos de utilização do fermento				
Direto	Indireto			
	Massa fermentada	Esponja	*Poolish*	*Levain*
		X		

Técnicas de mistura de massa		
Básica	Aprimorada	Intensiva
X	X	

Descanso	
1	Não
2	Não

Peso da massa crua	1.716 g
	Unitário: 550 g
Rendimento	3 unidades

Acabamentos	
Corte	Não
Secos	Aveia em flocos (opcional)
Outros	Embrulhado em papel-alumínio

Cocção – banho-maria			
Forno		Vapor	Sem vapor
Turbo	130 °C		X
Lastro	160 °C		X

:: MODO DE PREPARO

1. Separe os ingredientes que serão utilizados na receita, bem como os seguintes equipamentos, utensílios e materiais: panela, bowls, masseira semirrápida, balança, 3 fôrmas de 25 cm × 10 cm × 6 cm, óleo ou desmoldante, assadeira grande para o banho-maria, papel-alumínio.

ESPONJAS
1. Prepare cada uma das quatro esponjas da mesma maneira: misturando todos os ingredientes em um bowl e deixando fermentar em câmara no modo estufa, armário de fermentação ou ambiente fechado por 24 horas em temperatura média de 15 °C a 16 °C.

2. Ao finalizar a esponja 4, prepare o pão (ou seja, o pão é feito no quinto dia).

SEMENTES COZIDAS
1. Em uma panela, cubra as sementes de centeio com água e leve ao fogo médio com a panela tampada.
2. Cozinhe por aproximadamente 30 minutos e veja se as sementes estão suficientemente moles (se estiverem ainda duras, cozinhe mais um pouco).
3. Escorra o excesso de água e deixe esfriar.

MASSA
1. Misture a farinha, o sal e o fermento na masseira em velocidade 1.
2. Adicione a água, o mel, as sementes de centeio cozidas, as sementes de kümmel e a esponja e siga misturando.
3. Com a massa homogênea, mude a velocidade para 2 e cilindre até que alise.
4. Porcione (550 g) e coloque a massa em fôrma untada, apertando para acomodar.
5. Deixe fermentar em câmara no modo estufa, armário de fermentação ou ambiente fechado por 4 horas.

6. Asse por 4 horas (130 °C no forno turbo, 160 °C no forno de lastro e 170 °C no doméstico) em banho-maria, coberto com papel-alumínio. Retire o papel nos últimos 30 minutos de cocção.
7. Deixe o pão na fôrma até que esfrie. Então, retire da fôrma, reserve por 4 horas sem cobrir, coloque em saco plástico e aguarde 24 horas antes de consumir. O resultado é um pão de massa pesada, substancioso.

OBSERVAÇÃO
Se quiser, passe a massa em aveia em flocos antes de colocá-la na fôrma.

Pumpernickel

Strudel

Strudel

"Apfelstrudel" significa "folhado de maçã". Sobremesa tradicional austríaca, teve sua origem em Viena. Na Alemanha é conhecida apenas como "strudel".

Ingredientes da massa	PP	Quantidade
Farinha de trigo	100%	500 g
Sal	2%	10 g
Vinagre de maçã	16%	80 g
Água	20%	100 g
Ovo	30%	150 g
Manteiga	16%	80 g
Total da massa crua		920 g

Ingredientes do acabamento	Quantidade
Maçã verde picada em fatias finas, com ou sem casca	500 g
Nozes picadas grosseiramente	75 g
Uva passa	75 g
Açúcar	100 g
Canela em pó	2 g
Raspas de limão	5 g
Manteiga derretida para pincelar	q.b.
Farinha de trigo para abrir a massa	q.b.
Farinha de rosca para polvilhar	q.b
Açúcar de confeiteiro para polvilhar	q.b.

Métodos de utilização do fermento

Direto	Indireto			
	Massa fermentada	Esponja	*Poolish*	*Levain*
Não	Não	Não	Não	Não

Técnicas de mistura de massa

Básica	Aprimorada	Intensiva
Não	Não	Não

Descanso

1	30 min bola grande
2	Não

Peso da massa crua	920 g
	Unitário: 300 g
Rendimento	3 unidades

Acabamentos

Corte	Não
Secos	Farinha de trigo, farinha de rosca e açúcar de confeiteiro
Outros	Manteiga derretida

Cocção

Forno		Vapor	Sem vapor
Turbo	165 °C		X
Lastro	200 °C		X

:: **MODO DE PREPARO**

1. Este produto não utiliza masseira. Separe os ingredientes que serão utilizados na receita, bem como os seguintes equipamentos, utensílios e materiais: bowls, balança, plástico para cobrir, pano à base de algodão fino de 1,5 m × 1,5 m, rolo, assadeira furada ou lisa, óleo ou desmoldante ou silpat, pincel, peneira pequena.

RECHEIO
1. Em um bowl, misture a maçã verde, as nozes, as uvas passas, o açúcar, a canela e as raspas de limão e reserve.

MASSA
1. Em um bowl ou na bancada, misture a farinha e o sal.
2. Adicione a água (deixe um pouco para o ajuste final), o ovo e o vinagre e siga misturando.
3. Acrescente a gordura.
4. Se necessário, acerte o ponto com a água (neste momento, o ponto correto é uma massa "grudenta").
5. Com a massa homogênea, sove até que alise.
6. Porcione (300 g), boleie, cubra com plástico e deixe descansar por 30 minutos em superfície levemente untada com óleo.

> **OBSERVAÇÃO**
> O pano deve ser utilizado somente para esta finalidade. Além disso, é devidamente higienizado (lavado e passado) antes do uso.

7. Com as mãos ou o rolo, abra a massa em cima do pano levemente polvilhado com a farinha de trigo até ficar com espessura de papel. A massa ficará em formato arredondado alongado.

8. Pincele com a manteiga derretida e polvilhe com a farinha de rosca.

9. Coloque o recheio. É possível espalhar o recheio por toda a área da massa aberta, exceto no local em que o rocambole a ser feito será fechado (parte superior), ou concentrá-lo em metade da massa aberta.

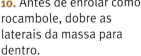

10. Antes de enrolar como rocambole, dobre as laterais da massa para dentro.

> **OBSERVAÇÃO**
> O vinagre tem a função de deixar a massa mais extensível, o que facilita a abertura dela na bancada.

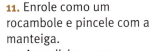

11. Enrole como um rocambole e pincele com a manteiga.
12. Acondicione em assadeira untada ou com silpat e asse por aproximadamente 20 minutos (165 °C no forno turbo e 200 °C no forno de lastro). Em forno doméstico, o mesmo tempo a aproximadamente 210 °C.
13. Deixe esfriar e polvilhe com açúcar de confeiteiro.

Sueco

Knäckebröd é um pão tradicional da Escandinávia. Crocante, assemelha-se a uma bolacha de formato retangular e pouca espessura. A massa original é feita somente com centeio e deixada para fermentar por longo tempo (pode ser elaborada com *levain* à base de centeio). Nesta versão, apresentamos o pão sueco como uma bolacha, com a utilização de fermento químico, o que torna a preparação mais ágil.

Ingredientes da massa	PP	Quantidade
Farinha de trigo	50%	250 g
Farinha de trigo integral	30%	150 g
Farinha de centeio	20%	100 g
Cerveja clara	± 50%	250 g
Trigo para quibe	10%	50 g
Farinha de linhaça	10%	50 g
Farelo de trigo	10%	50 g
Sal	2%	10 g
Glúten	3%	15 g
Óleo vegetal	14%	70 g
Fermento químico em pó	2%	10 g
Total da massa crua		1.005 g
Ingredientes do acabamento		**Quantidade**
Sementes de gergelim tostadas		q.b.

Métodos de utilização do fermento

Direto	Indireto			
	Massa fermentada	Esponja	Poolish	Levain
X				

Técnicas de mistura de massa

Básica	Aprimorada	Intensiva
X		

Descanso

1	Não
2	Não

Peso da massa crua	1.005 g
	Unitário: 15 g
Rendimento	67 unidades

Acabamentos

Corte	Não
Secos	Sementes de gergelim tostadas
Outros	Não

Cocção

Forno		Vapor	Sem vapor
Turbo	165 °C		X
Lastro	200 °C		X

> **OBSERVAÇÃO**
> Note aqui que o 100% de farinha vem da soma de três tipos usados nesta receita: 50% da farinha de trigo, 30% da integral e 20% da de centeio.

:: **MODO DE PREPARO**

1. Este produto não utiliza masseira. Separe os ingredientes que serão utilizados na receita, bem como os seguintes equipamentos, utensílios e materiais: frigideira, colher, bowls, panela, rolo, régua, faca ou carretilha, assadeira, óleo ou desmoldante ou silpat.

GERGELIM TOSTADO

1. Coloque o gergelim em uma frigideira e leve ao fogo médio, mexendo constantemente até que as sementes comecem a saltar.
2. Retire da frigideira e deixe esfriar.

MASSA

1. Separe o trigo para quibe em um bowl.
2. Em uma panela, ferva a cerveja e jogue-a sobre o trigo. Deixe esfriar.
3. Em outro bowl, misture as farinhas, o farelo de trigo, o sal e o glúten.
4. Adicione a cerveja com o trigo e misture.
5. Acrescente o óleo e sove até obter uma massa homogênea.
6. Adicione o fermento e misture até a massa alisar.
7. Com o rolo, abra a massa em formato retangular, polvilhe com as sementes de gergelim tostadas e passe novamente o rolo para que as sementes grudem na massa.
8. Com a faca ou a carretilha, faça tiras de 10 cm × 3 cm ou quadrados de 6 cm × 6 cm.
9. Acondicione em assadeira untada ou com silpat (espaço de 5 cm entre as unidades).
10. Asse por aproximadamente 20 minutos (165 °C no forno turbo e 200 °C no forno de lastro). Em forno doméstico, o mesmo tempo a aproximadamente 210 °C. Também é possível fazer a cocção na boca do fogão, em frigideira ou em chapa quente (untada somente antes da primeira utilização).

CAPÍTULO 11

Padaria francesa

A la biere

Originário da região da Alsácia, nas fronteiras alemã e suíça, este pão recebe as influências desses países fronteiriços e leva o nome do líquido que substitui a água (cerveja) em seu preparo. A cerveja preta confere aroma e sabores distintos, assim como um gosto maltado.

Ingredientes da massa	PP	Quantidade
Farinha de trigo	60%	300 g
Farinha de centeio	40%	200 g
Sal	2%	10 g
Melhorador	1%	5 g
Glúten em pó	2%	10 g
Fermento biológico seco	1%	5 g
Cerveja preta fervida	60%	300 g
Mel	5%	25 g
Manteiga	4%	20 g
Total da massa crua		875 g
Ingredientes do acabamento		**Quantidade**
Farinha de arroz		q.b.

Métodos de utilização do fermento

Direto	Indireto			
	Massa fermentada	Esponja	Poolish	Levain
X				

Técnicas de mistura de massa

Básica	Aprimorada	Intensiva
X		X

Descanso

1	20 min bola grande
2	10 min porcionada

Peso da massa crua
875 g
Unitário: 270 g

Rendimento
3 unidades

Acabamentos

Corte	Não
Secos	Farinha de arroz
Outros	Não

Cocção

Forno		Vapor	Sem vapor
Turbo	160 °C	X	
Lastro	200 °C	X	

> **OBSERVAÇÃO**
> Note aqui que o 100% de farinha vem da soma dos dois tipos usados nesta receita: 60% da farinha de trigo e 40% da de centeio.

:: **MODO DE PREPARO**

1. Separe os ingredientes que serão utilizados na receita, bem como os seguintes equipamentos, utensílios e materiais: masseira semirrápida, plástico para cobrir, espátula/raspador, assadeira furada ou lisa, óleo ou desmoldante ou silpat, peneira pequena.
2. Misture as farinhas, o sal, o fermento, o melhorador e o glúten na masseira em velocidade 1.
3. Adicione a cerveja (deixe um pouco para o ajuste final) e o mel e siga misturando.
4. Acrescente a manteiga.
5. Se necessário, acerte o ponto com a cerveja (neste momento, o ponto correto é uma massa "grudenta").
6. Com a massa homogênea, mude a velocidade para 2 e sove/cilindre até desenvolver o glúten (ponto de véu).
7. Boleie (bola grande), cubra com plástico e deixe descansar por 20 minutos em superfície levemente untada com óleo.
8. Porcione (270 g), reboleie, cubra com plástico e deixe descansar por 10 minutos.
9. Se necessário, abaixe a fermentação (pressionando a massa), modele como broa e acondicione em assadeira untada ou com silpat (espaço médio de 5 cm entre as unidades).
10. Deixe fermentar em câmara no modo estufa, armário de fermentação ou ambiente fechado até dobrar de volume. Em caso de preparo doméstico, ligue o forno cerca de 15 minutos antes de levar os pães para assar.

11. Polvilhe com a farinha de arroz usando a peneira e asse por aproximadamente 20 minutos (170 °C no forno turbo e 210 °C no de lastro), acionando o modo vaporização do equipamento.

Em forno doméstico, asse por 20 minutos a aproximadamente 220 °C. Neste tipo de equipamento, a vaporização precisa ser feita de modo alternativo – por exemplo, colocando-se uma assadeira com água no piso do forno para os primeiros 10 minutos de cocção (nos 10 minutos finais o forneamento deve ser seco).

Baguete

Este tradicional item francês, de casca crocante, representa 80% dos pães vendidos na França. O formato alongado permite maior hidratação da massa.

Ingredientes da massa	PP	Quantidade
Farinha de trigo	100%	500 g
Sal	2,5%	12 g
Fermento biológico seco	0,2%	1 g
Malte em pó	1%	5 g
Água	65%	325 g
Levain	50%	250 g
Manteiga	2%	10 g
Total da massa crua		1.103 g

Ingredientes do acabamento	Quantidade
Farinha de trigo	q.b.

Métodos de utilização do fermento

Direto	Indireto			
	Massa fermentada	Esponja	*Poolish*	*Levain*
				X

Técnicas de mistura de massa

Básica	Aprimorada	Intensiva
	X	

Descanso

1	20 min bola grande
2	20 min porcionada

Peso da massa crua
1.103 g
Unitário: 150 g

Rendimento
7 unidades

Acabamentos

Corte	Sim
Secos	Farinha de trigo
Outros	Não

Cocção

Forno		Vapor	Sem vapor
Turbo	170 °C	X	
Lastro	210 °C	X	

OBSERVAÇÕES

Quando não são usados equipamentos como divisora e modeladora, a formulação pode conter percentuais mais elevados de água: 70% a 75% (conforme dissemos anteriormente, massas trabalhadas em equipamentos não devem ser muito úmidas, para não grudarem no maquinário).

Embora a receita apresentada sugira baguetes de 150 g, na França é possível encontrar unidades de até 350 g.

Neste capítulo referente à padaria francesa, vale ressaltar uma curiosidade: de maneira geral, o pão feito na França é deixado no forno até adquirir uma coloração em que, para o consumidor brasileiro, poderia ser visto como "quase queimado".
O francês aprecia o pão com coloração bem escura.

:: **MODO DE PREPARO**

1. Separe os ingredientes que serão utilizados na receita, bem como os seguintes equipamentos, utensílios e materiais: masseira semirrápida, balança, plástico para cobrir, espátula/raspador, rolo ou modeladora, pano à base de algodão, assadeira furada ou lisa, câmara de fermentação, óleo ou desmoldante, peneira pequena, bisturi.
2. Misture a farinha, o sal, o fermento e o malte na masseira em velocidade 1.
3. Adicione a água (deixe um pouco para o ajuste final) e o *levain* e siga misturando.
4. Acrescente a manteiga.
5. Se necessário, acerte o ponto com a água (neste momento, o ponto correto é uma massa "grudenta").
6. Com a massa homogênea, mude a velocidade para 2 e cilindre até que alise.
7. Boleie (bola grande) em superfície enfarinhada, cubra com plástico e deixe descansar por 20 minutos.

8. Porcione (150 g), modele em formato de coxinha, cubra com plástico e deixe descansar por mais 20 minutos.

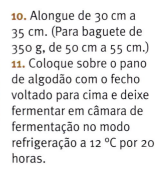

9. Passe na modeladora ou abra com um rolo, chegando a um formato triangular. Enrole da ponta para a base, para obter uma bisnaga.

10. Alongue de 30 cm a 35 cm. (Para baguete de 350 g, de 50 cm a 55 cm.)
11. Coloque sobre o pano de algodão com o fecho voltado para cima e deixe fermentar em câmara de fermentação no modo refrigeração a 12 °C por 20 horas.

12. Acomode em assadeira untada com o fecho virado para baixo.

13. Polvilhe com a farinha de trigo usado a peneira e faça cortes com o bisturi.
14. Asse por aproximadamente 20 minutos (170 °C no forno turbo e 210 °C no forno de lastro), acionando o modo vaporização do equipamento. Em forno doméstico, asse por 20 minutos a aproximadamente 220 °C. Neste tipo de equipamento, a vaporização precisa ser feita de modo alternativo – por exemplo, colocando-se uma assadeira com água no piso do forno para os primeiros 10 minutos de cocção (nos 10 minutos finais o forneamento deve ser seco para o pão criar a crosta).

> **OBSERVAÇÕES**
> Assim como ressaltamos na receita de strudel, o pano deve ser usado somente para esta finalidade, devidamente higienizado (lavado e passado) antes de cada utilização.

Diferentemente dos outros pães do tipo bisnaga, em que ressaltamos sempre a importância de colocar a massa para fermentar com o fecho para baixo, na baguete essa costura é posicionada para cima em razão do longo tempo de fermentação (20 horas). O fecho para cima evita que se criem bolhas na superfície no pão.

Baguete

Brioche

Brioche

Pão de origem francesa, nasceu na Normandia e tem a característica de ser extremamente macio por levar grande quantidade de manteiga e ovo em sua composição. Classificado como viennoiserie (denominação dada pelos franceses aos produtos como croissant), era relacionado à nobreza pela lenda – questionada pelos historiadores – segundo a qual Maria Antonieta teria dito ao povo faminto: "Se não têm pão, que comam brioches!".

Ingredientes da massa	PP	Quantidade
Farinha de trigo	100%	500 g
Açúcar	12%	60 g
Sal	2%	10 g
Fermento biológico seco	1%	5 g
Melhorador	1%	5 g
Leite em pó	4%	20 g
Água	33%	165 g
Gema	12%	60 g
Manteiga gelada	25%	125 g
Total da massa crua		950 g
Ingredientes do acabamento		**Quantidade**
Ovo inteiro batido (egg wash)		1 unidade + água q.b.

Métodos de utilização do fermento

Direto	Indireto			
	Massa fermentada	Esponja	Poolish	Levain
X				

Técnicas de mistura de massa

Básica	Aprimorada	Intensiva
X		X

Descanso

1	Fermentação
2	24 horas na geladeira

Peso da massa crua
950 g
Unitário: 50 g

Rendimento
19 unidades

Acabamentos

Corte	Não
Secos	Não
Outros	Egg wash

Cocção

Forno		Vapor	Sem vapor
Turbo	160 °C		X
Lastro	190 °C		X

:: MODO DE PREPARO

1. Separe os ingredientes que serão utilizados na receita, bem como os seguintes equipamentos, utensílios e materiais: masseira semirrápida, balança, espátula/raspador, assadeira retangular de 40 cm × 30 cm, plástico para cobrir, 19 fôrmas de brioche, óleo ou desmoldante, pincel.
2. Misture a farinha, o açúcar, o sal, o fermento, o melhorador e o leite na masseira em velocidade 1.
3. Adicione a água (deixe um pouco para o ajuste final) e as gemas e siga misturando.
4. Acrescente a manteiga gelada.
5. Se necessário, acerte o ponto com a água (neste momento, o ponto correto é uma massa "grudenta").
6. Com a massa homogênea, mude a velocidade para 2 e sove/cilindre até desenvolver o glúten (ponto de véu).
7. Espalhe a massa na assadeira untada e leve para fermentar em câmara no modo estufa, armário de fermentação ou ambiente fechado até dobrar de volume.
8. Abaixe a fermentação (pressionando a massa), cubra a assadeira com plástico e leve à geladeira por 24 horas.

9. Porcione (50 g) e modele a massa ainda gelada: da bola de 50 g retire uma bolinha menor (que corresponda a 1/6 da massa). Fure a bola maior no meio, formando uma rosca.

10. Modele a bolinha menor em formato de coxinha.

11. Insira a ponta da coxinha no buraco da rosca.

13. Deixe fermentar em câmara em modo estufa, armário de fermentação ou ambiente fechado até dobrar de volume.

12. Acomode a massa modelada em fôrmas de brioche untadas.

14. Pincele com o egg wash. Tome cuidado para que o ovo batido não escorra pelas laterais da fôrma, porque ele grudaria após o assamento e dificultaria a retirada do brioche da fôrma.
15. Asse por aproximadamente 20 minutos (160 °C no forno turbo e 190 °C no forno de lastro). Em forno doméstico, o mesmo tempo a aproximadamente 200 °C.

Campagne

Também denominado pão de massa azeda ou pão rústico, era feito artesanalmente pelos camponeses franceses nos vilarejos. É um produto de acidez presente, casca grossa e crocante, feito com *levain*. Assim como o pão italiano tem maior durabilidade, podendo ser consumido por vários dias.

Ingredientes da massa	PP	Quantidade
Farinha de trigo	70%	350 g
Farinha de trigo integral	10%	50 g
Farinha de centeio	20%	100 g
Sal	2,5%	14 g
Malte em pó	2%	10 g
Melhorador	1%	2 g
Levain	60%	300 g
Água	60%	300 g
Manteiga	2%	10 g
Total da massa crua		1.136 g
Ingredientes do acabamento		**Quantidade**
Farinha de arroz		q.b.

Métodos de utilização do fermento

Direto	Indireto			
	Massa fermentada	Esponja	*Poolish*	*Levain*
				X

Técnicas de mistura de massa

Básica	Aprimorada	Intensiva
X	X	

Descanso

1	20 min bola grande
2	10 min porcionada

Peso da massa crua

Peso da massa crua	1.136 g
	Unitário: 380 g
Rendimento	3 unidades

Acabamentos

Corte	Sim
Secos	Farinha de arroz
Outros	Não

Cocção

Forno		Vapor	Sem vapor
Turbo	170 °C	X	
Lastro	210 °C	X	

> **OBSERVAÇÕES**
> Note aqui que o 100% de farinha vem da soma dos três tipos usados nesta receita: 70% da farinha de trigo, 10% da integral 20% e da de centeio.
>
> Como não há a utilização do fermento comercial nesta formulação, a fermentação será demorada, podendo levar horas. Caso haja necessidade de encurtar esse tempo, pode ser acrescentado fermento biológico seco (na mistura com os outros ingredientes secos), na proporção de 1% por quilo de farinha.

:: MODO DE PREPARO

1. Separe os ingredientes que serão utilizados na receita, bem como os seguintes equipamentos, utensílios e materiais: masseira semirrápida, balança, plástico para cobrir, espátula/raspador, assadeira furada ou lisa, óleo ou desmoldante ou silpat, peneira pequena, bisturi.
2. Misture as farinhas, o sal, o melhorador e o malte na masseira em velocidade 1.
3. Adicione a água (deixe um pouco para o ajuste final) e o *levain* e siga misturando.
4. Acrescente a manteiga.
5. Se necessário, acerte o ponto com a água (neste momento, o ponto correto é uma massa "grudenta").
6. Com a massa homogênea, mude a velocidade para 2 e cilindre até que alise.
7. Boleie (bola grande) em superfície enfarinhada, cubra com plástico e deixe descansar por 20 minutos.
8. Porcione (380 g), modele em formato oval, cubra com plástico e deixe descansar por 10 minutos.
9. Se necessário, abaixe a fermentação (pressionando a massa) e remodele.
10. Acondicione os pães em assadeira untada ou com silpat (espaço médio de 5 cm entre as unidades) e deixe fermentar em câmara no modo estufa, armário de fermentação ou ambiente fechado até dobrar de volume. Em caso de preparo doméstico, ligue o forno cerca de 15 minutos antes de levar os pães para assar.
11. Polvilhe com a farinha de arroz usando a peneira e com o bisturi faça cortes.
12. Asse por aproximadamente 20 minutos (170 °C no forno turbo e 210 °C no forno de lastro), acionando o modo vaporização do equipamento.
Em forno doméstico, asse por 20 minutos a aproximadamente 220 °C. Neste tipo de equipamento, a vaporização precisa ser feita de modo alternativo – por exemplo, colocando-se uma assadeira com água no piso do forno para os primeiros 10 minutos de cocção (nos 10 minutos finais o forneamento deve ser seco).

PADARIA FRANCESA

Croissant

Embora largamente associado à França, o croissant tem sua origem atribuída aos padeiros de Viena, Áustria, onde era conhecido pelo nome de "kipferl". A lenda que envolve este produto de massa semifolhada conta que, no século XVII, padeiros vienenses que trabalhavam durante certa noite ouviram o barulho que os inimigos otomanos faziam ao cavar um túnel, deram o alarme sobre o que estava ocorrendo e assim conseguiram impedir o ataque. O formato de lua crescente do croissant seria uma alusão à bandeira do Império Otomano. A rainha francesa Maria Antonieta, que era austríaca, popularizou o croissant na França, onde atualmente é item clássico do desjejum.

Ingredientes da massa	PP	Quantidade
Farinha de trigo	100%	500 g
Açúcar	6%	30 g
Sal	2%	10 g
Leite em pó	2%	10 g
Fermento biológico seco	1%	5 g
Água	54%	270 g
Ovo	10%	50 g
Manteiga	6%	30 g
Margarina para folhar	50%	250 g
Total da massa crua		1.155 g
Ingredientes do acabamento		**Quantidade**
Ovo inteiro batido (egg wash)		1 unidade + água q.b.

Métodos de utilização do fermento

Direto	Indireto			
	Massa fermentada	Esponja	Poolish	Levain
X				

Técnicas de mistura de massa

Básica	Aprimorada	Intensiva
X		X

Descanso

1	20 min bola grande
2	20 min porcionada

Peso da massa crua
1.155 g
Unitário: 60 g

Rendimento: 19 unidades

Acabamentos

Corte	Não
Secos	Não
Outros	Egg wash

Cocção

Forno		Vapor	Sem vapor
Turbo	160 °C		X
Lastro	190 °C		X

:: MODO DE PREPARO

1. Separe os ingredientes que serão utilizados na receita, bem como os seguintes equipamentos, utensílios e materiais: masseira semirrápida, balança, plástico para cobrir, rolo, escova de farinha, cortador triangular, assadeira furada ou lisa, óleo ou desmoldante ou silpat, pincel.
2. Misture a farinha, o açúcar, o sal, o fermento e leite na masseira em velocidade 1.
3. Adicione a água (deixe um pouco para o ajuste final) e o ovo e siga misturando.
4. Acrescente a manteiga.
5. Se necessário, acerte o ponto com a água (neste momento, o ponto correto é uma massa "grudenta").
6. Com a massa homogênea, mude a velocidade para 2 e sove/cilindre até quase atingir o ponto de véu. Nesta receita, o glúten se desenvolve totalmente na passagem pela laminadora (em caso de uso desse equipamento) ou no processo de dobras (ver abaixo).
7. Boleie (bola grande), cubra com plástico e deixe descansar por 20 minutos em superfície levemente untada com óleo.
8. Com o rolo, abra a massa em formato retangular em superfície levemente untada com óleo. Abra também a margarina de folhar (utilize plástico em cima e embaixo da margarina).

9. Retire o plástico da margarina e a coloque sobre a massa, fechando-a como um envelope e polvilhando com farinha de trigo em cima e embaixo.
10. Abra a massa "envelopada" com o rolo, retire o excesso de farinha com a escova e faça uma dobra de 3 (ver página 140).
11. Cubra com plástico, deixe descansar por 20 minutos e faça mais duas dobras: uma de 3 e a outra de 4, fazendo descansos de 20 minutos entre elas (a massa deve descansar coberta com plástico). Sempre que for abrir a massa, polvilhe com um pouco de farinha em cima e embaixo e, antes da dobra, retire o excesso com a escova.
12. Deixe a massa descansar coberta com plástico por mais 20 minutos e, com o rolo, abra até obter uma espessura de 3 mm.

13. Corte em triângulos com o aro ou com o cortador.

14. Enrole da base para a ponta.

15. Acondicione em assadeira untada ou com silpat (espaço médio de 5 cm entre as unidades) e deixe fermentar em câmara no modo estufa, armário de fermentação ou ambiente fechado até dobrar de volume.

16. Pincele com o egg wash e asse por aproximadamente 20 minutos (160 °C no forno turbo e 190 °C no forno de lastro). Em forno doméstico, o mesmo tempo a aproximadamente 200 °C.

Croissant

Fougasse

Fougasse

Tipo de pão achatado associado à região de Provence, deriva do pão romano Panis focacius, que deu origem a muitos produtos achatados, como a Focaccia italiana e a Fogassa catalã.

Ingredientes da massa	PP	Quantidade
Farinha de trigo	100%	500 g
Sal	2%	10 g
Fermento biológico seco	1%	5 g
Melhorador	1%	5 g
Gérmen de trigo	10%	50 g
Malte em pó	1%	5 g
Água	60%	300 g
Manteiga	10%	50 g
Total da massa crua		925 g
Ingredientes do acabamento		**Quantidade**
Azeite de oliva		q.b.
Ervas secas ou sementes		q.b.

Métodos de utilização do fermento

Direto	Indireto			
	Massa fermentada	Esponja	*Poolish*	*Levain*
X				

Técnicas de mistura de massa

Básica	Aprimorada	Intensiva
X		X

Descanso

1	10 min bola grande
2	Não

Peso da massa crua

Peso da massa crua	925 g
	Unitário: 230 g
Rendimento	4 unidades

Acabamentos

Corte	Sim
Secos	Ervas secas ou sementes
Outros	Azeite de oliva

Cocção

Forno		Vapor	Sem vapor
Turbo	165 °C		X
Lastro	200 °C		X

:: MODO DE PREPARO

1. Separe os ingredientes que serão utilizados na receita, bem como os seguintes equipamentos, utensílios e materiais: masseira semirrápida, balança, plástico para cobrir, rolo, carretilha, assadeira furada ou lisa, óleo ou desmoldante ou silpat.
2. Misture a farinha, o sal, o fermento, o melhorador, o gérmen e o malte na masseira em velocidade 1.
3. Adicione a água (deixe um pouco para o ajuste final) e siga misturando.
4. Acrescente a manteiga.
5. Se necessário, acerte o ponto com a água (neste momento, o ponto correto é uma massa "grudenta").
6. Com a massa homogênea, mude a velocidade para 2 e sove/cilindre até desenvolver o glúten (ponto de véu).
7. Boleie (bola grande), cubra com plástico e deixe descansar por 10 minutos em superfície levemente untada com óleo.

9. Com a carretilha, corte em cruz, para obter 4 pedaços em formato triangular.
10. Acondicione em assadeira untada ou com silpat e deixe fermentar em câmara no modo estufa, armário de fermentação ou ambiente fechado até dobrar de volume.

8. Com o rolo, abra em formato circular.

11. Com o rolo, estique os triângulos fermentados para obter o formato de folha.

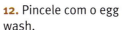
12. Pincele com o egg wash.

13. Salpique com as ervas e pressione. Em caso de forno doméstico, ligue para preaquecê-lo.

14. Com a carretilha, faça cortes decorativos no meio.

15. Acondicione em assadeira untada ou com silpat (espaço médio de 5 cm entre as unidades).
16. Asse por aproximadamente 15 minutos (165 ºC no forno turbo e 200 ºC no forno de lastro). Em forno doméstico, o mesmo tempo a aproximadamente 210 ºC.

Kouglof

Embora apresente aparência de bolo, este produto tem sua massa preparada com fermento biológico e que necessita de tempo de fermentação, como a dos pães. O Kouglof é típico da Alsácia (França) e também da Suíça e da Áustria, onde é chamado de Gugelhupf.

Ingredientes da massa	PP	Quantidade
Farinha de trigo	100%	500 g
Açúcar	20%	100 g
Sal	1%	5 g
Leite em pó	6%	30 g
Fermento biológico seco	1%	5 g
Água	50%	250 g
Ovo	20%	100 g
Manteiga	20%	100 g
Uva passa	30%	150 g
Total da massa crua		1.240 g
Ingredientes do acabamento		**Quantidade**
Amêndoas inteiras		q.b.
Açúcar de confeiteiro		q.b.

Métodos de utilização do fermento

Direto	Indireto			
	Massa fermentada	Esponja	Poolish	Levain
		X		

Técnicas de mistura de massa

Básica	Aprimorada	Intensiva
X	X	

Descanso

1	Não
2	Não

Peso da massa crua

Peso da massa crua	1.240 g
	Unitário: ± 600 g
Rendimento	2 fôrmas de pudim

Acabamentos

Corte	Não
Secos	Açúcar de confeiteiro
Outros	Amêndoas inteiras

Cocção

Forno		Vapor	Sem vapor
Turbo	165 °C		X
Lastro	190 °C		X

> **OBSERVAÇÃO**
> A água e a farinha utilizadas na esponja são retiradas da mise en place, portanto devem ser descontadas do valor total da ficha técnica no momento da elaboração da massa.

:: MODO DE PREPARO

1. Separe os ingredientes que serão utilizados na receita, bem como os seguintes equipamentos, utensílios e materiais: masseira semirrápida, balança, termômetro, espátula de silicone, 2 fôrmas de pudim, óleo ou desmoldante, peneira pequena.

ESPONJA
1. Coloque todo o fermento e 100 mℓ de água em um bowl. Adicione 100 g de farinha.
2. Misture e deixe fermentar em câmara no modo estufa, armário de fermentação ou ambiente fechado[1] por 40 minutos a 1 hora em temperatura de 24 °C a 26 °C (ver passo a passo na página 75).

MASSA
1. Misture a farinha, o açúcar, o sal, o fermento e o leite na masseira em velocidade 1.
2. Adicione a água (deixe um pouco para o ajuste final), o ovo e a esponja e siga misturando.
3. Acrescente a manteiga.
4. Se necessário, acerte o ponto com a água (neste momento, o ponto correto é uma massa "grudenta").
5. Com a massa homogênea, mude a velocidade para 2 e cilindre até que alise. Adicione as passas.

8. Deixe fermentar em câmara no modo estufa, armário de fermentação ou ambiente fechado até dobrar de volume.

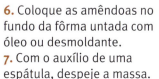

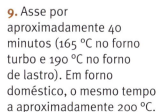

6. Coloque as amêndoas no fundo da fôrma untada com óleo ou desmoldante.
7. Com o auxílio de uma espátula, despeje a massa.

9. Asse por aproximadamente 40 minutos (165 °C no forno turbo e 190 °C no forno de lastro). Em forno doméstico, o mesmo tempo a aproximadamente 200 °C.

10. Deixe amornar, desenforme e polvilhe com o açúcar de confeiteiro usando a peneira.

---
[1] Fora desses ambientes, é necessário o uso do filme plástico para a massa não ressecar.

Mie

A palavra de origem francesa "mie" se refere ao miolo, a parte macia do produto. Na Argentina, é chamado de Pan de miga; no Brasil, de Pão de miga. É um pão de fôrma tradicional, que tem como característica a maciez, diferentemente dos itens de casca crocante. De massa levemente adocicada, é muito utilizado para a montagem de sanduíches.

Ingredientes da massa	PP	Quantidade
Farinha de trigo	100%	500 g
Açúcar	6%	30 g
Sal	2%	10 g
Melhorador	1%	5 g
Leite em pó	6%	30 g
Fermento biológico seco	1%	5 g
Água	60%	300 g
Manteiga	8%	40 g
Total da massa crua		920 g
Ingredientes do acabamento		**Quantidade**
Não		–

Métodos de utilização do fermento

Direto	Indireto			
	Massa fermentada	Esponja	*Poolish*	*Levain*
X				

Técnicas de mistura de massa

Básica	Aprimorada	Intensiva
X		X

Descanso

1	20 min bola grande
2	10 min porcionada

Peso da massa crua

Peso da massa crua	920 g
	Unitário: 920 g
Rendimento	1 unidade

Acabamentos

Corte	Não
Secos	Não
Outros	Não

Cocção

Forno		Vapor	Sem vapor
Turbo	160 °C		X
Lastro	190 °C		X

:: **MODO DE PREPARO**

1. Separe os ingredientes que serão utilizados na receita, bem como os seguintes equipamentos, utensílios e materiais: masseira semirrápida, plástico para cobrir, rolo, fôrma de pão de fôrma com tampa de 1 kg, óleo ou desmoldante.
2. Misture a farinha, o açúcar, o sal, o fermento, o melhorador e o leite na masseira em velocidade 1.
3. Adicione a água (deixe um pouco para o ajuste final) e siga misturando.
4. Acrescente a manteiga.
5. Se necessário, acerte o ponto com a água (neste momento, o ponto correto é uma massa "grudenta").
6. Com a massa homogênea, mude a velocidade para 2 e sove/cilindre até desenvolver o glúten (ponto de véu).
7. Boleie (bola grande), cubra com plástico e deixe descansar por 20 minutos em superfície levemente untada com óleo.
8. Modele em formato de coxinha, cubra com plástico e deixe descansar por 10 minutos em superfície levemente untada com óleo.
9. Se necessário, abaixe a fermentação (pressionando a massa) e com as mãos ou o rolo abra em formato triangular. Enrole da ponta para a base para obter uma bisnaga e coloque na fôrma untada. Aperte para acomodar bem a massa na fôrma.
10. Leve a massa dentro da fôrma tampada para fermentar em câmara no modo estufa, armário de fermentação ou ambiente fechado. Em estufa com 35 °C podemos contar aproximadamente 1h30min de fermentação. Em caso de preparo doméstico, ligue o forno cerca de 15 minutos antes de levar os pães para assar.
11. Asse por aproximadamente 30 minutos (160 °C no forno turbo e 190 °C no forno de lastro). Em forno doméstico, o mesmo tempo a aproximadamente 200 °C.

Olive

Azeitona, azeite e pão sempre foram uma combinação perfeita. Este pão pode receber vários formatos e quantidades diversas de azeitonas e azeite. A azeitona adicionada à massa confere acidez e aroma extremamente marcantes.

Ingredientes da massa	PP	Quantidade
Farinha de trigo	70%	350 g
Farinha de trigo integral	30%	150 g
Azeitonas verdes cortadas em rodelas sem o caroço	30%	150 g
Sal	2%	10 g
Melhorador	1%	5 g
Malte em pó	2%	10 g
Fermento biológico seco	1%	5 g
Água	60%	300 g
Levain	50%	250 g
Azeite de oliva	6%	30 g
Total da massa crua		1.260 g
Ingredientes do acabamento		**Quantidade**
Farinha de trigo		q.b.

Métodos de utilização do fermento

Direto	Indireto				
	Massa fermentada	Esponja	*Poolish*	*Levain*
				X

Técnicas de mistura de massa

Básica	Aprimorada	Intensiva
X	X	

Descanso

1	20 min bola grande
2	10 min porcionada

Peso da massa crua	1.260 g
	Unitário: 400 g
Rendimento	3 unidades

Acabamentos

Corte	Sim
Secos	Farinha de trigo
Outros	Não

Cocção

Forno		Vapor	Sem vapor
Turbo	170 °C	X	
Lastro	210 °C	X	

OBSERVAÇÃO
Note aqui que o 100% de farinha vem da soma dos dois tipos usados nesta receita: 70% da farinha de trigo e 30% da integral.

:: **MODO DE PREPARO**

1. Separe os ingredientes que serão utilizados na receita, bem como os seguintes equipamentos, utensílios e materiais: masseira semirrápida, balança, plástico para cobrir, espátula/raspador, rolo, assadeira furada ou lisa, óleo ou desmoldante ou silpat, peneira pequena, bisturi.
2. Misture as farinhas, o sal, o fermento, o melhorador e o malte na masseira em velocidade 1.
3. Adicione a água (deixe um pouco para o ajuste final) e o *levain* e siga misturando.
4. Acrescente o azeite.
5. Se necessário, acerte o ponto com a água (neste momento, o ponto correto é uma massa "grudenta").
6. Com a massa homogênea, mude a velocidade para 2 cilindre até que alise.
7. Retorne à velocidade 1 da masseira e acrescente as azeitonas (o objetivo é apenas incorporar esse ingrediente à massa).
8. Retire a massa da masseira, boleie (bola grande) em superfície enfarinhada, cubra com plástico e deixe descansar por 20 minutos.
9. Porcione (400 g), modele em formato de coxinha, cubra com plástico e deixe descansar por 10 minutos.
10. Se necessário, abaixe a fermentação (pressionando a massa) e com as mãos ou o rolo abra em formato triangular. Enrole da ponta para a base, para obter um filão grosso.
11. Acondicione em assadeira untada ou com silpat (espaço médio de 5 cm entre as unidades) com o fecho virado para baixo e deixe fermentar em câmara no modo estufa, armário de fermentação ou ambiente fechado até dobrar de volume. Em caso de preparo doméstico, ligue o forno cerca de 15 minutos antes de levar os pães para assar.
12. Polvilhe com a farinha de trigo usando a peneira e com o bisturi corte no sentido longitudinal.
13. Asse por aproximadamente 20 minutos (170 °C no forno turbo e 210 °C no forno de lastro), acionando o modo vaporização do equipamento. Em forno doméstico, asse por 20 minutos a aproximadamente 220 °C. Neste tipo de equipamento, a vaporização precisa ser feita de modo alternativo – por exemplo, colocando-se uma assadeira com água no piso do forno para os primeiros 10 minutos de cocção (nos 10 minutos finais o forneamento deve ser seco).

PADARIA FRANCESA

CAPÍTULO 12
Padaria italiana

Ciabatta

O nome vem da palavra italiana "chinelo", já que este pão tem como característica uma massa extremamente hidratada que, ao ser colocada na assadeira, fica com pouca espessura, lembrando o formato do calçado.

Ingredientes da massa	PP	Quantidade
Farinha de trigo	100%	500 g
Açúcar	4%	20 g
Sal	2%	10 g
Melhorador	1%	5 g
Fermento biológico seco	1%	5 g
Água	75-80%	375-400 g
Azeite de oliva	6%	30 g
Total da massa crua		945-970 g
Ingredientes do acabamento		**Quantidade**
Farinha de trigo		q.b.

Métodos de utilização do fermento

Direto	Indireto			
	Massa fermentada	Esponja	Poolish	Levain
X				

Técnicas de mistura de massa

Básica	Aprimorada	Intensiva
X		X

Descanso

1	Não
2	Não

Peso da massa crua

Peso da massa crua	945 g
	Unitário: 150 g
Rendimento	6 unidades

Acabamentos

Corte	Não
Secos	Farinha de trigo
Outros	Não

Cocção

Forno		Vapor	Sem vapor
Turbo	170 °C	X	
Lastro	210 °C	X	

> **OBSERVAÇÃO**
> Tradicionalmente, a ciabatta não recebe corte de finalização. Mas, em razão da vaporização no forno, o salto da massa pode criar aberturas que se assemelham a cortes.

:: MODO DE PREPARO

1. Separe os ingredientes que serão utilizados na receita, bem como os seguintes equipamentos, utensílios e materiais: masseira semirrápida, assadeira de lateral alta (para fermentar), carretilha, assadeira furada ou lisa (para assar), óleo ou desmoldante ou silpat.

2. Misture a farinha, o açúcar, o sal, o fermento e o melhorador na masseira em velocidade 1.

3. Adicione a água (deixe um pouco para o ajuste final) e siga misturando.

4. Acrescente o azeite.

5. Se necessário, acerte o ponto com a água (neste momento, o ponto correto é uma massa "grudenta").

6. Com a massa homogênea, mude a velocidade para 2 e sove/cilindre até desenvolver o glúten (ponto de véu).

7. Polvilhe a assadeira de lateral alta com farinha de trigo e acomode a massa. Deixe fermentar em câmara no modo estufa, armário de fermentação ou ambiente fechado até dobrar de volume. Em caso de preparo doméstico, ligue o forno cerca de 15 minutos antes de levar os pães para assar.

8. Retire a massa da assadeira de lateral alta, acomode em uma superfície enfarinhada e com uma carretilha corte em faixas.

9. Acondicione em assadeira untada ou com silpat (espaço médio de 5 cm entre as unidades).

10. Asse por aproximadamente 20 minutos (170 °C no forno turbo e 210 °C no forno de lastro), acionando o modo vaporização do equipamento.
Em forno doméstico, asse por 20 minutos a aproximadamente 220 °C. Neste tipo de equipamento, a vaporização precisa ser feita de modo alternativo – por exemplo, colocando-se uma assadeira com água no piso do forno para os primeiros 10 minutos de cocção (nos 10 minutos finais o forneamento deve ser seco).

PADARIA ITALIANA

Coppia ferrarese

Produto típico da província de Ferrara, possui denominação de origem. É um pão crocante nas extremidades, quase como um biscoito, em razão de sua modelagem.

Ingredientes da massa	PP	Quantidade
Farinha de trigo	100%	500 g
Sal	2%	10 g
Melhorador	1%	5 g
Malte em pó	2%	10 g
Fermento biológico seco	1%	5 g
Água	50%	250 g
Azeite de oliva	6%	30 g
Banha de porco	4%	20 g
Total da massa crua		830 g
Ingredientes do acabamento		**Quantidade**
Não		–

Métodos de utilização do fermento

Direto	Indireto			
	Massa fermentada	Esponja	Poolish	Levain
X				

Técnicas de mistura de massa

Básica	Aprimorada	Intensiva
X		X

Descanso

1	20 min bola grande
2	10 min porcionada

Peso da massa crua

830 g
Unitário: 60 g (por cordão; cada pão é feito com 2 cordões)

Rendimento: 6 unidades

Acabamentos

Corte	Não
Secos	Não
Outros	Não

Cocção

Forno		Vapor	Sem vapor
Turbo	165 °C		X
Lastro	200 °C		X

> **OBSERVAÇÃO**
> A expressão "denominação de origem" é utilizada em produtos representativos de uma determinada localidade, cujas características estão ligadas a essa área geográfica. Além disso, a transformação e a elaboração ocorrem na localidade informada. Exemplos são o vinho do Porto e o queijo Serra da Estrela.

:: **MODO DE PREPARO**

1. Separe os ingredientes que serão utilizados na receita, bem como os seguintes equipamentos, utensílios e materiais: masseira semirrápida, balança, plástico para cobrir, espátula/raspador, assadeira furada ou lisa, óleo ou desmoldante ou silpat.
2. Misture a farinha, o sal, o fermento, o melhorador e o malte na masseira em velocidade 1.
3. Adicione a água (deixe um pouco para o ajuste final) e siga misturando.
4. Acrescente o azeite e a banha.
5. Se necessário, acerte o ponto com a água (neste momento, o ponto correto é uma massa "grudenta").
6. Com a massa homogênea, mude a velocidade para 2 e sove/cilindre até desenvolver o glúten (ponto de véu).
7. Boleie (bola grande), cubra com plástico e deixe descansar por 20 minutos em superfície levemente untada com óleo.
8. Porcione (60 g) e, com as mãos, faça formas ovaladas. Cubra com plástico e deixe descansar por 10 minutos.
9. Em superfície levemente untada com óleo, disponha as porções e pressione para que fiquem finas.
10. De cima para baixo, use a palma da mão como se fosse um rolo de macarrão para enrolar a massa. Faça com a palma movimentos contínuos de esticar (rolagem para cima) e recuar (rolagem para baixo) até obter um cordão (na verdade, um rocambole fino). Procure deixar as bordas da massa que está sendo enrolada bem evidentes (como acontece no croissant, por exemplo).
11. Não feche completamente o cordão/rocambole formado. Deixe a parte que seria o fecho livre e a dobre como um arremate.
12. Para formar o pão, pegue dois cordões e os una pelo arremate de cada um, pressionando no centro e obtendo um X.
13. Acondicione em assadeira untada ou com silpat (espaço médio de 5 cm entre as unidades) e deixe fermentar em câmara no modo estufa, armário de fermentação ou ambiente fechado. Em caso de preparo doméstico, ligue o forno cerca de 15 minutos antes de levar os pães para assar.
14. Asse por aproximadamente 20 minutos (165 °C no forno turbo e 200 °C no forno de lastro). Em forno doméstico, o mesmo tempo a aproximadamente 210 °C.

PADARIA ITALIANA

Focaccia

Originária da região de Gênova, este pão achatado leva em sua preparação original elementos simples: sal grosso, azeite e alecrim. É perfeita para ser servida como aperitivo e pode receber outras coberturas – até mesmo ser montada como uma pizza, com molho de tomate e muita cobertura.

Ingredientes da massa	PP	Quantidade
Farinha de trigo	100%	500 g
Açúcar	8%	40 g
Sal	2%	10 g
Fermento biológico seco	1%	5 g
Água	55%	275 g
Azeite de oliva	4%	20 g
Total da massa crua		850 g

Ingredientes do acabamento	Quantidade
Tomate cereja	10 unidades
Queijo parmesão ralado	100 g
Alecrim fresco	2 ramos
Azeite	q.b.

Métodos de utilização do fermento

Direto	Indireto			
	Massa fermentada	Esponja	Poolish	Levain
X				

Técnicas de mistura de massa

Básica	Aprimorada	Intensiva
X		X

Descanso

1	10 min bola grande
2	Não

Peso da massa crua
850 g
Unitário: variável

Rendimento
1 a 2 unidades, dependendo da espessura desejada

Acabamentos

Corte	Não
Secos	Não
Outros	Cobertura

Cocção

Forno		Vapor	Sem vapor
Turbo	165 °C		X
Lastro	220 °C		X

:: **MODO DE PREPARO**

1. Separe os ingredientes que serão utilizados na receita, bem como os seguintes equipamentos, utensílios e materiais: masseira semirrápida, plástico para cobrir, rolo, fôrma retangular de lateral alta de aproximadamente 32 cm × 22 cm × 5 cm.
2. Misture a farinha, o açúcar, o sal e o fermento na masseira em velocidade 1.
3. Adicione a água (deixe um pouco para o ajuste final) e siga misturando.
4. Acrescente o azeite.
5. Se necessário, acerte o ponto com a água (neste momento, o ponto correto é uma massa "grudenta").
6. Com a massa homogênea, mude a velocidade para 2 e sove/cilindre até desenvolver o glúten (ponto de véu).
7. Boleie (bola grande), cubra com plástico e deixe descansar por 10 minutos em superfície levemente untada com óleo.

8. Com as mãos ou o rolo, abra em formato retangular até a espessura desejada.
9. Coloque a massa na fôrma retangular untada com um fio de azeite.
10. Deixe fermentar em câmara no modo estufa, armário de fermentação ou ambiente fechado até dobrar de volume. Em caso de preparo doméstico, ligue o forno cerca de 15 minutos antes de levar os pães para assar.

11. Regue a massa com azeite e com a ponta dos dedos faça marcas. Essas marcas têm o objetivo de reter o azeite.

12. Distribua os tomates sobre a massa.
13. Espalhe o alecrim.
14. Polvilhe com o queijo ralado.
15. Asse por aproximadamente 20 minutos (165 °C no forno turbo e 220 °C no forno de lastro). Em forno doméstico, o mesmo tempo a aproximadamente 235 °C.

Focaccia

Grissini

Esta receita típica de Turim tem massa fermentada que é cortada em formato de pequenos bastões. De textura crocante, os grissinis podem ser degustados com patês e mergulhados em molhos.

Ingredientes da massa	PP	Quantidade
Farinha de trigo	60%	300 g
Semolina	40%	200 g
Açúcar	4%	20 g
Sal	2%	10 g
Fermento biológico seco	1%	5 g
Água	60%	300 g
Azeite de oliva	10%	50 g
Total da massa crua		885 g
Ingredientes do acabamento		**Quantidade**
Azeite de oliva		q.b.
Queijo parmesão ralado		150 g
Gergelim		100 g
Orégano seco		q.b.

Métodos de utilização do fermento

Direto	Indireto			
	Massa fermentada	Esponja	*Poolish*	*Levain*
X				

Técnicas de mistura de massa

Básica	Aprimorada	Intensiva
X		X

Descanso

1	10 min bola grande
2	Não

Peso da massa crua

Peso da massa crua	885 g
	Unitário: ± 30 g
Rendimento	29 unidades

Acabamentos

Corte	Não
Secos	Gergelim e orégano
Outros	Queijo parmesão e azeite

Cocção

Forno		Vapor	Sem vapor
Turbo	160 ºC		X
Lastro	200 ºC		X

> **OBSERVAÇÃO**
> Note aqui que o 100% de farinha vem da soma dos dois tipos usados nesta receita: 60% da farinha de trigo e 40% da semolina.

:: **MODO DE PREPARO**

1. Separe os ingredientes que serão utilizados na receita, bem como os seguintes equipamentos, utensílios e materiais: masseira semirrápida, plástico para cobrir, rolo, pincel, régua, carretilha, assadeira furada ou lisa, óleo ou desmoldante ou silpat.
2. Misture a farinha, a semolina, o açúcar, o sal e o fermento na masseira em velocidade 1.
3. Adicione a água (deixe um pouco para o ajuste final) e siga misturando.
4. Acrescente o azeite.
5. Se necessário, acerte o ponto com a água (neste momento, o ponto correto é uma massa "grudenta").
6. Com a massa homogênea, mude a velocidade para 2 e sove/cilindre até desenvolver o glúten (ponto de véu).
7. Boleie (bola grande), cubra com plástico e deixe descansar por 10 minutos em superfície levemente untada com óleo.

8. Com o rolo, sobre superfície enfarinhada, abra a massa em formato retangular com 3 mm de espessura.
9. Pincele com azeite.
10. Polvilhe com o queijo, o gergelim e o orégano. Pressione um pouco a massa.
11. Dobre a massa no meio.
12. Com a carretilha, corte em tiras de aproximadamente de 1 cm × 25 cm.
13. Torça as tiras.
14. Acondicione em assadeira untada ou com silpat (espaço médio de 5 cm entre as unidades) e deixe fermentar em câmara no modo estufa, armário de fermentação ou ambiente fechado até dobrar de volume. Em caso de preparo doméstico, ligue o forno cerca de 15 minutos antes de levar os pães para assar.
15. Asse por aproximadamente 15 minutos (160 °C no forno turbo e 200 °C no forno de lastro). Em forno doméstico, o mesmo tempo a aproximadamente 210 °C.

Grissini

Panetone

Panetone

De origem milanesa (norte da Itália), é um produto associado ao Natal (época em que, no Hemisfério Norte, são consumidos produtos com grande quantidade de açúcar e gordura). Uma das histórias relacionadas à sua criação se refere a um padeiro chamado Toni que, apaixonado pela filha do dono, elaborou a receita em homenagem à moça. A iguaria passou a ser chamada de "pani di Toni". A formulação tradicional, feita com fermentação natural, passou por modificações para atender à demanda produtiva, que necessita de menor tempo de preparo.

Ingredientes da massa	PP	Quantidade
Farinha de trigo	100%	500 g
Açúcar	25%	125 g
Sal	1,5%	8 g
Melhorador	1%	5 g
Fermento biológico seco	2%	10 g
Água	30%	150 g
Gema	20%	100 g
Manteiga	20%	100 g
Total da massa crua		998 g

Ingredientes do recheio (finalização)	Quantidade
Suco de laranja	2 unidades
Uva passa	150 g
Frutas cristalizadas	200 g
Zestes de laranja	1 unidade
Zestes de limão siciliano	1 unidade
Essência de panetone	2 ml

Ingredientes do acabamento	Quantidade
Manteiga gelada em cubos	20 g

Métodos de utilização do fermento

Direto	Indireto			
	Massa fermentada	Esponja	*Poolish*	*Levain*
		X		

Técnicas de mistura de massa

Básica	Aprimorada	Intensiva
X	X	

Descanso

1	10 min bola grande
2	Não

Peso da massa crua	1.000 g
	Unitário: de acordo com o tamanho da fôrma
Rendimento	De acordo com o tamanho da fôrma

Acabamentos

Corte	Sim
Secos	Não
Outros	Manteiga gelada em cubos

Cocção

Forno		Vapor	Sem vapor
Turbo	155 °C		X
Lastro	190 °C		X

:: MODO DE PREPARO

1. Separe os ingredientes que serão utilizados na receita, bem como os seguintes equipamentos, utensílios e materiais: masseira semirrápida, bowls, panela, balança, termômetro, plástico para cobrir, espátula/raspador, fôrma de panetone, bisturi.

ESPONJA
1. Coloque todo o fermento e 100 mℓ de água em um bowl. Adicione 100 g de farinha.
2. Misture e deixe fermentar em câmara no modo estufa, armário de fermentação ou ambiente fechado[1] por 40 minutos a 1 hora em temperatura de 24 ºC a 26 ºC (ver passo a passo na página 75).

RECHEIO
1. Em uma panela, faça a redução do suco de laranja (esprema o suco, coloque na panela em fogo baixo até quase se tornar uma calda) e adicione o rum com cuidado (se fizer em cima do fogo, correrá o risco de "flambar" a redução do suco).
2. Coloque as frutas cristalizadas e as uvas passas e deixe de molho por pelo menos 1 hora.
3. Escorra as frutas e as uvas passas antes de adicioná-las à massa.

MASSA
1. Misture a farinha, o açúcar, o sal, o fermento e o melhorador na masseira em velocidade 1.
2. Adicione a água (deixe um pouco para o ajuste final), as gemas e a esponja.
3. Acrescente a manteiga.
4. Se necessário, acerte o ponto com a água (neste momento, o ponto correto é uma massa "grudenta").
5. Com a massa homogênea, mude a velocidade para 2 e cilindre até que alise.
6. Retorne a velocidade da masseira para 1, acrescente as zestes e a essência e misture somente até incorporar.
7. Retire a massa da masseira, boleie (bola grande), cubra com plástico e deixe descansar 10 minutos em superfície levemente untada com óleo.
8. Porcione em tamanho próximo ao da fôrma que será usada e com as mãos abra a massa, deixando-a com cerca de 2 cm de espessura.

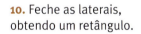
10. Feche as laterais, obtendo um retângulo.

9. Acrescente as uvas passas e as frutas cristalizadas.

11. Enrole esse retângulo como rocambole, para que o recheio se espalhe por toda a massa. Junte as bordas para que fique redondo.

12. Acondicione em fôrma de panetone e deixe fermentar em câmara no modo estufa, armário de fermentação ou ambiente fechado até que a massa atinja a borda da fôrma. Em caso de preparo doméstico, ligue o forno cerca de 15 minutos antes de levar os pães para assar.
13. Com o bisturi, faça um corte em cruz na parte superior da massa e dentro coloque um cubo de manteiga gelada.
14. Asse por aproximadamente 20 minutos (155 ºC no forno turbo e 190 ºC no forno de lastro). Em forno doméstico, o mesmo tempo a aproximadamente 190-200 ºC.

OBSERVAÇÃO
A água e a farinha utilizadas na esponja são retiradas da mise en place, portanto devem ser descontadas do valor total da ficha técnica no momento da elaboração da massa.

---

[1] Fora desses ambientes, é necessário o uso do filme plástico para a massa não ressecar.

Pão italiano

Tem sua origem na região de Genzano (província de Roma) e se chama Pane Casareccio di Genzano, com denominação de origem. Trazido ao Brasil pelos imigrantes italianos, este pão é fabricado com massa de fermentação natural. O processo original leva três dias. A receita adaptada para a realidade das padarias tem a adição de um pouco de fermento comercial, para que a fermentação seja mais rápida. Na cidade de São Paulo, algumas padarias centenárias ainda fabricam o pão italiano à moda antiga, mantendo vivos os seus fermentos desde então.

Ingredientes da massa	PP	Quantidade
Farinha de trigo	100%	500 g
Açúcar	2%	10 g
Sal	2,5%	12 g
Fermento biológico seco	0,2%	1 g
Água	60%	300 g
Levain	50%	250 g
Azeite de oliva	4%	20 g
Total da massa crua		1.093 g
Ingredientes do acabamento		**Quantidade**
Farinha de trigo		q.b.

Métodos de utilização do fermento

Direto	Indireto			
	Massa fermentada	Esponja	*Poolish*	*Levain*
				X

Técnicas de mistura de massa

Básica	Aprimorada	Intensiva
X	X	

Descanso

1	20 min bola grande
2	10 min porcionada

Peso da massa crua

Peso da massa crua	1.093 g
	Unitário: 350 g
Rendimento	3 unidades

Acabamentos

Corte	Sim
Secos	Farinha de trigo
Outros	Não

Cocção

Forno		Vapor	Sem vapor
Turbo	170 ºC	X	
Lastro	220 ºC	X	

:: **MODO DE PREPARO**

1. Separe os ingredientes que serão utilizados na receita, bem como os seguintes equipamentos, utensílios e materiais: masseira semirrápida, balança, plástico para cobrir, espátula/raspador, banneton ou cesto forrado com pano grosso, assadeira furada ou lisa, óleo ou desmoldante ou silpat, peneira pequena, bisturi.
2. Misture a farinha, o açúcar, o sal e o fermento na masseira em velocidade 1.
3. Adicione a água (deixe um pouco para o ajuste final) e o *levain* e siga misturando.
4. Acrescente o azeite.
5. Se necessário, acerte o ponto com a água (neste momento, o ponto correto é uma massa "grudenta").
6. Com a massa homogênea, mude a velocidade para 2 e cilindre até que alise.
7. Boleie (bola grande) em superfície enfarinhada, cubra com plástico e deixe descansar por 20 minutos.
8. Porcione (350 g) e reboleie, cubra com plástico e deixe descansar por 10 minutos.

9. Se necessário, abaixe a fermentação (pressionando a massa) e boleie novamente.

10. Acondicione no banneton ou no cesto forrado.

> **OBSERVAÇÃO**
> Como curiosidade, vale saber que o passo 10, no modo tradicional, pode ser executado com os pães acomodados sobre lonas.

11. Deixe fermentar em câmara de fermentação no modo refrigeração a 12 °C por 20 horas. Na ausência de câmara que permita o modo refrigeração, deixe fermentar em ambiente fechado até dobrar de volume (o processo levará de 6 a 8 horas). Em caso de preparo doméstico, ligue o forno cerca de 15 minutos antes de levar os pães para assar.

12. Acondicione em assadeira untada ou com silpat.

13. Polvilhe com a farinha de trigo usando a peneira.

14. Com o bisturi, faça cortes decorativos.
15. Asse por aproximadamente 20 minutos (170 °C no forno turbo e 220 °C no forno de lastro), acionando o modo vaporização do equipamento.
Em forno doméstico, asse por 20 minutos a aproximadamente 230 °C. Neste tipo de equipamento, a vaporização precisa ser feita de modo alternativo – por exemplo, colocando-se uma assadeira com água no piso do forno para os primeiros 10 minutos de cocção (nos 10 minutos finais o forneamento deve ser seco).
16. Após o assamento, execute a secagem do pão: reduza a temperatura do forno (150 °C no turbo, 175 °C no de lastro e 180 °C no doméstico) e deixe o pão secar por aproximadamente 30 minutos.

Pão italiano

Pão siciliano

Pão siciliano

De crosta crocante e miolo aerado, este pão é modelado em formato de S, da inicial de Sicília, sua localidade de origem. A massa tem a adição de semolina, o ingrediente principal da fabricação de massas de macarrão, o que lhe confere um sabor especial.

Ingredientes da massa	PP	Quantidade
Farinha de trigo	70%	350 g
Semolina	30%	150 g
Sal	2%	10 g
Fermento biológico seco	1%	5 g
Melhorador	1%	5 g
Água	55%	275 g
Mel	10%	50 g
Azeite de oliva	6%	30 g
Total da massa crua		875 g
Ingredientes do acabamento		Quantidade
Ovo inteiro batido (egg wash)		1 unidade + água q.b.
Sementes de gergelim		q.b.

Métodos de utilização do fermento			
Direto	Indireto			
	Massa fermentada	Esponja	Poolish	Levain
X				

Técnicas de mistura de massa		
Básica	Aprimorada	Intensiva
X		X

Descanso	
1	20 min bola grande
2	10 min porcionada

Peso da massa crua	875 g
	Unitário: 220 g
Rendimento	4 unidades

Acabamentos	
Corte	Não
Secos	Sementes de gergelim
Outros	Clara + água

Cocção			
Forno		Vapor	Sem vapor
Turbo	170 °C	X	
Lastro	210 °C	X	

OBSERVAÇÃO
Note aqui que o 100% de farinha vem da soma dos dois tipos usados nesta receita: 70% da farinha de trigo e 30% da semolina.

:: MODO DE PREPARO

1. Separe os ingredientes que serão utilizados na receita, bem como os seguintes equipamentos, utensílios e materiais: masseira semirrápida, balança, plástico para cobrir, espátula/raspador, assadeira furada ou lisa, óleo ou desmoldante ou silpat, pincel bowl.
2. Misture a farinha, a semolina, o sal, o fermento e o melhorador na masseira em velocidade 1.
3. Adicione a água (deixe um pouco para o ajuste final) e o mel e siga misturando.
4. Acrescente o azeite.
5. Se necessário, acerte o ponto com a água (neste momento, o ponto correto é uma massa "grudenta").
6. Com a massa homogênea, mude a velocidade para 2 e sove/cilindre até desenvolver o glúten (ponto de véu).
7. Boleie (bola grande), cubra com plástico e deixe descansar por 20 minutos em superfície levemente untada com óleo.
8. Porcione (220 g), reboleie, cubra com plástico e deixe descansar por 10 minutos superfície levemente untada com óleo.
9. Coloque as sementes de gergelim em um bowl.

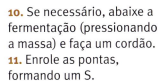

10. Se necessário, abaixe a fermentação (pressionando a massa) e faça um cordão.
11. Enrole as pontas, formando um S.
12. Pincele com o egg wash.
13. Passe com o lado pincelado no gergelim, para a cobertura ficar bem uniforme.

14. Acondicione em assadeira untada ou com silpat (espaço médio de 5 cm entre as unidades) e deixe fermentar em câmara no modo estufa, armário de fermentação ou ambiente fechado até dobrar de volume. Em caso de preparo doméstico, ligue o forno cerca de 15 minutos antes de levar os pães para assar.
15. Asse por aproximadamente 20 minutos (170 °C no forno turbo e 210 °C no forno de lastro), acionando o modo vaporização do equipamento. Em forno doméstico, asse por 20 minutos a aproximadamente 220 °C. Neste tipo de equipamento, a vaporização precisa ser feita de modo alternativo – por exemplo, colocando-se uma assadeira com água no piso do forno para os primeiros 10 minutos de cocção (nos 10 minutos finais o forneamento deve ser seco).

PADARIA ITALIANA

Pão toscano

Receita originária da região da Toscana, resulta em um pão rústico de casca crocante, miolo denso e leve acidez. Pode ser modelado de várias formas: bola, filão ou ovalado.

Ingredientes da massa	PP	Quantidade
Farinha de trigo	100%	500 g
Sal	3%	15 g
Fermento biológico seco	0,2%	1 g
Malte em pó	1%	5 g
Água	60%	300 g
Levain	70%	350 g
Azeite de oliva	4%	20 g
Total da massa crua		1.191 g
Ingredientes do acabamento		**Quantidade**
Farinha de trigo		q.b.

Métodos de utilização do fermento

Direto	Indireto			
	Massa fermentada	Esponja	*Poolish*	*Levain*
				X

Técnicas de mistura de massa

Básica	Aprimorada	Intensiva
X	X	

Descanso

1	10 min bola grande
2	10 min porcionada

Peso da massa crua: 1.191 g
Unitário: 230 g
Rendimento: 5 unidades

Acabamentos

Corte	Sim
Secos	Farinha de trigo
Outros	Não

Cocção

Forno		Vapor	Sem vapor
Turbo	170 °C	X	
Lastro	210 °C	X	

:: MODO DE PREPARO

1. Separe os ingredientes que serão utilizados na receita, bem como os seguintes equipamentos, utensílios e materiais: masseira semirrápida, balança, plástico para cobrir, assadeira furada ou lisa, óleo ou desmoldante ou silpat, peneira pequena, bisturi.
2. Misture a farinha, o sal, o fermento e o malte na masseira em velocidade 1.
3. Adicione a água (deixe um pouco para o ajuste final) e o *levain* e siga misturando.
4. Acrescente o azeite.
5. Se necessário, acerte o ponto com a água (neste momento, o ponto correto é uma massa "grudenta").
6. Com a massa homogênea, mude a velocidade para 2 e cilindre até que alise.
7. Boleie (bola grande) em superfície enfarinhada, cubra com plástico e deixe descansar por 10 minutos.
8. Com as mãos, estique levemente a massa para que ela fique em formato retangular até atingir 2 cm de espessura.
9. Porcione em retângulos (230 g), cubra com plástico e deixe descansar por mais 10 minutos.
10. Se necessário, abaixe a fermentação (pressionando a massa) e modele enrolando como bisnagas.
11. Acondicione em assadeira untada ou com silpat (espaço médio de 5 cm entre as unidades) e deixe fermentar em câmara no modo estufa, armário de fermentação ou ambiente fechado até dobrar de volume. Em caso de preparo doméstico, ligue o forno cerca de 15 minutos antes de levar os pães para assar.
12. Polvilhe com a farinha de trigo usando a peneira e com o bisturi faça um corte no sentido longitudinal. Asse por aproximadamente 20 minutos (170 °C no forno turbo e 210 °C no forno de lastro), acionando o modo vaporização do equipamento.
Em forno doméstico, asse por 20 minutos a aproximadamente 220 °C. Neste tipo de equipamento, a vaporização precisa ser feita de modo alternativo – por exemplo, colocando-se uma assadeira com água no piso do forno para os primeiros 10 minutos de cocção (nos 10 minutos finais o forneamento deve ser seco).

Pizza

A massa fermentada achatada tem origem no antigo Egito. Egípcios, babilônios e hebreus já assavam pães chatos há mais de 5.000 anos e os chamavam de "piscea". Os fenícios acrescentaram as coberturas, e a receita chegou à Itália durante as Cruzadas pelo porto de Nápoles. Foi na Itália que a cobertura de tomate foi adicionada, e a pizza ganhou a aparência que conhecemos na atualidade.

Ingredientes da massa	PP	Quantidade
Farinha de trigo	100%	500 g
Açúcar	3%	15 g
Sal	2%	10 g
Fermento biológico seco	1%	5 g
Água	55%	275 g
Azeite de oliva	4%	20 g
Total da massa crua		825 g

Ingredientes da cobertura	Quantidade
Tomate italiano maduro (molho)	4 unidades
Azeite de oliva	q.b.
Manjericão fresco	q.b.
Tomate italiano (cobertura)	2 unidades
Mozarela ralada	600 g
Azeitona preta ou verde	q.b.
Orégano seco	q.b.

Métodos de utilização do fermento

Direto	Indireto			
	Massa fermentada	Esponja	Poolish	Levain
X				

Técnicas de mistura de massa

Básica	Aprimorada	Intensiva
X		X

Descanso

1	10 min bola grande
2	10 min porcionada

Peso da massa crua
	825 g
	Unitário: 400 g
Rendimento	2 unidades

Acabamentos
Corte	Não
Secos	Não
Outros	Cobertura

Cocção

Forno		Vapor	Sem vapor
Turbo	300 °C		X
Lastro	300 °C		X

:: **MODO DE PREPARO**

1. Separe os ingredientes que serão utilizados na receita, bem como os seguintes equipamentos, utensílios e materiais: masseira semirrápida, bowls, ralador, faca de legumes, balança, plástico para cobrir, espátula/raspador, rolo, assadeira ou pedra para pizza.
2. Misture a farinha, o açúcar, o sal e o fermento na masseira em velocidade 1.
3. Adicione a água (deixe um pouco para o ajuste final) e siga misturando.
4. Acrescente o azeite.
5. Se necessário, acerte o ponto com a água (neste momento, o ponto correto é uma massa "grudenta").
6. Com a massa homogênea, mude a velocidade para 2 e sove/cilindre até desenvolver o glúten (ponto de véu).
7. Boleie (bola grande) em superfície enfarinhada, cubra com plástico e deixe descansar por 10 minutos.
8. Prepare o molho: rale os 4 tomates maduros e em um bowl misture-o com o azeite e o manjericão.
9. Porcione a massa (400 g), reboleie, cubra com plástico e deixe descansar por mais 10 minutos.
10. Fatie os tomates da cobertura.
11. Se necessário, abaixe a fermentação (pressionando a massa), reboleie e acondicione em assadeira.
12. Deixe fermentar em câmara no modo estufa, armário de fermentação ou ambiente fechado até dobrar de volume.

17. Retire o excesso de farinha com a escova e coloque o molho sobre a massa.

13. Abra a massa em superfície enfarinhada. Comece com as mãos e depois, se preferir, utilize o rolo.

15. Faça a borda da massa.

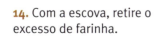

14. Com a escova, retire o excesso de farinha.

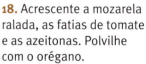

18. Acrescente a mozarela ralada, as fatias de tomate e as azeitonas. Polvilhe com o orégano.
19. Asse por aproximadamente 5 minutos (300 °C no forno turbo e 300 °C no forno de lastro).

16. Polvilhe a massa com um pouco de farinha e dobre-a levemente para levá-la até a pá de madeira, na qual será acomodada para então receber a cobertura. (Polvilhe também a pá com a farinha, para evitar que a massa grude.)

OBSERVAÇÕES
No dia a dia profissional, passos como 8 e 10 (e quaisquer outros relativos à cobertura da pizza) são executados pelo ajudante. O pizzaiolo se concentra na massa.

Como o forno doméstico não alcança os 300 °C, é preciso pré-assar a massa por 10 minutos a 200 °C com um peso na parte central (para que ela não suba). Esse peso pode ser uma assadeira menor (neste caso, não retire o excesso de farinha da massa). Depois do pré-assamento, coloque a cobertura e leve a pizza para assar por 5 minutos na maior temperatura que o equipamento doméstico permitir.

Embora vejamos discos de pizza com furinhos, não fure a massa. Caso contrário, o molho penetrará e se perderá a crocância.

É possível assar a pizza em assadeira convencional ou sobre pedra própria (existem versões menores que podem ser acomodadas em forno doméstico). Quando assada em pedra, pode ser necessário utilizar pá para colocar e retirar a pizza do forno. A de madeira é usada para colocar a pizza, porque a madeira, por ser porosa, evita que a massa crua grude. A de metal serve para retirar o produto do forno.

Pizza

Pugliese

Originário da região de Puglia, este pão, além da farinha de trigo e da semolina, tem a adição do purê de batatas, resultando em um produto de textura macia, ideal para sanduíches.

Ingredientes da massa	PP	Quantidade
Farinha de trigo	100%	500 g
Semolina	30%	150 g
Sal	3%	15 g
Melhorador	1%	5 g
Fermento biológico seco	2%	10 g
Água	65%	325 g
Batata cozida em purê	20%	100 g
Mel	2%	10 g
Azeite de oliva	6%	30 g
Total da massa crua		1.145 g
Ingredientes do acabamento		**Quantidade**
Farinha de trigo		q.b.

Métodos de utilização do fermento

Direto	Indireto			
	Massa fermentada	Esponja	*Poolish*	*Levain*
X				

Técnicas de mistura de massa

Básica	Aprimorada	Intensiva
X		X

Descanso

1	10 min bola grande
2	10 min porcionada

Peso da massa crua

Peso da massa crua	1.145 g
	Unitário: 250 g
Rendimento	4 unidades

Acabamentos

Corte	Não
Secos	Farinha de trigo
Outros	Não

Cocção

Forno		Vapor	Sem vapor
Turbo	170 °C		X
Lastro	210 °C		X

:: MODO DE PREPARO

1. Separe os ingredientes que serão utilizados na receita, bem como os seguintes equipamentos, utensílios e materiais: masseira semirrápida, balança, plástico para cobrir, espátula/raspador, assadeira furada ou lisa, óleo ou desmoldante ou silpat, peneira pequena.
2. Misture a farinha, a semolina, o sal, o fermento e o melhorador na masseira em velocidade 1.
3. Adicione a água (deixe um pouco para o ajuste final), a batata e o mel e siga misturando.
4. Acrescente o azeite.
5. Se necessário, acerte o ponto com a água (neste momento, o ponto correto é uma massa "grudenta").
6. Com a massa homogênea, mude a velocidade para 2 e sove/cilindre até desenvolver o glúten (ponto de véu).
7. Boleie (bola grande), cubra com plástico e deixe descansar por 10 minutos em superfície levemente untada com óleo.
8. Porcione (250 g), modele em formato de coxinha, cubra com plástico e deixe descansar por mais 10 minutos em superfície levemente untada com óleo.
9. Se necessário, abaixe a fermentação (pressionando a massa) e abra a massa em formato triangular.
10. Enrole da ponta para a base, para obter um filão grosso, e acondicione em assadeira untada ou com silpat (espaço médio de 5 cm entre as unidades).
11. Deixe fermentar em câmara no modo estufa, armário de fermentação ou ambiente fechado até dobrar de volume. Em caso de preparo doméstico, ligue o forno cerca de 15 minutos antes de levar os pães para assar.
12. Polvilhe com a farinha de trigo usando a peneira e asse por aproximadamente 20 minutos (170 °C no forno turbo e 210 °C no forno de lastro). Em forno doméstico, o mesmo tempo a aproximadamente 220 °C.

CAPÍTULO 13
Padaria mediterrânea

Bolo de reis

Como o Kouglof (ver página 246), é um bolo feito com massa levedada com fermento biológico. A origem remonta aos romanos; a Igreja Católica o teria relacionado às festas natalinas pelo fato de o produto ser preparado no mês de dezembro. A versão conhecida atualmente teria surgido na França e se popularizou em Portugal no século XIX, onde é muito consumido entre o Natal e o Dia de Reis, em 6 de janeiro – daí o nome, que faz referência aos Reis Magos.

Ingredientes da massa	PP	Quantidade
Farinha de trigo	100%	500 g
Açúcar	18%	90 g
Sal	0,5%	3 g
Fermento biológico seco	1%	5 g
Leite em pó	6%	30 g
Água	55%	225 g
Ovo	20%	100 g
Zestes de limão e laranja	2%	10 g
Água de flor de laranjeira	3%	15 g
Manteiga	20%	100 g
Total da massa crua		1.078 g
Ingredientes da cobertura		**Quantidade**
Fondant[1]		
Açúcar cristal		500 g
Água		125 g
Cremor de tártaro		0,5 g
Xarope de glucose		40 g
Calda de açúcar		
Açúcar		80 g
Água		120 ml
Brandy		40 ml
Finalização		
Cereja em calda		100 g
Frutas cristalizadas		100 g

---

[1] A quantidade necessária para os 2 bolos de reis é de 400 g de fondant. A receita de fondant aqui apresentada rende 600 g. Vale ressaltar que no dia a dia da panificação é muito comum o uso de fondant pronto (apresentado em pó e misturado com água de acordo com as instruções da embalagem).

Métodos de utilização do fermento				
Direto	Indireto			
	Massa fermentada	Esponja	*Poolish*	*Levain*
		X		

Técnicas de mistura de massa		
Básica	Aprimorada	Intensiva
X		X

Descanso	
1	Não
2	Não

Peso da massa crua	1.078 g
	Unitário: 500 g
Rendimento	2 unidades

Acabamentos	
Corte	Não
Secos	Não
Outros	Cobertura

Cocção			
	Forno	Vapor	Sem vapor
Turbo	160 °C		X
Lastro	190 °C		X

:: MODO DE PREPARO

1. Separe os ingredientes que serão utilizados na receita, bem como os seguintes equipamentos, utensílios e materiais: masseira semirrápida, panelas, termômetro, fouet, batedeira (batedor raquete), espátula de silicone, bowls ou bacia, masseira semirrápida, balança, 2 fôrmas de bolo de reis, óleo ou desmoldante.

ESPONJA
1. Coloque todo o fermento e 100 mℓ de água em um bowl. Adicione 100 g de farinha.
2. Misture e deixe fermentar em câmara no modo estufa, armário de fermentação ou ambiente fechado[2] por 40 minutos a 1 hora em temperatura de 24 °C a 26 °C (ver passo a passo na página 75).

---

[2] Fora desses ambientes, é necessário o uso do filme plástico para a massa não ressecar.

FONDANT
1. Em uma panela, misture o açúcar e a água com o auxílio de uma espátula. Leve ao fogo e deixe que ferva até 108 °C.
2. Adicione o cremor de tártaro e o xarope de glucose e continue mexendo. Deixe que ferva até 117 °C.
3. Retire do fogo e bata a mistura manualmente com um fouet para abaixar a temperatura até 45 °C.
4. Coloque na batedeira com o batedor tipo raquete e bata em velocidade baixa até ficar com uma aparência branca e fosca.
5. Para aplicar, leve o fondant em banho-maria, mexendo de vez em quando com a espátula, até atingir uma temperatura de 38 °C-50 °C. (Sua temperatura ideal dependerá da finalidade.) Se estiver muito espesso, pode-se acrescentar líquido para atingir a textura desejada.
6. Mantenha o fondant em banho-maria enquanto banhar o bolo para não endurecer.

> **OBSERVAÇÃO**
> A água e a farinha utilizadas na esponja são retiradas da mise en place, portanto devem ser descontadas do valor total da ficha técnica no momento da elaboração da massa.

:: **MODO DE PREPARO (CONT.)**

CALDA DE AÇÚCAR
1. Em uma panela, ferva o açúcar com a água até formar uma calda transparente. Adicione o brandy e deixe esfriar.

MASSA
1. Misture a farinha, o açúcar, o sal, o fermento e o leite na masseira em velocidade 1.
2. Adicione a água (deixe um pouco para o ajuste final) e o ovo e siga misturando.
3. Acrescente as zestes, a esponja e a água de laranjeira.
4. Acrescente a manteiga.
5. Se necessário, acerte o ponto com a água (neste momento, o ponto correto é uma massa "grudenta").
6. Com a massa homogênea, mude a velocidade para 2 e cilindre até que alise.
7. Distribua em 2 fôrmas untadas e deixe fermentar em câmara no modo estufa, armário de fermentação ou ambiente fechado até que a massa atinja a borda da fôrma. Em caso de preparo doméstico, ligue o forno cerca de 15 minutos antes de levar os pães para assar.
8. Asse por aproximadamente 40 minutos (160 °C no forno turbo e 190 °C no forno de lastro). Em forno doméstico, o mesmo tempo a aproximadamente 200 °C.
9. Deixe esfriar e desenforme.
10. Regue o bolo com a calda de açúcar.

11. Aplique o fondant por cima.

12. Finalize com as frutas cristalizadas e as cerejas antes que o fondant endureça.

286   MANUAL PRÁTICO DE PANIFICAÇÃO SENAC

Challah

Trata-se do mais tradicional pão judaico, com o significado de pequeno pedaço de massa – a porção dada aos sacerdotes. É consumido na sexta-feira à noite, durante o Shabat. O nome é pronunciado como "ralá". O termo challah vem do sul da Alemanha e tem origem na Idade Média.

Ingredientes da massa	PP	Quantidade
Farinha de trigo	100%	500 g
Açúcar	10%	50 g
Sal	2%	10 g
Fermento biológico seco	1%	5 g
Melhorador	1%	5 g
Água	30%	150 g
Gemas	16%	80 g
Manteiga	16%	80 g
Total da massa crua		900 g
Ingredientes do acabamento		**Quantidade**
Ovo inteiro batido (egg wash)		1 unidade + água q.b.

Métodos de utilização do fermento

Direto	Indireto		
	Massa fermentada	Esponja	Poolish	Levain
		X		

Técnicas de mistura de massa

Básica	Aprimorada	Intensiva
X	X	

Descanso

1	10 min bola grande
2	10 min porcionada

Peso da massa crua	900 g
	Unitário: 50 g
Rendimento	3 unidades

Acabamentos

Corte	Não
Secos	Não
Outros	Egg wash

Cocção

Forno		Vapor	Sem vapor
Turbo	160 °C		X
Lastro	190 °C		X

> **OBSERVAÇÕES**
> A água e a farinha utilizadas na esponja são retiradas da mise en place, portanto devem ser descontadas do valor total da ficha técnica no momento da elaboração da massa.
>
> Nesta receita, a esponja tem a finalidade de melhorar a estrutura da massa, facilitando o momento da modelagem em trança.

:: MODO DE PREPARO

1. Separe os ingredientes que serão utilizados na receita, bem como os seguintes equipamentos, utensílios e materiais: masseira semirrápida, balança, termômetro, plástico para cobrir, espátula/raspador, assadeira furada ou lisa, óleo ou desmoldante ou silpat, pincel.

ESPONJA
1. Coloque todo o fermento e 100 mℓ de água em um bowl. Adicione 100 g de farinha.
2. Misture e deixe fermentar em câmara no modo estufa, armário de fermentação ou ambiente fechado[3] por 40 minutos a 1 hora em temperatura de 24 °C a 26 °C (ver passo a passo na página 75).

MASSA
1. Misture a farinha, o açúcar, o sal, o fermento e o melhorador na masseira em velocidade 1.
2. Adicione a água (deixe um pouco para o ajuste final), as gemas e a esponja e siga misturando.
3. Acrescente a manteiga.
4. Se necessário, acerte o ponto com a água (neste momento, o ponto correto é uma massa "grudenta").
5. Com a massa homogênea, mude a velocidade para 2 e cilindre até que alise.
6. Boleie (bola grande), cubra com plástico e deixe descansar por 10 minutos em superfície levemente untada com óleo.
7. Porcione (50 g), faça bolas e estique em formato levemente alongado. Cubra com plástico e deixe descansar por mais 10 minutos.
8. Se necessário, abaixe a fermentação (pressionando a massa) e faça um cordão de cada porção. Para formar o pão, trance 5 cordões.
9. Acondicione em assadeira untada ou com silpat (espaço médio de 5 cm entre as unidades). Deixe fermentar em câmara no modo estufa, armário de fermentação ou ambiente fechado até dobrar de volume. Em caso de preparo doméstico, ligue o forno cerca de 15 minutos antes de levar os pães para assar.
10. Pincele com o egg wash e asse por aproximadamente 20 minutos (160 °C no forno turbo e 190 °C no forno de lastro). Em forno doméstico, o mesmo tempo a aproximadamente 200 °C.

---

[3] Fora desses ambientes, é necessário o uso do filme plástico para a massa não ressecar.

Ensaimada

Também conhecida como ensaimada de Mallorca (local de origem). É um pão doce e enrolado, de pouca espessura, finalizado com açúcar. Na ilha de Mallorca é feito de forma artesanal e tem denominação de origem.

Ingredientes da massa	PP	Quantidade
Farinha de trigo	100%	500 g
Açúcar	22%	110 g
Sal	1,5%	8 g
Fermento biológico seco	1%	5 g
Leite em pó	5%	25 g
Água	30%	150 g
Ovo	20%	100 g
Manteiga	14%	70 g
Total da massa crua		**968 g**
Ingredientes do acabamento		**Quantidade**
Açúcar		q.b.

Métodos de utilização do fermento

Direto	Indireto			
	Massa fermentada	Esponja	Poolish	Levain
		X		

Técnicas de mistura de massa

Básica	Aprimorada	Intensiva
X	X	

Descanso

1	10 min bola grande
2	10 min porcionada

Peso da massa crua
968 g
Unitário: 150 g

Rendimento
6 unidades

Acabamentos

Corte	Não
Secos	Açúcar de confeiteiro
Outros	Não

Cocção

Forno		Vapor	Sem vapor
Turbo	165 °C		X
Lastro	195 °C		X

OBSERVAÇÃO
A água e a farinha utilizadas na esponja são retiradas da mise en place, portanto devem ser descontadas do valor total da ficha técnica no momento da elaboração da massa.

:: MODO DE PREPARO

1. Separe os ingredientes que serão utilizados na receita, bem como os seguintes equipamentos, utensílios e materiais: masseira semirrápida, bowl ou bacia, balança, termômetro, plástico para cobrir, espátula/raspador, assadeira furada ou lisa, óleo ou desmoldante ou silpat, peneira pequena.

ESPONJA
1. Coloque todo o fermento e 100 mℓ de água em um bowl. Adicione 100 g de farinha.
2. Misture e deixe fermentar em câmara no modo estufa, armário de fermentação ou ambiente fechado[4] por 40 minutos a 1 hora em temperatura de 24 °C a 26 °C (ver passo a passo na página 75).

MASSA
1. Misture a farinha, o açúcar, o sal, o fermento e o leite em pó na masseira em velocidade 1.
2. Adicione a água (deixe um pouco para o ajuste final), o ovo e a esponja e siga misturando.
3. Acrescente a manteiga.
4. Se necessário, acerte o ponto com a água (neste momento, o ponto correto é uma massa "grudenta").
5. Com a massa homogênea, mude a velocidade para 2 e cilindre até que alise.
6. Boleie (bola grande), cubra com plástico e deixe descansar por 10 minutos em superfície levemente untada com óleo.

7. Porcione (150 g), faça cordões curtos, cubra com plástico e deixe descansar por mais 10 minutos em superfície levemente untada com óleo.
8. Se necessário, abaixe a fermentação (pressionando a massa) e com as mãos estique até obter um cordão longo e fino. Enrole como um caracol, sem deixar a massa muito justa. Pressione, para que a massa fique com pouca espessura.

9. Acondicione em assadeira untada ou com silpat (espaço médio de 5 cm entre as unidades) e deixe fermentar em câmara no modo estufa, armário de fermentação ou ambiente fechado até dobrar de volume. Em caso de preparo doméstico, ligue o forno cerca de 15 minutos antes de levar os pães para assar.

10. Asse por aproximadamente 20 minutos (165 °C no forno turbo e 195 °C no forno de lastro). Em forno doméstico, o mesmo tempo a aproximadamente 220 °C.
11. Retire da assadeira e finalize com o açúcar, usando uma peneira. Não é necessário esfriar para polvilhar.

---
[4] Fora desses ambientes, é necessário o uso do filme plástico para a massa não ressecar.

Folar

Pão português tradicional de Páscoa, leva um ovo no seu topo como representação de vida, nascimento e renovação. A renovação também está ligada ao fato de ser um pão consumido na época da chegada da Primavera no Hemisfério Norte.

Ingredientes da massa	PP	Quantidade
Farinha de trigo	100%	500 g
Açúcar	4%	20 g
Sal	2%	10 g
Fermento biológico seco	1%	5 g
Melhorador	1%	5 g
Água	30%	150 g
Ovo	30%	150 g
Manteiga	10%	50 g
Total da massa crua		890 g

Ingredientes do recheio	Quantidade
Bacon picado em cubos	50 g
Cebola média picada	1 unidade
Paio picado em cubos	400 g
Linguiça de porco picada grosseiramente	400 g
Tomate picado com pele e sem semente	1 unidade
Salsinha picada	q.b.

Ingredientes do acabamento	Quantidade
Ovo inteiro (cozido com casca)	2 unidades
Ovo inteiro batido (egg wash)	1 unidade + água q.b.

Métodos de utilização do fermento

Direto	Indireto			
	Massa fermentada	Esponja	Poolish	Levain
X				

Técnicas de mistura de massa

Básica	Aprimorada	Intensiva
X		X

Descanso

1	10 min bola grande
2	10 min porcionada

Peso da massa crua	890 g
	Unitário: 445 g
Rendimento	2 unidades

Acabamentos

Corte	Não
Secos	Não
Outros	Egg wash

Cocção

Forno		Vapor	Sem vapor
Turbo	165 °C		X
Lastro	195 °C		X

:: MODO DE PREPARO

1. Separe os ingredientes que serão utilizados na receita, bem como os seguintes equipamentos, utensílios e materiais: masseira semirrápida, panela, balança, plástico para cobrir, espátula/raspador, colher, assadeira furada ou lisa, óleo ou desmoldante ou silpat, bisturi, pincel.

RECHEIO

1. Em uma panela, frite bem o bacon em fogo alto e adicione a cebola.
2. Refogue e acrescente o paio e a linguiça.

3. Continue refogando e adicione o tomate.

4. Deixe a mistura secar bem em fogo médio, com a panela destampada, e finalize com a salsinha.
5. Reserve (o recheio deve ser colocado frio na massa).

MASSA

1. Misture a farinha, o açúcar, o sal, o fermento e o melhorador na masseira em velocidade 1.
2. Adicione a água (deixe um pouco para o ajuste final) e o ovo e siga misturando.
3. Acrescente a manteiga.
4. Se necessário, acerte o ponto com a água (neste momento, o ponto correto é uma massa "grudenta").
5. Com a massa homogênea, mude a velocidade para 2 e sove/cilindre até desenvolver o glúten (ponto de véu).
6. Boleie (bola grande), cubra com plástico e deixe descansar por 10 minutos em superfície levemente untada com óleo.
7. Porcione a massa em duas peças. De cada peça retire 2 pedaços de 70 g, boleie e alongue levemente. Reboleie as peças maiores que restaram. Cubra com plástico (as 2 bolas maiores e as 4 peças menores alongadas) e deixe descansar por mais 10 minutos.
8. Se necessário, abaixe a fermentação (pressionando a massa).

9. Para fazer uma unidade do folar, abra uma das bolas em formato circular, deixando as bordas mais finas.

10. Com o auxílio de uma colher, coloque o recheio no centro do círculo.

11. Feche como uma trouxa.

PADARIA MEDITERRÂNEA

:: **MODO DE PREPARO (CONT.)**

14. Grude as pontas embaixo da massa.

13. Estique as peças menores que haviam sido alongadas e cubra o ovo, fazendo um X.

15. Pincele com o egg wash.

16. Acondicione em assadeira untada ou com silpat (espaço médio de 5 cm entre as unidades) e deixe fermentar em câmara no modo estufa, armário de fermentação ou ambiente fechado até dobrar de volume. Em caso de preparo doméstico, ligue o forno cerca de 15 minutos antes de levar os pães para assar.

17. Asse por 25 a 30 minutos (165 °C no forno turbo e 195 °C no forno de lastro). Em forno doméstico, o mesmo tempo a aproximadamente 220 °C.

12. Vire a bola recheada de modo que a parte que foi fechada como trouxinha fique para baixo e, com o bisturi, faça um corte pequeno em X, somente o necessário para inserir o ovo.

Hornazo

Típico de muitas regiões da Espanha, assemelha-se a uma empanada recheada de embutidos. Muito comum na época da Páscoa, quando se adicionam ovos ao recheio.

Ingredientes da massa	PP	Quantidade
Farinha de trigo	100%	500 g
Sal	2%	10 g
Fermento biológico seco	1%	5 g
Vinho branco	25%	125 g
Ovo	15%	75 g
Azeite de oliva	20%	100 g
Total da massa crua		815 g

Ingredientes do recheio	Quantidade
Cebola média picada	1 unidade
Azeite de oliva	q.b.
Lombo de porco moído	300 g
Chouriço picado	100 g
Presunto picado	100 g
Ovo cozido fatiado	3 unidades
Tomate picado com pele e sem semente	1 unidade
Sal e pimenta-do-reino	q.b.

Ingredientes do acabamento	Quantidade
Ovo inteiro batido (egg wash)	1 unidade + água q.b.

Métodos de utilização do fermento

Direto	Indireto			
	Massa fermentada	Esponja	Poolish	Levain
X				

Técnicas de mistura de massa

Básica	Aprimorada	Intensiva
X		X

Descanso

1	10 min bola grande
2	10 min porcionada

Peso da massa crua
815 g
Unitário: 400 g

Rendimento
2 unidades

Acabamentos

Corte	Sim
Secos	Não
Outros	Egg wash

Cocção

Forno		Vapor	Sem vapor
Turbo	165 °C		X
Lastro	200 °C		X

:: MODO DE PREPARO

1. Separe os ingredientes que serão utilizados na receita, bem como os seguintes equipamentos, utensílios e materiais: masseira semirrápida, panela, balança, plástico para cobrir, rolo, 2 assadeiras de 20 cm de diâmetro, azeite para untar, rolo cortador treliça, pincel.

RECHEIO

1. Em uma panela, refogue a cebola no azeite, adicione o lombo e refogue.
2. Adicione o chouriço e cozinhe por aproximadamente 5 minutos em panela destampada.
3. Acrescente o tomate picado e deixe apurar até que o recheio fique seco, sem resquício de líquido no fundo da panela. Adicione o presunto. Tempere com o sal e a pimenta-do-reino.
4. Retire do fogo e reserve (o recheio deve ser colocado frio na massa).

MASSA

1. Misture a farinha, o sal e o fermento na masseira em velocidade 1.
2. Adicione o vinho (deixe um pouco para o ajuste final) e o ovo e siga misturando.
3. Acrescente o azeite.
4. Se necessário, acerte o ponto com o vinho (neste momento, o ponto correto é uma massa "grudenta").
5. Com a massa homogênea, mude a velocidade para 2 e sove/cilindre até que fique lisa.
6. Boleie (bola grande), cubra com plástico e deixe descansar por 10 minutos em superfície levemente untada com óleo.

7. Divida em 2 porções (400 g), reboleie, cubra com plástico e deixe descansar por mais 10 minutos.
8. Para fazer uma unidade do hornazo, porcione uma das peças de 400 g em 1 peça de 200 g e 2 peças de 100 g.
9. Com o rolo, abra as peças em formato circular. Com a porção maior forre a assadeira previamente untada com azeite.
10. Adicione o recheio preparado e acomode os ovos picados por cima.
11. Cubra com uma das massas que restaram.
12. Passe o rolo cortador treliça sobre a outra, para obter o acabamento, e posicione esse acabamento sobre a tampa de massa colocada no passo anterior.
13. Deixe fermentar em câmara no modo estufa, armário de fermentação ou ambiente fechado até dobrar de volume. Em caso de preparo doméstico, ligue o forno cerca de 15 minutos antes de levar o pão para assar.
14. Pincele com o egg wash e asse por 25 a 30 minutos (165 ºC no forno turbo e 200 ºC no forno de lastro). Em forno doméstico, o mesmo tempo a aproximadamente 210 ºC.

Khubz bil zaatar

Semelhante à esfiha aberta, este pão achatado leva o zaatar como cobertura. Esse condimento (também chamado de za'atar ou zátar) é uma mistura de especiarias originária do Oriente Médio utilizada na culinária árabe desde os tempos medievais.

Ingredientes da massa	PP	Quantidade
Farinha de trigo	100%	500 g
Açúcar	6%	10 g
Sal	2%	10 g
Fermento biológico seco	1%	5 g
Melhorador	1%	5 g
Água	60%	300 g
Azeite de oliva	8%	15 g
Total da massa crua		845 g

Ingredientes do acabamento	Quantidade
Azeite de oliva	q.b.
Zaatar	q.b.
Gergelim	q.b.

Métodos de utilização do fermento

Direto	Indireto			
	Massa fermentada	Esponja	Poolish	Levain
X				

Técnicas de mistura de massa

Básica	Aprimorada	Intensiva
X		X

Descanso

1	20 min bola grande
2	Não

Peso da massa crua
845 g
Unitário: 60 g

Rendimento
14 unidades

Acabamentos

Corte	Não
Secos	Zaatar e gergelim
Outros	Azeite de oliva

Cocção

Forno		Vapor	Sem vapor
Turbo	250 °C		X
Lastro	300 °C		X

:: **MODO DE PREPARO**

1. Separe os ingredientes que serão utilizados na receita, bem como os seguintes equipamentos, utensílios e materiais: masseira semirrápida, balança, plástico para cobrir, espátula/raspador, rolo, escova de farinha, assadeira furada ou lisa, pincel.
2. Misture a farinha, o açúcar, o sal, o fermento e o melhorador na masseira em velocidade 1.
3. Adicione a água (deixe um pouco para o ajuste final) e o ovo e siga misturando.
4. Acrescente o azeite.
5. Se necessário, acerte o ponto com a água (neste momento, o ponto correto é uma massa "grudenta").
6. Com a massa homogênea, mude a velocidade para 2 e sove/cilindre até desenvolver o glúten (ponto de véu).
7. Boleie (bola grande), cubra com plástico e deixe descansar por 20 minutos em superfície levemente untada com óleo.
8. Porcione (60 g), reboleie (abaixando a fermentação se necessário), acondicione em assadeira e deixe fermentar em câmara no modo estufa, armário de fermentação ou ambiente fechado até dobrar de volume. Em caso de preparo doméstico, ligue o forno cerca de 15 minutos antes de levar os pães para assar.
9. Com o rolo, abra em círculos em superfície enfarinhada.

10. Com a escova de farinha, retire o excesso, pincele com o azeite e polvilhe com o zaatar.

11. Asse por aproximadamente 5 minutos (250 °C no forno turbo e 300 °C no forno de lastro). Em forno doméstico, aproximadamente 10 minutos (ou até que a borda doure levemente) na temperatura máxima que o equipamento permitir.

Pan flauta

Este pão é uma versão espanhola da baguete francesa, embora não possua as pontas tão afiladas. O nome flauta vem da semelhança com o instrumento. Assim como a baguete, trata-se de um pão crocante, de miolo branco.

Ingredientes da massa	PP	Quantidade
Farinha de trigo	100%	500 g
Sal	2%	10 g
Fermento biológico seco	1%	5 g
Melhorador	2%	10 g
Malte em pó	1%	5 g
Água	60%	300 g
Azeite de oliva	2%	10 g
Total da massa crua		840 g
Ingredientes do acabamento		**Quantidade**
Farinha de trigo		q.b.

Métodos de utilização do fermento

Direto	Indireto			
	Massa fermentada	Esponja	*Poolish*	*Levain*
X				

Técnicas de mistura de massa

Básica	Aprimorada	Intensiva
X		X

Descanso

1	20 min bola grande
2	10 min porcionada

Peso da massa crua: 840 g / Unitário: 150 g
Rendimento: 5 unidades

Acabamentos

Corte	Não
Secos	Farinha de trigo
Outros	Não

Cocção

Forno		Vapor	Sem vapor
Turbo	170 °C	X	
Lastro	210 °C	X	

OBSERVAÇÃO
Como todos os pães longos, este pode ser acomodado em assadeira canelada (ver página 74).

:: **MODO DE PREPARO**

1. Separe os ingredientes que serão utilizados na receita, bem como os seguintes equipamentos, utensílios e materiais: masseira semirrápida, balança, plástico para cobrir, espátula/raspador, rolo, assadeira furada ou lisa, óleo ou desmoldante ou silpat, peneira pequena.
2. Misture a farinha, o sal, o fermento, o melhorador e o malte na masseira em velocidade 1.
3. Adicione a água (deixe um pouco para o ajuste final) e o ovo e siga misturando.
4. Acrescente o azeite.
5. Se necessário, acerte o ponto com a água (neste momento, o ponto correto é uma massa "grudenta").
6. Com a massa homogênea, mude a velocidade para 2 e sove/cilindre até desenvolver o glúten (ponto de véu).
7. Boleie (bola grande) em superfície enfarinhada, cubra com plástico e deixe descansar por 20 minutos.
8. Porcione (150 g), modele em formato de coxinha, cubra com plástico e deixe descansar por mais 10 minutos.
9. Se necessário, abaixe a fermentação (pressionando a massa) e com o rolo abra a massa em formato triangular. A espessura vai depender de quão comprida se deseje a flauta.
10. Enrole a massa da ponta para a base e estique em formato de baguete.
11. Acondicione em assadeira untada ou com silpat (espaço médio de 5 cm entre as unidades) e deixe fermentar em câmara no modo estufa, armário de fermentação ou ambiente fechado até dobrar de volume. Em caso de preparo doméstico, ligue o forno cerca de 15 minutos antes de levar os pães para assar.
12. Polvilhe com a farinha usando a peneira e com o bisturi faça cortes.
13. Asse por aproximadamente 20 minutos (170 °C no forno turbo e 210 °C no forno de lastro), acionando o modo vaporização do equipamento. Em forno doméstico, asse por 20 minutos a aproximadamente 220 °C. Neste tipo de equipamento, a vaporização precisa ser feita de modo alternativo – por exemplo, colocando-se uma assadeira com água no piso do forno para os primeiros 10 minutos de cocção (nos 10 minutos finais o forneamento deve ser seco).

PADARIA MEDITERRÂNEA

301

Pão grego (Christopsomo)

Christopsomo ou Kouloura tou Christou ("pão redondo de Cristo") é um produto natalino tradicional na Grécia, servido na véspera de Natal. É visto com uma oferenda, razão pela qual leva os melhores ingredientes e é elaborado com os sentimentos mais puros. O acabamento em formato de cruz leva o significado religioso.

Ingredientes da massa	PP	Quantidade
Farinha de trigo	100%	500 g
Açúcar	16%	80 g
Sal	2%	10 g
Fermento biológico seco	2%	10 g
Melhorador	1%	5 g
Leite em pó	6%	30 g
Zestes de laranja	1%	5 g
Canela em pó	1%	5 g
Cravo em pó	0,2%	1 g
Anis em pó	0,4%	2 g
Água	30%	150 g
Ovo	20%	100 g
Manteiga	16%	80 g
Total da massa crua		977,5 g
Ingredientes do acabamento		**Quantidade**
Ovo inteiro batido (egg wash)		1 unidade + água q.b.
Nozes inteiras		8 unidades (4 por pão)

Métodos de utilização do fermento

Direto	Indireto		
	Massa fermentada	Esponja	Poolish	Levain
X				

Técnicas de mistura de massa

Básica	Aprimorada	Intensiva
X		X

Descanso

1	10 min bola grande
2	10 min porcionada

Peso da massa crua: 977,5 g / Unitário: 460 g

Rendimento: 2 unidades

Acabamentos

Corte	Não
Secos	Não
Outros	Egg wash

Cocção

Forno		Vapor	Sem vapor
Turbo	160 °C		X
Lastro	190 °C		X

:: **MODO DE PREPARO**

1. Separe os ingredientes que serão utilizados na receita, bem como os seguintes equipamentos, utensílios e materiais: masseira semirrápida, balança, plástico para cobrir, espátula/raspador, assadeira furada ou lisa, óleo ou desmoldante ou silpat, pincel.

2. Misture a farinha, o açúcar, o sal, o fermento, o melhorador, o leite, a canela, o cravo e o anis na masseira em velocidade 1.

3. Adicione a água (deixe um pouco para o ajuste final), as zestes e o ovo e siga misturando.

4. Acrescente a manteiga.

5. Se necessário, acerte o ponto com a água (neste momento, o ponto correto é uma massa "grudenta").

6. Com a massa homogênea, mude a velocidade para 2 e sove/cilindre até desenvolver o glúten (ponto de véu).

7. Boleie (bola grande), cubra com plástico e deixe descansar por 10 minutos em superfície levemente untada com óleo.

8. Porcione (460 g), reboleie, cubra com plástico e deixe descansar por mais 10 minutos em superfície levemente untada com óleo.

9. Se necessário, abaixe a fermentação (pressionando a massa) e retire ¼ de cada massa porcionada para fazer a decoração.

10. Reboleie as porções maiores e faça 4 cordões com as porções menores. Coloque as porções maiores boleadas em assadeira untada ou com silpat (espaço médio de 5 cm entre as unidades) e sobre elas faça uma cruz com os cordões (2 cordões por pão), enrolando as pontas. Dentro de cada ponta coloque uma noz.

11. Deixe fermentar em câmara no modo estufa, armário de fermentação ou ambiente fechado até dobrar de volume. Em caso de preparo doméstico, ligue o forno cerca de 15 minutos antes de levar os pães para assar.

12. Pincele com o egg wash e asse por aproximadamente 20 minutos (160 °C no forno turbo e 190 °C no forno de lastro). Em forno doméstico, o mesmo tempo a aproximadamente 200 °C.

PADARIA MEDITERRÂNEA

Pão pita

No Brasil, é chamado também de pão sírio ou pão árabe. Existem variações de ingredientes, e alguns pães podem ser mais grossos, e outros, mais finos. O pita é um pão achatado do tipo folha, que estufa ao ser assado, formando duas camadas. Por esse motivo, pode ser aberto e recheado como sanduíche.

Ingredientes da massa	PP	Quantidade
Farinha de trigo	100%	500 g
Sal	2%	10 g
Fermento biológico seco	1%	5 g
Melhorador	1%	5 g
Água	± 60%	300 g
Azeite	6%	30 g
Total da massa crua		850 g
Ingredientes do acabamento		**Quantidade**
Farinha de trigo		q.b.

Métodos de utilização do fermento				
Direto	Indireto			
	Massa fermentada	Esponja	*Poolish*	*Levain*
X				

Técnicas de mistura de massa		
Básica	Aprimorada	Intensiva
X		X

Descanso	
1	10 min bola grande
2	10 min porcionada

Peso da massa crua	850 g
	Unitário: 60 g
Rendimento	14 unidades

Acabamentos	
Corte	Não
Secos	Farinha de trigo
Outros	Não

Cocção			
Forno		Vapor	Sem vapor
Turbo	300 °C		X
Lastro	300 °C		X

> **OBSERVAÇÃO**
> Como o forno doméstico não alcança as temperaturas dos equipamentos profissionais, faça o pão pita em uma chapa grossa de metal sobre a chama do fogão. Não é necessário untar.

:: **MODO DE PREPARO**

1. Separe os ingredientes que serão utilizados na receita, bem como os seguintes equipamentos, utensílios e materiais: masseira semirrápida, balança, plástico para cobrir, espátula/raspador, régua, assadeira, óleo ou desmoldante ou silpat.
2. Misture a farinha, o sal, o fermento e o melhorador na masseira em velocidade 1.
3. Adicione a água (deixe um pouco para o ajuste final) e siga misturando.
4. Acrescente o azeite.
5. Se necessário, acerte o ponto com a água (neste momento, o ponto correto é uma massa "grudenta").
6. Com a massa homogênea, mude a velocidade para 2 e sove/cilindre até desenvolver o glúten (ponto de véu).
7. Boleie (bola grande), cubra com plástico e deixe descansar por 10 minutos em superfície levemente untada com óleo.
8. Porcione (60 g), reboleie, cubra com plástico e deixe descansar por mais 10 minutos em superfície levemente untada com óleo.
9. Se necessário, abaixe a fermentação (pressionando a massa), reboleie e acondicione em assadeira untada ou com silpat (espaço médio de 5 cm entre as unidades).
10. Deixe fermentar em câmara no modo estufa, armário de fermentação ou ambiente fechado até dobrar de volume.
11. Em uma superfície enfarinhada, com o rolo abra a massa até atingir 2 mm de espessura.
12. Asse por aproximadamente 5 minutos (300 °C no forno turbo e 300 °C no forno de lastro).

OBSERVAÇÃO
Empilhe os pães prontos, para que não ressequem.

Pão português

É um pão em formato de filão, de crosta crocante, levemente ácido e com aroma de azeite. Feito com *levain*, remonta aos pães rústicos de farinha branca fabricados de forma artesanal em Portugal, como o alentejano.

Ingredientes da massa	PP	Quantidade
Farinha de trigo	100%	500 g
Açúcar	2%	10 g
Sal	3%	15 g
Fermento biológico seco	0,2%	1 g
Água	± 60%	300 g
Levain (massa madre)	60%	300 g
Azeite	10%	50 g
Total da massa crua		1.176 g
Ingredientes do acabamento		**Quantidade**
Farinha de trigo		q.b.

Métodos de utilização do fermento				
Direto	Indireto			
	Massa fermentada	Esponja	*Poolish*	*Levain*
				X

Técnicas de mistura de massa		
Básica	Aprimorada	Intensiva
X	X	

Descanso	
1	20 min bola grande
2	10 min porcionada

Peso da massa crua	1.176 g
	Unitário: 150 g
Rendimento	± 8 unidades

Acabamentos	
Corte	Sim
Secos	Farinha de trigo
Outros	Não

Cocção			
Forno		Vapor	Sem vapor
Turbo	170 ºC	X	
Lastro	210 ºC	X	

:: MODO DE PREPARO

1. Separe os ingredientes que serão utilizados na receita, bem como os seguintes equipamentos, utensílios e materiais: masseira semirrápida, balança, plástico para cobrir, espátula/raspador, rolo, assadeira furada ou lisa, óleo ou desmoldante ou silpat, peneira pequena, bisturi.
2. Misture a farinha, o açúcar, o sal e o fermento na masseira em velocidade 1.
3. Adicione a água (deixe um pouco para o ajuste final) e o *levain* e siga misturando.
4. Acrescente o azeite.
5. Se necessário, acerte o ponto com a água (neste momento, o ponto correto é uma massa "grudenta").
6. Com a massa homogênea, mude a velocidade para 2 e cilindre até que alise.
7. Boleie (bola grande) em superfície enfarinhada, cubra com plástico e deixe descansar por 20 minutos.
8. Porcione (150 g), modele em formato de coxinha, cubra com plástico e deixe descansar por 10 minutos.
9. Se necessário, abaixe a fermentação (pressionando a massa) e com o rolo abra a massa em formato triangular.
10. Enrole da ponta para a base e acondicione com o fecho virado para baixo em assadeira untada ou com silpat (espaço médio de 5 cm entre as unidades).
11. Deixe fermentar em câmara no modo estufa, armário de fermentação ou ambiente fechado até dobrar de volume.
12. Polvilhe com a farinha de trigo usando a peneira e com o bisturi faça um corte longitudinal.
13. Asse por aproximadamente 20 minutos (170 °C no forno turbo e 210 °C no forno de lastro), acionando o modo vaporização do equipamento. Em forno doméstico, asse por 20 minutos a aproximadamente 220 °C. Neste tipo de equipamento, a vaporização precisa ser feita de modo alternativo – por exemplo, colocando-se uma assadeira com água no piso do forno para os primeiros 10 minutos de cocção (nos 10 minutos finais o forneamento deve ser seco).

Pão quemado

Oriundo da região de Valência (Espanha), é um pão típico servido na Páscoa. De sabor doce, macio e muito aromático, tem uma cobertura de açúcar que pode receber um centro queimado com maçarico (daí se origina o nome).

Ingredientes da massa	PP	Quantidade
Farinha de trigo	100%	500 g
Açúcar	24%	120 g
Sal	1,5%	8 g
Glúten em pó	2%	10 g
Leite em pó	6%	30 g
Fermento biológico seco	2%	10 g
Zestes de laranja	1%	5 g
Água	± 15%	75 g
Água de flor de laranjeira	2%	10 g
Ovo	40%	200 g
Manteiga	14%	70 g
Total da massa crua		1.038 g
Ingredientes do acabamento		**Quantidade**
Ovo inteiro batido (egg wash)		1 unidade + água q.b.
Açúcar		q.b.

Métodos de utilização do fermento

Direto	Indireto			
	Massa fermentada	Esponja	Poolish	Levain
		X		

Técnicas de mistura de massa

Básica	Aprimorada	Intensiva
X	X	

Descanso

1	10 min bola grande
2	10 min porcionada

Peso da massa crua	1.038 g
	Unitário: 250 g
Rendimento	4 unidades

Acabamentos

Corte	Não
Secos	Açúcar
Outros	Egg wash

Cocção

Forno		Vapor	Sem vapor
Turbo	160 °C		X
Lastro	190 °C		X

> **OBSERVAÇÕES**
> A água e a farinha utilizadas na esponja são retiradas da mise en place, portanto devem ser descontadas do valor total da ficha técnica no momento da elaboração da massa.
>
> Este pão pode ser finalizado queimando-se o centro da cobertura de açúcar com maçarico até que se forme um círculo de cor caramelo.

:: **MODO DE PREPARO**

1. Separe os ingredientes que serão utilizados na receita, bem como os seguintes equipamentos, utensílios e materiais: masseira semirrápida, bowl ou bacia, balança, termômetro, plástico para cobrir, espátula/raspador, assadeira lisa ou furada, óleo ou desmoldante, pincel, peneira pequena.

ESPONJA

1. Coloque todo o fermento e 75 mℓ de água em um bowl. Adicione 75 g de farinha.
2. Misture e deixe fermentar por 40 minutos a 1 hora em câmara no modo estufa, armário de fermentação ou ambiente fechado[5] em temperatura de 24 °C a 26 °C (ver passo a passo na página 75).

MASSA

1. Misture a farinha, o açúcar, o sal, o leite e o glúten na masseira em velocidade 1.
2. Adicione a esponja, a água (deixe um pouco para o ajuste final), o ovo, a água de flor de laranjeira e as zestes e siga misturando.
3. Acrescente a manteiga.
4. Se necessário, acerte o ponto com a água (neste momento, o ponto correto é uma massa "grudenta").
5. Com a massa homogênea, mude a velocidade para 2 e cilindre até que alise.

6. Boleie (bola grande), cubra com plástico e deixe descansar por 10 minutos em superfície levemente untada com óleo.
7. Porcione (250 g), reboleie, cubra com plástico e deixe descansar por mais 10 minutos em superfície levemente untada com óleo.

8. Se necessário, abaixe a fermentação (pressionando a massa), reboleie e acondicione em assadeira untada ou com silpat (espaço médio de 5 cm entre as unidades).
9. Deixe fermentar em câmara no modo estufa, armário de fermentação ou ambiente fechado até dobrar de volume. Em caso de preparo doméstico, ligue o forno cerca de 15 minutos antes de levar os pães para assar.

10. Pincele com o egg wash e polvilhe com o açúcar usando a peneira.
11. Asse por aproximadamente 20 minutos (160 °C no forno turbo e 190 °C no forno de lastro). Em forno doméstico, o mesmo tempo a aproximadamente 200 °C.

---

[5] Fora desses ambientes, é necessário o uso do filme plástico para a massa não ressecar.

PADARIA MEDITERRÂNEA

Rghaif (pão marroquino)

Típico de Marrocos, pode ser feito de várias formas: com recheio doce, com recheio salgado ou mesmo sem recheio. É composto por uma massa fina como a dos "pães árabes" assados sobre chapas quentes. Geralmente, leva semolina em sua formulação.

Ingredientes da massa	PP	Quantidade
Farinha de trigo	75%	350 g
Semolina	25%	150 g
Sal	2%	10 g
Fermento biológico seco	1%	5 g
Água	± 60%	300 g
Azeite		q.b.
Total da massa crua		815 g
Ingredientes do recheio		**Quantidade**
Carne de cordeiro moída		800 g
Gordura bovina		150 g
Cebola picada		1 unidade média
Salsinha picada		2 ramos
Hortelã picado		1/3 de maço pequeno
Coentro picado		2 ramos
Páprica doce		4 g
Cominho em pó		1 g
Harissa		6 g
Sal		8 g

Métodos de utilização do fermento

Direto	Indireto			
	Massa fermentada	Esponja	Poolish	Levain
X				

Técnicas de mistura de massa

Básica	Aprimorada	Intensiva
X		

Descanso

1	Não
2	Não

Peso da massa crua

Peso da massa crua	815 g
	Unitário: 65 g
Rendimento	12 unidades

Acabamentos

Corte	Não
Secos	Não
Outros	Recheio

Cocção

Forno		Vapor	Sem vapor
Turbo	180 °C		X
Lastro	250 °C		X

:: MODO DE PREPARO

1. Este produto não utiliza masseira. Separe os ingredientes que serão utilizados na receita, bem como os seguintes equipamentos, utensílios e materiais: bowls, balança, plástico para cobrir, rolo, régua, carretilha, chapa ou assadeira lisa ou furada, óleo ou desmoldante.

RECHEIO
1. Em um bowl, misture a carne, a gordura, a cebola, a salsinha, a hortelã, o coentro, a páprica, o cominho, a harissa e o sal. Reserve em geladeira.

MASSA
1. Em um bowl, misture a farinha, a semolina, o sal e o fermento.
2. Adicione a água e misture até que a massa fique lisa.
3. Boleie (bola grande), cubra com plástico e deixe fermentar até que a massa dobre de volume.
4. Regue a bancada com o azeite e com o rolo abra a massa em formato retangular até atingir a espessura de 2 mm.
5. Com a carretilha corte em retângulos menores e coloque o recheio em uma das extremidades.
6. Feche as laterais com massa e enrole.
7. Asse por aproximadamente 10 minutos (180 °C no forno turbo e 250 °C no forno de lastro). Em forno doméstico, o mesmo tempo na maior temperatura que o equipamento permitir.

OBSERVAÇÕES
Note aqui que o 100% de farinha vem da soma dos dois tipos usados nesta receita: 75% da farinha de trigo e 25% da semolina.

A harissa é uma mistura de temperos típica da região geográfica onde se localiza o Marrocos. Pode ser encontrada pronta.

Como o forno doméstico não alcança temperaturas tão altas quanto a dos equipamentos profissionais, uma opção para preparar o rghaif em casa é usar uma chapa grossa de metal sobre a chama do fogão. Não é necessário untar. Depois de passado na chapa nos dois lados até dourar, o pão deve ser levado por 5 minutos ao forno em 210 °C, para que a carne termine de cozinhar.

PADARIA MEDITERRÂNEA

Simit (pão turco)

Muito comum e amplamente comercializado nas ruas da Turquia, tem textura crocante e casca levemente adocicada coberta com sementes (geralmente, gergelim, papoula ou cominho preto).

Ingredientes da massa	PP	Quantidade
Farinha de trigo	100%	500 g
Açúcar	2%	10 g
Sal	2%	10 g
Melhorador	1%	5 g
Fermento biológico seco	1%	5 g
Água	± 65%	325 g
Azeite	3%	15 g
Total da massa crua		870 g
Ingredientes do acabamento		**Quantidade**
Melado de uva		50 mℓ
Água		50 mℓ
Sementes de gergelim torradas		300 g

Métodos de utilização do fermento

Direto	Indireto			
	Massa fermentada	Esponja	Poolish	Levain
X				

Técnicas de mistura de massa

Básica	Aprimorada	Intensiva
		X

Descanso

1	20 min bola grande
2	10 min porcionada

Peso da massa crua	870 g
	Unitário: 140 g
Rendimento	6 unidades

Acabamentos

Corte	Não
Secos	Sementes de gergelim torradas
Outros	Melado de uva + água

Cocção

Forno		Vapor	Sem vapor
Turbo	170 °C	X	
Lastro	210 °C	X	

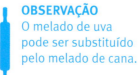

OBSERVAÇÃO
O melado de uva pode ser substituído pelo melado de cana.

:: MODO DE PREPARO

1. Separe os ingredientes que serão utilizados na receita, bem como os seguintes equipamentos, utensílios e materiais: frigideira, masseira semirrápida, bowls, balança, plástico para cobrir, espátula/raspador, assadeira furada ou lisa, óleo ou desmoldante ou silpat.

GERGELIM TOSTADO
1. Coloque o gergelim em uma frigideira e leve ao fogo médio, mexendo constantemente até que as sementes comecem a saltar.
2. Retire da frigideira e deixe esfriar.

MASSA
1. Misture a farinha, o açúcar, o sal, o fermento e o melhorador na masseira em velocidade 1.
2. Adicione a água (deixe um pouco para o ajuste final) e siga misturando.
3. Acrescente o azeite.
4. Se necessário, acerte o ponto com a água (neste momento, o ponto correto é uma massa "grudenta").
5. Com a massa homogênea, mude a velocidade para 2 e sove/cilindre até desenvolver o glúten (ponto de véu).
6. Boleie (bola grande), cubra com plástico e deixe descansar por 20 minutos em superfície levemente untada com óleo.
7. Porcione (140 g), reboleie e faça um cordão curto, cubra com plástico e deixe descansar por 10 minutos em superfície levemente untada com óleo.

8. Se necessário, abaixe a fermentação (pressionando a massa) e com as mãos estique fazendo um cordão longo.

9. Cruze as extremidades e enrole.

10. Junte as pontas, passando a ponta do cordão pela "argola" que havia se formado na outra ponta. Grude a massa.

11. Passe na mistura de melado de uva e água.

12. Passe nas sementes de gergelim.
13. Acondicione em assadeira untada ou com silpat (espaço médio de 5 cm entre as unidades) e deixe fermentar em câmara no modo estufa, armário de fermentação ou ambiente fechado até dobrar de volume.
14. Asse por aproximadamente 20 minutos (170 °C no forno turbo e 210 °C no forno de lastro), acionando o modo vaporização do equipamento. Em forno doméstico, asse por 20 minutos a aproximadamente 220 °C. Neste tipo de equipamento, a vaporização precisa ser feita de modo alternativo – por exemplo, colocando-se uma assadeira com água no piso do forno para os primeiros 10 minutos de cocção (nos 10 minutos finais o forneamento deve ser seco).

PADARIA MEDITERRÂNEA

Simit

CAPÍTULO 14
Padaria asiática

An pan

Pão típico da culinária japonesa, recebe um recheio à base de doce de feijão (anko). O feijão pode ser escuro ou claro. Esse recheio doce é utilizado em inúmeras produções, além de muito aceito e apreciado pelos japoneses.

Ingredientes da massa	PP	Quantidade
Farinha de trigo	100%	500 g
Açúcar	14%	70 g
Sal	1%	5 g
Melhorador	1%	5 g
Leite em pó	4%	20 g
Fermento biológico seco	2%	10 g
Água	± 40%	200 g
Ovo	10%	50 g
Manteiga	10%	50 g
Total da massa crua		910 g

Ingredientes do recheio (anko)	Quantidade
Feijão azuki	500 g
Açúcar	500 g

Ingredientes do acabamento	Quantidade
Ovo inteiro batido (egg wash)	1 unidade + água q.b.
Gergelim preto	q.b.

Métodos de utilização do fermento

Direto	Indireto			
	Massa fermentada	Esponja	*Poolish*	*Levain*
X				

Técnicas de mistura de massa

Básica	Aprimorada	Intensiva
X		X

Descanso

1	20 min bola grande
2	10 min porcionada

Peso da massa crua

910 g
Unitário: 50 g

Rendimento: 18 unidades

Acabamentos

Corte	Não
Secos	Gergelim preto
Outros	Egg wash

Cocção

Forno		Vapor	Sem vapor
Turbo	160 °C		X
Lastro	200 °C		X

:: MODO DE PREPARO

1. Separe os ingredientes que serão utilizados na receita, bem como os seguintes equipamentos, utensílios e materiais: masseira semirrápida, bowl, panela de pressão, liquidificador, peneira fina, colher, panela comum, espátula de silicone, balança, plástico para cobrir, espátula/raspador, assadeira furada ou lisa, óleo ou desmoldante ou silpat, pincel.

RECHEIO

1. Deixe o feijão azuki de molho na água por 6 horas. Escorra, leve o feijão para uma panela de pressão, cubra com nova água e cozinhe por 15 minutos.
2. Coloque o feijão cozido e um pouco da água da cocção no liquidificador (o suficiente para obter um purê mole) e bata.

3. Passe pela peneira fina. Se desejar um purê mais firme, coloque o feijão em um pano de algodão limpo e torça, para retirar o excesso de água.

4. Coloque metade do feijão batido e peneirado em uma panela, acrescente o açúcar e cozinhe em fogo médio, mexendo até que comecem a sair bolhas. Adicione o restante do feijão e cozinhe em fogo médio, mexendo sempre com a espátula, até começar a soltar do fundo da panela.
5. Deixe esfriar.

MASSA

1. Misture a farinha, o açúcar, o sal, o fermento, o melhorador e o leite na masseira em velocidade 1.
2. Adicione a água (deixe um pouco para o ajuste final) e o ovo e siga misturando.
3. Acrescente a manteiga.
4. Se necessário, acerte o ponto com a água (neste momento, o ponto correto é uma massa "grudenta").
5. Com a massa homogênea, mude a velocidade para 2 e sove/cilindre até desenvolver o glúten (ponto de véu).
6. Boleie (bola grande) cubra com plástico e deixe descansar por 20 minutos em superfície levemente untada com óleo.
7. Porcione (50 g), reboleie, cubra com plástico e deixe descansar por 10 minutos em superfície levemente untada com óleo.

8. Se necessário, abaixe a fermentação (pressionando a massa) e com as mãos abra em formato circular, afinando as bordas.

9. Pegue uma porção do recheio, boleie e coloque no centro da massa.

10. Feche como trouxinha.

11. Acondicione em assadeira untada ou com silpat (espaço médio de 5 cm entre as unidades) e com o dedo aperte a parte superior do pão, no centro.
12. Deixe fermentar em câmara no modo estufa, armário de fermentação ou ambiente fechado até dobrar de volume. Em caso de preparo doméstico, ligue o forno cerca de 15 minutos antes de levar os pães para assar.

13. Pincele com o egg wash e coloque o gergelim no centro.
14. Asse por aproximadamente 20 minutos (160 °C no forno turbo e 200 °C no forno de lastro). Em forno doméstico, o mesmo tempo a aproximadamente 210 °C.

An pan

Chapati

Oriundo da Índia, este pão não leva fermento. Consiste em uma mistura simples de farinha, água e sal que pode receber gordura para que se conserve mais tempo. É feito na chapa ou no tandoor (forno típico). De fácil preparo, é consumido em todas as refeições.

Ingredientes da massa	PP	Quantidade
Farinha de trigo	100%	500 g
Sal	2%	10 g
Água	± 55%	275 g
Óleo vegetal ou azeite de oliva	6%	30 g
Total da massa crua		815 g
Ingredientes do acabamento		Quantidade
Farinha de trigo		q.b.

Métodos de utilização do fermento

Direto	Indireto			
	Massa fermentada	Esponja	Poolish	Levain
X				

Técnicas de mistura de massa

Básica	Aprimorada	Intensiva
X		

Descanso

1	10 min porcionada
2	Não

Peso da massa crua: 815 g / Unitário: 65 g
Rendimento: 12 unidades

Acabamentos

Corte	Não
Secos	Farinha de trigo
Outros	Não

Cocção: Chapa ou tandoor

:: MODO DE PREPARO

1. Este produto não utiliza masseira. Separe os ingredientes que serão utilizados na receita, bem como os seguintes equipamentos, utensílios e materiais: bowl, balança, plástico para cobrir, rolo, chapa ou assadeira, óleo ou desmoldante.
2. Em um bowl, misture a farinha e o sal.
3. Adicione a água e misture até que a massa fique lisa.
4. Acrescente o óleo ou o azeite e sove.
5. Faça bolas de 65 g, cubra com plástico e deixe descansar por 10 minutos.
6. Com o rolo, abra sobre superfície enfarinhada.
7. Coloque em chapa quente e cozinhe dos dois lados.

> **OBSERVAÇÃO**
> No modo tradicional é usado o tandoor, forno indiano feito de barro cozido, em formato de ânfora, que fica parcialmente enterrado.

Kare pan

Kare é nome com que os japoneses se referem ao curry indiano. Este pão, empanado e frito, tem como recheio uma proteína temperada com curry.

Ingredientes da massa	PP	Quantidade
Farinha de trigo	100%	500 g
Açúcar	4%	20 g
Sal	2%	10 g
Melhorador	1%	5 g
Leite em pó	8%	40 g
Fermento biológico seco	2%	10 g
Água	± 60%	300 g
Total da massa crua		885 g

Ingredientes do acabamento	Quantidade
Ovo inteiro batido (egg wash)	1 unidade + água q.b.

Ingredientes do recheio	Quantidade
Carne bovina moída	900 g
Manteiga	50 g
Cebola picada	1 unidade média
Alho picado	2 dentes
Shiitake fatiado	100 g
Curry	10 g
Saquê culinário	100 mℓ
Sal	q.b.

Ingredientes para o empanamento	Quantidade
Farinha de trigo	q.b.
Ovo batido	q.b.
Farinha panko	q.b.

Ingredientes para a fritura	Quantidade
Óleo vegetal	900 mℓ

Métodos de utilização do fermento				
Direto	Indireto			
^	Massa fermentada	Esponja	*Poolish*	*Levain*
X				

Técnicas de mistura de massa		
Básica	Aprimorada	Intensiva
X		X

Descanso	
1	10 min bola grande
2	10 min porcionada

Peso da massa crua	885 g
^	Unitário: 60 g
Rendimento	14 unidades

Acabamentos	
Corte	Não
Secos	Não
Outros	Não

Cocção	
Fritura em imersão (180 °C)	

:: **MODO DE PREPARO**

1. Separe os ingredientes que serão utilizados na receita, bem como os seguintes equipamentos, utensílios e materiais: masseira semirrápida, panelas, bowls, balança, plástico para cobrir, espátula/raspador, rolo, frigideira ou panela média para fritar, escumadeira.

RECHEIO
1. Em uma panela, refogue a carne com uma parte da manteiga da mise en place. Acrescente a cebola e o alho e cozinhe até dourar. Reserve.

2. Refogue o shiitake com a outra parte da manteiga.

3. Junte o shiitake e a carne refogada.

4. Acrescente o curry e o saquê e continue mexendo.
5. Cozinhe em fogo médio até o recheio secar.
6. Adicione o sal, misture e deixe esfriar.

:: **MODO DE PREPARO (CONT.)**

MASSA

1. Misture a farinha, o açúcar, o sal, o fermento, o melhorador e o leite na masseira em velocidade 1.
2. Adicione a água e siga misturando.
3. Com a massa homogênea, mude a velocidade para 2 e sove/cilindre até desenvolver o glúten (ponto de véu).
4. Boleie (bola grande), cubra com plástico e deixe descansar por 10 minutos em superfície levemente untada com óleo.
5. Porcione (60 g), reboleie, cubra com plástico e deixe fermentar até que dobre de tamanho.

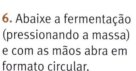

6. Abaixe a fermentação (pressionando a massa) e com as mãos abra em formato circular.

7. Coloque o recheio e pincele as bordas com o egg wash (para ajudar a grudar a massa quando for fechada).

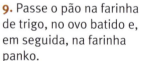
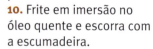

9. Passe o pão na farinha de trigo, no ovo batido e, em seguida, na farinha panko.
10. Frite em imersão no óleo quente e escorra com a escumadeira.

8. Feche como um pastel, apertando as pontas. Coloque o fecho para baixo.

Mantou

Também chamado de nikuman pelos japoneses, trata-se de um pão muito comum nos países asiáticos e tem a característica de ser preparado no vapor. É apreciado com molho de soja acompanhando. Após esfriar, pode ser embalado e comercializado (antes de ser consumido, deve ser aquecido novamente em panela a vapor).

Ingredientes da massa	PP	Quantidade
Farinha de trigo	100%	500 g
Açúcar	10%	50 g
Sal	1%	5 g
Leite em pó	6%	30 g
Fermento biológico seco	1%	5 g
Água	52%	260 g
Óleo vegetal	10%	50 g
Total da massa crua		900 g

Ingredientes do acabamento	Quantidade
Lombo de porco moído	700 g
Alho picado	2 dentes
Cebolinha picada	q.b.
Sal	q.b.
Pimenta-do-reino	q.b.
Óleo de gergelim	10 mℓ

Métodos de utilização do fermento

Direto	Indireto			
	Massa fermentada	Esponja	Poolish	Levain
X				

Técnicas de mistura de massa

Básica	Aprimorada	Intensiva
X		X

Descanso

1	10 min bola grande
2	10 min porcionada

Peso da massa crua	900 g
	Unitário: 60 g
Rendimento	15 unidades

Acabamentos

Corte	Não
Secos	Não
Outros	Não

Cocção

A vapor, na panela

> **OBSERVAÇÃO**
> Embora a receita aqui apresentada utilize o acessório de bambu do modo tradicional de preparo, é possível cozinhar o Mantou em panela a vapor comum, toda de metal. Neste caso, o uso do papel-manteiga é mantido.

:: MODO DE PREPARO

1. Separe os ingredientes que serão utilizados na receita, bem como os seguintes equipamentos, utensílios e materiais: masseira semirrápida, bowls, balança, plástico para cobrir, espátula/raspador, rolo, papel-manteiga, acessório para panela a vapor, panela comum.

RECHEIO

1. Em um bowl, misture o lombo, o alho, a cebolinha, o sal e a pimenta-do-reino.

2. Adicione o óleo de gergelim em reserve em geladeira.

MASSA

1. Misture a farinha, o açúcar, o sal, o fermento e o leite na masseira em velocidade 1.
2. Adicione a água (deixe um pouco para o ajuste final) e siga misturando.
3. Acrescente o óleo.
4. Se necessário, acerte o ponto com a água (neste momento, o ponto correto é uma massa "grudenta").
5. Com a massa homogênea, mude a velocidade para 2 e sove/cilindre até desenvolver o glúten (ponto de véu).
6. Boleie (bola grande), cubra com plástico e deixe descansar por 10 minutos em superfície levemente untada com óleo.
7. Porcione (60 g), reboleie, cubra com plástico e deixe descansar por mais 10 minutos em superfície levemente untada com óleo.
8. Se necessário, abaixe a fermentação (pressionando a massa) e com o rolo abra em formato circular, com o centro mais espesso e a borda mais fina.

9. Coloque o recheio no centro.

10. Pincele a borda com o egg wash (para ajudar a massa a grudar quando for fechada).

11. Feche como uma trouxinha, apertando bem para a massa grudar.

12. Coloque os pães sobre o papel-manteiga (cortado em quadrados) com o fecho virado para cima e deixe fermentar em câmara no modo estufa, armário de fermentação ou ambiente fechado até dobrar de volume.

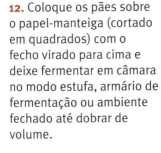

13. Acomode os pães no acessório de bambu para cozimento a vapor.
14. Posicione o acessório sobre uma panela com água pela metade e cozinhe por 5 minutos.

PADARIA ASIÁTICA

Mantou

Melon pan

Este pão doce é muito popular no Japão. Recebe uma cobertura também doce e crocante, além de um acabamento desenhado que lembra o melão – daí seu nome.

Ingredientes da massa	PP	Quantidade
Farinha de trigo	100%	500 g
Açúcar	20%	100 g
Sal	2%	10 g
Fermento biológico seco	2%	10 g
Melhorador	1%	5 g
Glúten em pó	2%	10 g
Água	± 45%	225 g
Ovo	10%	50 g
Manteiga	10%	50 g
Total da massa crua		**960 g**

Ingredientes do acabamento	Quantidade
Farinha de trigo	300 g
Açúcar	125 g
Fermento químico em pó	10 g
Manteiga	100 g
Ovo	60 g
Açúcar de cobertura	q.b.

Métodos de utilização do fermento

Direto	Indireto			
	Massa fermentada	Esponja	Poolish	Levain
		X		

Técnicas de mistura de massa

Básica	Aprimorada	Intensiva
X	X	

Descanso

1	10 min bola grande
2	10 min porcionada

Peso da massa crua

Peso da massa crua	960 g
	Unitário: 90 g
Rendimento	10 unidades

Acabamentos

Corte	Sim
Secos	Não
Outros	Cobertura

Cocção

Forno		Vapor	Sem vapor
Turbo	160 °C		X
Lastro	200 °C		X

> **OBSERVAÇÃO**
> A água e a farinha utilizadas na esponja são retiradas da mise en place, portanto devem ser descontadas do valor total da ficha técnica no momento da elaboração da massa.

:: MODO DE PREPARO

1. Separe os ingredientes que serão utilizados na receita, bem como os seguintes equipamentos, utensílios e materiais: masseira semirrápida, bowl, balança, termômetro, plástico para cobrir, espátula/raspador, assadeira furada ou lisa, óleo ou desmoldante ou silpat, rolo.

ESPONJA

1. Coloque todo o fermento e 100 mℓ de água em um bowl. Adicione 100 g de farinha.
2. Misture e deixe fermentar por 40 minutos a 1 hora em câmara no modo estufa, armário de fermentação ou ambiente fechado[1] em temperatura de 24 °C a 26 °C (ver passo a passo na página 75).

COBERTURA (MASSA DE FINALIZAÇÃO)

1. Em um bowl, misture a farinha, os 125 g de açúcar e o fermento. Adicione a manteiga e faça uma farofa.
2. Acrescente o ovo e misture até obter uma massa homogênea.

MASSA

1. Misture a farinha, o açúcar, o sal, o fermento, o melhorador e o glúten na masseira em velocidade 1.
2. Adicione a água (deixe um pouco para o ajuste final) e o ovo e siga misturando.
3. Acrescente a manteiga.
4. Se necessário, acerte o ponto com a água (neste momento, o ponto correto é uma massa "grudenta").
5. Com a massa homogênea, mude a velocidade para 2 e cilindre até que alise.
6. Boleie (bola grande), cubra com plástico e deixe descansar por 10 minutos em superfície levemente untada com óleo.
7. Porcione (90 g), reboleie, cubra com plástico e deixe descansar por mais 10 minutos em superfície levemente untada com óleo.
8. Abaixe a fermentação (pressionando a massa), modele em bolas, cubra com plástico e deixe fermentar por 30 minutos em temperatura ambiente. Esta fermentação de meia hora neste momento da receita visa proporcionar crescimento antes que o pão receba a massa de cobertura (uma fermentação completa depois de a massa estar coberta faria a cobertura rachar).

9. Porcione a massa de finalização (60 g), cubra com plástico e estique com o rolo.

10. Cubra os pães com a massa de finalização.

---

[1] Fora desses ambientes, é necessário o uso do filme plástico para a massa não ressecar.

:: **MODO DE PREPARO (CONT.)**

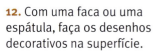

11. Passe no açúcar o pão coberto.

12. Com uma faca ou uma espátula, faça os desenhos decorativos na superfície.

13. Acondicione em assadeira untada ou com silpat com o fecho virado para baixo (espaço médio de 5 cm entre as unidades) e deixe por aproximadamente 60 minutos em câmara no modo estufa, armário de fermentação ou ambiente fechado. Como o pão já passou por aquela fermentação de 30 minutos antes de receber a massa de cobertura, não será possível acompanhar visualmente um aumento de volume nesta etapa. Em caso de preparo doméstico, ligue o forno cerca de 15 minutos antes de levar os pães para assar.

14. Asse por aproximadamente 20 minutos (160 °C no forno turbo e 200 °C no forno de lastro). Em forno doméstico, o mesmo tempo a aproximadamente 200 °C.

Pão naan

Pão típico indiano, achatado e cheio de bolhas de fermentação, é tradicionalmente preparado em tandoor. Pode ser apreciado com ou sem a finalização de manteiga e serve de acompanhamento para diversos pratos.

Ingredientes da massa	PP	Quantidade
Farinha de trigo	100%	500 g
Açúcar	3%	15 g
Sal	2%	10 g
Fermento biológico seco	1%	5 g
Melhorador	1%	5 g
Leite em pó	6%	30 g
Água	± 35%	150 g
Ovo	20%	100 g
Iogurte integral	10%	50 g
Manteiga	10%	50 g
Total da massa crua		**915 g**

Ingredientes do acabamento	Quantidade
Ghee (manteiga clarificada)	100 g
Sementes (gergelim ou outras)	50 g
Ervas frescas	q.b.
Especiarias	q.b.

Métodos de utilização do fermento

Direto	Indireto			
	Massa fermentada	Esponja	*Poolish*	*Levain*
X				

Técnicas de mistura de massa

Básica	Aprimorada	Intensiva
X		X

Descanso

1	10 min bola grande
2	Não

Peso da massa crua
945 g
Unitário: 100 g

Rendimento
9 unidades

Acabamentos

Corte	Não
Secos	Gergelim e/ou ervas e especiarias
Outros	Ghee

Cocção

Forno	Vapor	Sem vapor
Chapa ou tandoor		

> **OBSERVAÇÃO**
> Para fazer o ghee, coloque manteiga em uma panela para derreter em banho-maria. A manteiga se dividirá em três partes: a parte superior, branca, que será retirada com o auxílio de uma colher; a do meio, que é a parte que será utilizada; e a do fundo (uma camada também branca). Após retirar a parte superior, leve o que sobrou na panela para a geladeira. Quando estiver endurecida novamente, retire a parte branca do fundo com o auxílio de uma faca. O rendimento do ghee em relação à manteiga original depende da qualidade desta (pois a quantidade de água varia entre as marcas), mas de maneira geral pode-se considerar uma perda de 30% em relação ao peso original da manteiga.

:: **MODO DE PREPARO**

1. Separe os ingredientes que serão utilizados na receita, bem como os seguintes equipamentos, utensílios e materiais: masseira semirrápida, balança, plástico para cobrir, espátula/raspador, chapa, óleo ou desmoldante, pincel.

2. Misture a farinha, o açúcar, o sal, o fermento, o melhorador e o leite na masseira em velocidade 1.

3. Adicione a água (deixe um pouco para o ajuste final), o ovo e o iogurte e siga misturando.

4. Acrescente a manteiga.

5. Se necessário, acerte o ponto com a água (neste momento, o ponto correto é uma massa "grudenta").

6. Com a massa homogênea, mude a velocidade para 2 e sove/cilindre até desenvolver o glúten (ponto de véu).

7. Boleie (bola grande), cubra com plástico e deixe descansar por 10 minutos em superfície levemente untada com óleo.

8. Porcione (100 g), reboleie e acomode em assadeira untada ou com silpat. Deixe fermentar em câmara no modo estufa, armário de fermentação ou ambiente fechado até dobrar de volume.

9. Abaixe a fermentação (pressionando a massa) e com as mãos abra em formato oval, em superfície enfarinhada.

10. Cozinhe por aproximadamente 3 a 4 minutos em chapa (unte apenas antes do primeiro uso) até que doure levemente. Vire o pão e doure do outro lado. Retire e empilhe.

11. Finalize pincelando com o ghee e polvilhando com as sementes e/ou as ervas e especiarias.

Thai bread (pão tailandês)

Tem em sua composição elementos utilizados na culinária da Tailândia (coco, amendoim, páprica, coentro e papoula). Apresenta textura macia e aroma adocicado (fornecido pelo leite), além de sabor marcante e frescor provenientes do coentro picado e da páprica. Versátil e diferente, é ótimo para ser servido como parte de entrada em uma refeição ou até mesmo para a montagem de lanches.

Ingredientes da massa	PP	Quantidade
Farinha de trigo	100%	500 g
Açúcar	6%	30 g
Sal	2%	10 g
Melhorador	1%	5 g
Amendoim torrado sem casca	10%	50 g
Fermento biológico seco	2%	10 g
Água	± 45%	225 g
Leite de coco	10%	50 g
Manteiga	10%	50 g
Total da massa crua		930 g

Ingredientes do acabamento	Quantidade
Ovo inteiro batido (egg wash)	1 unidade + água q.b.
Manteiga em temperatura ambiente	100 g
Páprica doce em pó	4 g
Coentro fresco picado	1 ramo
Semente de papoula	q.b.

Métodos de utilização do fermento

Direto	Indireto			
	Massa fermentada	Esponja	*Poolish*	*Levain*
X				

Técnicas de mistura de massa

Básica	Aprimorada	Intensiva
X		X

Descanso

1	20 min bola grande
2	10 min porcionada

Peso da massa crua
930 g
Unitário: 2 peças de 450 g enroladas e fatiadas em unidades de ± 60 g

Rendimento
15 unidades

Acabamentos

Corte	Sim
Secos	Semente de papoula
Outros	Manteiga aromatizada

Cocção

Forno		Vapor	Sem vapor
Turbo	160 °C		X
Lastro	190 °C		X

:: MODO DE PREPARO

1. Separe os ingredientes que serão utilizados na receita, bem como os seguintes equipamentos, utensílios e materiais: masseira semirrápida, balança, plástico para cobrir, espátula/raspador, rolo, assadeira furada ou lisa, óleo ou desmoldante ou silpat, pincel.
2. Misture a farinha, o açúcar, o sal, o fermento, o melhorador e o amendoim na masseira em velocidade 1.
3. Adicione a água (deixe um pouco para o ajuste final) e o leite de coco e siga misturando.
4. Acrescente a manteiga.
5. Se necessário, acerte o ponto com a água (neste momento, o ponto correto é uma massa "grudenta").
6. Com a massa homogênea, mude a velocidade para 2 e sove/cilindre até desenvolver o glúten (ponto de véu).
7. Boleie (bola grande), cubra com plástico e deixe descansar por 20 minutos em superfície levemente untada com óleo.
8. Divida a massa em duas partes, modele levemente em formato retangular, cubra com plástico e deixe descansar por 10 minutos em superfície levemente untada com óleo.

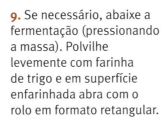

9. Se necessário, abaixe a fermentação (pressionando a massa). Polvilhe levemente com farinha de trigo e em superfície enfarinhada abra com o rolo em formato retangular.

10. Enrole como rocambole e no final dele pincele com o egg wash para a massa grudar bem.

11. Fatie com a espátula ou uma faca em porções de aproximadamente 60 g.
12. Acondicione as rodelas em assadeira untada ou com silpat (espaço médio de 5 cm entre as unidades) e deixe fermentar em câmara no modo estufa, armário de fermentação ou ambiente fechado até dobrar de volume. Em caso de preparo doméstico, ligue o forno cerca de 15 minutos antes de levar os pães para assar.

13. Em um bowl, misture a manteiga, a páprica e o coentro.

14. Pincele os pães fermentados com a manteiga aromatizada.

15. Com a espátula ou uma faca, faça um corte na parte superior do pão.

16. Finalize com as sementes de papoula.
17. Asse por aproximadamente 20 minutos (160 ºC no forno turbo e 190 ºC no forno de lastro). Em forno doméstico, o mesmo tempo a aproximadamente 200ºC.

Thai bread

Glossário

Abaixar a fermentação: expressão que se refere a pressionar a massa, abaixando-a, para que os gases produzidos pela fermentação escapem, facilitando a modelagem.

Abastecer o forno: procedimento também chamado de carregamento, pode ser feito de forma manual e unitariamente, com o carrinho de apoio das assadeiras, ou de forma automática nas indústrias.

Abrir pestana: expressão que designa a abertura obtida na parte superior dos pães feita com o auxílio de um instrumento de corte como bisturi ou estilete. Serve para direcionar o crescimento da massa durante o forneamento.

Acidificação: produção de compostos ácidos durante o processo fermentativo.

Ácido acético: popularmente conhecido como vinagre, é um ácido produzido por bactérias que naturalmente estão presentes no ambiente e que "deterioram" os vinhos e cervejas.

Ácido cítrico: ácido orgânico presente na maioria das frutas, principalmente nas cítricas, como a laranja e o limão. Certos microrganismos, como o *Aspergillus niger*, também o produzem por meio do processo fermentativo da sacarose.

Ácido lático: produto da fermentação láctica, pode ser obtido do açúcar presente no leite (lactose), com *Bacillus lactis acidi*, e a partir do amido, da glicose ou da sacarose, utilizando-se o *Bacillus Delbrücki*. É também encontrado no suco de carne, no leite azedo, nos músculos e em alguns órgãos de algumas plantas e animais.

Alvéolos: estruturas circulares formadas no miolo do pão produzidas pelos gases oriundos do processo fermentativo, mantidos pela gelificação do amido e pela coagulação das proteínas durante o processo de forneamento.

Amido: uma longa cadeia de glicose formada por polímeros denominados amilose (cadeia linear) e amilopectina (cadeia ramificada). É um agente espessante que, quando aquecido, gelatiniza-se. Pode ser extraído de várias fontes, como batata, trigo, milho e mandioca, entre outras.

Autólise: método utilizado para melhorar as características da farinha. Consiste em hidratar a farinha com água por 15 a 30 minutos antes do início de produção da massa. As enzimas presentes na farinha são ativadas e contribuem para a melhoria da textura da massa, propiciando maior extensibilidade.

Biga: pré-fermento tradicional italiano, assemelha-se ao *poolish*, com a diferença de ser mais firme (hidratação de 50% a 55% de água em relação à quantidade de farinha).

Boleamento: expressão que se refere a modelar a massa em formato de bola para melhor direcionar os gases da fermentação. Pode ser feito manualmente ou com a utilização de maquinário.

Centeio: cereal amplamente cultivado por ser resistente e mais ambientado ao frio e à seca. Tem parentesco com a cevada e o trigo. Possui glúten, mas em quantidades pequenas, o que resulta em pães de menor volume. É utilizado na fabricação de diversos produtos além dos pães, como cerveja e vodca, entre outros.

Cevada: cereal cultivado no inverno, é resistente à seca e representa a quinta maior colheita de cereais no mundo. Dela se extrai o malte para a fabricação da cerveja.

Descanso: tempo de repouso da massa para que a rede de glúten relaxe, facilitando os processos de porcionamento e de modelagem.

Divisão: etapa na panificação em que a massa é pesada e separada em porções de igual tamanho, para serem modeladas.

Elasticidade: refere-se à capacidade da massa de se esticar e encolher como um elástico. Quando há muita elasticidade na massa, o processo de modelagem é dificultado, por isso a necessidade do descanso prévio.

Enzimas: geralmente, proteínas que têm a finalidade de catalisar (agilizar) reações químicas.

Extensibilidade: capacidade da massa de se alongar sem que se rompa.

Fermentação: processo fundamental na fabricação de produtos de panificação. Leveduras transformam o açúcar em álcool e gás carbônico. O gás produzido é o responsável pelo volume e pela maciez do pão.

Forneamento: o mesmo que assar.

Gelatinização do amido: formação de um composto viscoso (gel) que ocorre quando o amido é aquecido misturado com água. No pão, esse processo dá estrutura e retém a umidade.

Le chef: Denominação dada à *massa madre* pelos franceses. É a massa azeda chamada assim antes de ser alimentada ou "refrescada" para ser chamada de *levain*.

Levain: termo genérico para massas obtidas de fermentação natural (cultura de leveduras selvagens). Na metodologia francesa, o termo *levain* se refere ao *le chef* após refrescado (alimentado). É aquela massa que está pronta para ser adicionada no momento da fabricação da massa de pão.

Leveduras selvagens: aquelas encontradas na natureza presentes em locais onde há açúcar disponível (cereais, frutas, vegetais). Algumas delas são utilizadas para a fabricação da *massa madre*.

Massa madre: massa fabricada com fermentação natural que dá origem a todas as outras, também denominada de massa mãe ou massa azeda. No francês é também chamada de *Le chef*, que, depois de alimentada (refrescada), se torna o *levain*.

Poolish: pré-fermento fabricado com partes iguais de farinha e água e em que uma porção muito pequena de fermento é adicionada.

Refrescar a massa: alimentar a *massa madre* para tornar o fermento mais ativo antes de ser misturada na massa que produzirá o pão.

Retrogradação do amido: expulsão da água da estrutura do gel formado durante a gelatinização do amido. A expulsão ocorre durante o resfriamento, portanto mais presente em produtos refrigerados e congelados. No pão, esse processo acarreta ressecamento, o que compromete o tempo de prateleira (*shelf life*). Aditivos são adicionados para diminuir esse problema.

Salto de forno: aumento de volume conseguido no momento do forneamento, em que os gases produzidos pelo fermento se expandem.

Sourdough: denominação de massa azeda (massa fabricada com fermentação natural) ou pão feito com massa azeda.

Bibliografia

AGÊNCIA NACIONAL DE VIGILÂNCIA SANITÁRIA. *Cartilha sobre boas práticas para serviços de alimentação.* Disponível em http://portal.anvisa.gov.br/documents/33916/389979/Cartilha+Boas+Pr%C3%A1ticas+para+Servi%C3%A7os+de+ Alimenta%C3%A7%C3%A3o/d8671f20-2dfc-4071-b516-d59598701af0. Acesso em 25-8-2017.

_____. *Perguntas & respostas: enriquecimento de farinhas de trigo e de milho com ferro e ácido fólico.* 2017. Disponível em http://portal.anvisa.gov.br/documents/33916/2810640/Enriquecimento+de+Farinhas+de+Trigo+e+de+Milho/b58edc35-4cb3-4b6f-8701-11ec25d00f1f. Acesso em 18-11-2017.

_____. *Portaria nº 354, de 18 de julho de 1996. Aprovar a Norma Técnica referente a Farinha de Trigo.* Disponível em http://www.anvisa.gov.br/anvisalegis/portarias/354_96.htm. Acesso em 18-11-2017.

_____. *Resolução CNNPA nº 12, de 1978. Amidos e Féculas.* Disponível em http://www.anvisa.gov.br/anvisalegis/resol/12_78_amidos.htm. Acesso em 18-11-2017.

_____. *Resolução RDC nº 90, de 18 de outubro de 2000. Aprovar o Regulamento Técnico para Fixação de Identidade e Qualidade de Pão.* Disponível em
http://www.anvisa.gov.br/legis/resol/2000/90_00rdc.htm. Acesso em 18-11-2017.

_____. *Resolução RDC nº 216, de 15 de setembro de 2004. Dispõe sobre Regulamento Técnico de Boas Práticas para Serviços de Alimentação.* Disponível em http://portal.anvisa.gov.br/documents/33916/388704/RESOLU%25C3%2587%25C3%25830-RDC%2BN%2B216%2BDE%2B15%2BDE%2BSETEMBRO%2BDE%2B2004.pdf/23701496-925d-4d4d-99aa-9d479b316c4b. Acesso em 18-11-2017.

_____. *Resolução RDC nº 263, de 22 de setembro de 2005. Aprova o "Regulamento técnico para produtos de cereais, amidos farinhas e farelos".* 2005. Disponível em http://portal.anvisa.gov.br/informacoes-tecnicas13/-/asset_publisher/FXrpx9qY7FbU/content/informe-tecnico-n-54-de-de-julho-de-2013/33916?inheritRedirect=true. Acesso em 5-5-2017.

AMENDOLA, Joseph; REES, Nicole; LUNDBERG, Donald E. *Understanding Baking: The art and science of baking.* 3ª ed. Nova Jersey, 2003.

Análise de layout do sistema produtivo de panificações. Em *Revista Brasileira de Administração Científica*, 2 (2), dezembro de 2011.

ARAÚJO, Wilma M. C. et al. *Alquimia dos alimentos.* 3ª ed. Brasília: Senac Distrito Federal, 2014.

ASSOCIAÇÃO BRASILEIRA DA INDÚSTRIA DE PANIFICAÇÃO E CONFEITARIA *Indicadores 2016: desempenho de empresas de panificação e confeitaria brasileiras em 2016*. 2017. Disponível em http://www.abip.org.br/site/wp-content/uploads/2017/02/INDICADORES-2017-performance-2016.pdf. Acesso em 10-7-2017.

_____. *Origem das padarias*. Disponível em http://www.abip.org.br/site/institucional/. Acesso em 18-11-2017.

BRAGA, Paulo. *Pão da paz: 194 receitas de pão de países membros da ONU*. São Paulo: Editora Senac São Paulo, 2005.

CANELLA-RAWLS, Sandra. *Pão: arte e ciência*. 2ª ed. rev. São Paulo: Editora Senac São Paulo, 2006.

CAUVAN, Stanley & YOUNG, Linda. *Baking Problems Solved*. Woodhead: Cambridge, 2001.

Empresa Brasileira de Pesquisa Agropecuária. *Cultivo do trigo*. Disponível em https://www.embrapa.br/trigo/cultivos. Acesso em 18-11-2017.

_____. *Prosa rural: produtos alternativos produzidos com fécula de mandioca*. Disponível em https://www.embrapa.br/busca-de-noticias/-/noticia/2606279/prosa-rural---produtos-alternativos-produzidos-com-fecula-de-mandioca. 2007. Acesso em 18-11-2017.

FIGONE, Paula I. *How Baking Works: Exploring the Fundamentals of Baking Science*. Hoboken: John Wiley & Sons, 2004.

GISSLEN, Wayne. *Professional Baking*. 4ª ed. S/l.: Wiley, 2005.

GRASSI, Thiago Luís Magnani & PONSANO, Elisa Helena Giglio. "Desidratação de gemas de ovos por secagem por atomização em diferentes temperaturas". Em Pesquisa Agropecuária Brasileira, 50 (12), Brasília, dezembro de 2015. Disponível em http://www.scielo.br/pdf/pab/v50n12/1678-3921-pab-50-12-01186.pdf. Acesso em 2-8-2017.

INGRAM, Christine & SHAPTER, Jennie. *The World Encyclopedia of Bread and Bread Making*. Nova York: Lorenz Books, 1999.

JACOB, Heinrich Eduard. *Seis mil anos de pão: a civilização humana através de seu principal alimento*. São Paulo: Nova Alexandria, 2003.

KALANTY, Michael. *Como assar pães: as cinco famílias de pães*. São Paulo: Editora Senac São Paulo, 2012.

KAPLAN, Steven Laurence. *Good Bread is Back: A Contemporary History of French Bread, the Way It Is Made, and the People Who Make*. Durham: Duke University Press, 2006.

MINISTÉRIO DA AGRICULTURA, PECUÁRIA E ABASTECIMENTO. *Portaria nº 372, de 04 de setembro de 1997. Aprovar o Regulamento Técnico de Identidade e Qualidade de Margarina*. Disponível em https://www.defesa.agricultura.sp.gov.br/legislacoes/portaria-mapa-372-de-04-09-1997,686.html. Acesso em 18-11-2017.

_____. *Trigo, definição, valores de mercado*. Disponível em http://www.agricultura.gov.br/vegetal/culturas/trigo. Acesso em 20-11-2016.

ORDÓÑEZ, Juan A. *Tecnologia de alimentos: componentes dos alimentos e processos*. Vol. I. Porto Alegre: Artmed, 2005.

Organização Mundial de Saúde. *Cinco chaves para uma alimentação mais segura: manual*. OMS: Genebra, 2006. Disponível em http://www.who.int/foodsafety/consumer/manual_keys_portuguese.pdf?ua=1. Acesso em 18-7-2017.

PAPE, Günther. *O emprego de amido de milho na panificação*. 1967. Disponível em https://seer.sct.embrapa.br/index.php/pab/article/viewFile/17902/11999. Acesso em 29-8-2017.

SEBESS, Paulo. *Técnicas de padaria profissional*. Rio de Janeiro: Senac Nacional, 2010.

SERVIÇO BRASILEIRO DE APOIO ÀS MICRO E PEQUENAS EMPRESAS. *Ideias de negócios: padaria*. Disponível em http://www.sebrae.com.br/sites/PortalSebrae/ideias/como-montar-uma-padaria. Acesso em 18-11-2017.

SUAS, Michel. *Panificação e viennoiserie: abordagem profissional*. São Paulo: Cengage Learning, 2011.

SULTAN, William. J. *Practical Baking*. 5ª ed. Nova York: John Wiley & Sons, 1990.

WILSON, Bee. "O pão nosso". Em *Folha de S.Paulo*, São Paulo, 15-7-2007.

Sobre os autores

FELIPE SOAVE VIEGAS VIANNA

Graduado em tecnologia em gastronomia pelo Senac São Paulo e especialista em alimentação escolar e gestão de operação em cozinhas, como buffet/catering. Realizou projetos de assessoria em diversas frentes da área de alimentação por mais de quinze anos e participou do Prêmio Educação Além do Prato, organizado pelo Departamento de Alimentação Escolar (DAE) da Secretaria Municipal de Educação – Prefeitura de São Paulo (2014). Possui experiência com eventos de pequeno e grande porte nas áreas de gestão de cozinha, pesquisa de mercado, elaboração de cardápio, posicionamento de marca e operação. Atuou em diversos restaurantes no Brasil, principalmente no estado de São Paulo, bem como fora do país. No Senac São Paulo, coordenou a área de desenvolvimento em gastronomia por cinco anos, estabelecendo estratégias para o segmento e contribuindo para o portfólio dos cursos. Atuou no Projeto Práticas Inovadoras na Alimentação, que estabeleceu uma conexão entre as áreas de alimentação do Senac e propôs um novo formato para os ambientes de aprendizagem – os chamados laboratórios de alimentação –, desenvolvendo situações de aprendizagem inovadoras que possibilitam a participação ativa dos alunos na construção do conhecimento. É coautor do livro *Sanduíches especiais: receitas clássicas e contemporâneas*, publicado pela Editora Senac São Paulo.

GISELA REDOSCHI

Graduada em gastronomia e hotelaria e pós-graduada em gastronomia: vivências culturais pelo Senac São Paulo. Desenvolveu consultoria para empresas como Nestlé, Natura e Philips e atuou como proprietária no segmento de alimentação por dez anos. Foi professora nos cursos superiores de hotelaria e responsável pela implantação e pela coordenação operacional dos cursos de gastronomia no Senac São Paulo, bem como pelo acompanhamento de projetos especiais. Atualmente é gestora de desenvolvimento da área de gastronomia na Gerência de Desenvolvimento no Senac São Paulo.

MARCELLA FARIA LAGE

Graduada em turismo e hotelaria e pós-graduada em cozinha brasileira e docência em ensino superior pelo Senac São Paulo. Atua como docente de habilidades de cozinha, alimentos e bebidas, cozinha brasileira, panificação e confeitaria no Senac São Paulo e na Universidade Paulista (Unip). É ex-proprietária da confeitaria Wondercakes, loja especializada em cupcakes na cidade de São Paulo, e da Ofélia doces, em Recife. Atualmente é consultora na área de gastronomia e sócia-proprietária da Le cook – paneteria e doceria artesanal.

MÁRCIA YUKIE IKEMOTO

Mestre padeira formada pelo Instituto do Desenvolvimento de Panificação e Confeitaria (IDPC). Técnica em processamento de alimentos pelo Senai e graduada em gastronomia pela Universidade Anhembi Morumbi. Especialista em segurança alimentar pelo Senac. Graduada em artes plásticas e licenciatura plena em música pela Universidade Estadual Paulista (Unesp). Atua e atuou como docente em diversas áreas, como educação infantil e curso de formação na área de aviação e gastronomia. É docente de gastronomia com foco em panificação no Senac São Paulo.

SAMARA TREVISAN COELHO

Graduada em tecnologia em gastronomia pelo Senac Campos do Jordão e pós-graduada em organização e realização de eventos pelo Senac São Paulo. Especialista em chocolate, confeitaria artística, confeitaria para restaurantes, glacerie e viennoiserie pela École Lenôtre (Paris, França) e em confeitaria europeia pela DCT (Vitznau, Suíça). Atua como docente de confeitaria e panificação no Centro Universitário Senac – Campus Santo Amaro e esteve à frente do processo de desenvolvimento de diversos cursos da instituição. Também é consultora na área de confeitaria e panificação e sócia-proprietária da Le cook – paneteria e doceria artesanal.

Índice de receitas

A la biere, 230
Alfajor, 148
An pan, 316
Anadama, 150

Bagel, 152
Baguete, 232
Bread stick, 154
Brioche, 236
Bolo de reis, 284
Broa caxambu, 106
Broa de milho, 108
Broa de milho aerosa
  (método Choux), 110

Campagne, 238
Centeio, 202
Challah, 288
Chapati, 320
Chifrinhos de banha, 158
Chipa, 160
Chola, 162
Churro, 204
Ciabatta, 254
Cinnamon roll, 164
Coppia ferrarese, 256
Croissant, 240
Cueca virada, 112

Empanado chileno, 168
Ensaimada, 290

Figaza, 170
Focaccia, 258
Folar, 292
Fougasse, 244

Grissini, 262

Hallulla, 172
Hornazo, 296

Integral, 206

Kaiser, 174
Kare pan, 322
Khachapuri, 208
Khubz bil zaatar, 298
Kouglof, 246
Kümmelbrot, 210

Lua de mel, 114

Mantou, 326
Marraqueta, 178
Massa básica doce, 102
Massa básica salgada, 100
Medialuna, 180
Melon pan, 330
Mie, 248

Olive, 250

Pan flauta, 300
Panetone, 266
Pão andino, 186
Pão crioulo, 116
Pão de abóbora, 118
Pão de batata com
  requeijão, 120
Pão de cará, 122
Pão de Cremona, 184
Pão de leite, 124

Pão de mandioca, 128
Pão de milho colombiano, 188
Pão de páprica, 190
Pão de queijo, 130
Pão delícia, 132
Pão francês, 134
Pão grego (Christopsomo), 302
Pão italiano, 268
Pão naan, 334
Pão Petrópolis, 136
Pão português, 306
Pão pita, 304
Pão preto, 212
Pão quemado, 308
Pão siciliano, 272
Pão sírio, 138
Pão sovado, 140
Pão toscano, 274
Pirozhki (piroshki ou
  pirojki), 214
Pizza, 276
Pretzel, 218
Pugliese, 280
Pumpernickel, 220

Rghaif (pão marroquino), 310
Rosquinha de pinga
  (cachaça), 142

Salteña, 192
Simit (pão turco), 312
Sonho, 144
Sourdough, 194
Strudel, 224
Sueco, 226

Thai bread (pão tailandês), 336
Tomato bread, 196
Tortilla, 198

Índice geral

A la biere, 230
Acondicionamento, 74
Açúcar, 50
Água, 46
Alfajor, 148
Amido, O, 42
Amido de outras fontes, O, 43
Amidos, outras farinhas e farelos, 44
An pan, 316
Anadama, 150
Apresentação das receitas e massas básicas, 95
Armazenamento e conservação, 22
Aros cortadores, 26
Assadeiras, 26

Bagel, 152
Baguete, 232
Balança, 31
Banha de porco, 52
Batedeira, 31
Bibliografia, 343
Bicos de confeitar (perlê e pitanga), 26
Biga, 61
Bisnaga e bisnaguinha, 73
Boas práticas de higiene e segurança, 19
Bola, 73
Bolo de reis, 284
Bowls (tigelas), 26
Bread stick, 154
Breve histórico da panificação, 11

Brioche, 73
Broa caxambu, 106
Broa de milho, 108
Broa de milho aerosa (método Choux), 110

Cálculo de encomenda (reverso), 83
Cálculo de rendimento, 83
Cálculos em panificação, 81
Câmara de fermentação, 34
Campagne, 238
Características da água, 46
Carretilha, 26
Centeio, 202
Challah, 288
Chapati, 320
Chifrinhos de banha, 158
Chipa, 160
Chola, 162
Churro, 204
Ciabatta, 254
Cilindro, 32
Cinnamon roll, 164
Colher ou espátula de silicone, 26
Como interpretar as fichas e executar as receitas deste livro, 97
Congelamento, 80
Contaminação cruzada, 22
Controle de qualidade, 87
Coppia ferrarese, 256
Cordão, 73
Cortes, 76
Cozimento, 77

Croissant, 240
Crosta grossa, 91
Crosta quebradiça, 91
Cueca virada, 112
Cursos, 17

Data de validade e qualidade do produto, 22
Defeitos nos pães e possíveis causas, 91
Descanso (fermentação intermediária), 71
Desenvolvimento aprimorado, 68
Desenvolvimento básico, 65
Desenvolvimento de mofo, 91
Desenvolvimento intensivo, 69
Divisão/porcionamento, 72
Divisora, 33

Elementos de coloração e textura da crosta, 77
Embalagem e armazenamento, 78
Empanado chileno, 168
Enrolado, 73
Ensaimada, 290
Equipamentos, 31
Equivalência de pesos e medidas, 99
Escova de farinha, 27
Escumadeira, 27
Espátulas (raspadores), 27
Esponja, 60
Estilete (bisturi) para corte de pão, 27

Estrutura, 16
Extração do glúten, 88

Facas (de legumes, do chef e serrilhada), 27
Farelo de trigo, 45
Farinha de arroz, 44
Farinha de aveia, 44
Farinha de centeio, 44
Farinha de cevada, 44
Farinha de milho (fubá), 45
Farinha de trigo, 45
Fatiadora, 37
Fécula de mandioca (polvilho), 45
Fermentação final, 75
Fermento, 47
Fermento biológico fresco, 48
Fermento biológico seco, 48
Fermento natural, 57
Fermento químico, 48
Fichas técnicas, 96
Figaza, 170
Filão, 73
Filme plástico, 27
Finalização, 76
Focaccia, 258
Folar, 292
Fôrma de brioche, 28
Fôrma e pás para pizza, 28
Fôrma para bolo de reis, 28
Fôrma para kouglof, 28
Fôrma redonda com furo central, 28
Fôrmas retangulares para pão de fôrma, 28

ÍNDICE GERAL 349

Formulação (pré-preparo), 64
Forno, 35
Forno de lastro, 35
Forno turbo, 36
Fouet (batedor de arame), 29
Fougasse 244
Frigideira antiaderente, 29

Garfinho para banhar, 29
Geladeira, 37
Gestão, 16
Glossário, 341
Glúten, O, 42
Gordura hidrogenada, 52
Grade, 29
Grissini, 262

Hallulla, 172
Hornazo, 296

Ingredientes e suas funções, 39
Ingredientes secundários, 53
Integral, 206

Kaiser, 174
Kare pan, 322
Khachapuri, 208
Khubz bil zaatar, 298
Kouglof, 246
Kümmelbrot, 210

Laminadora, 34
Leite, 53
Levain, 58
Lipídeos (gorduras), 51
Lua de mel, 114

Maçarico, 29
Manteiga, 52
Mantou, 326
Manual de boas práticas, 20
Margarina e creme vegetal, 52
Marraqueta, 178
Massa básica doce, 102
Massa básica salgada, 100
Massa fermentada, 61
Masseira, 32
Masseira rápida, 32
Masseira semirrápida, 32
Medialuna, 180
Melhorador de farinha, 53
Melon pan, 330
Método direto convencional, 56
Método direto padrão, 56
Método direto rápido (método de Chorleywood), 56
Método indireto, 56
Métodos de produção e utilização do fermento, 55
Mie, 248
Mise en place, 64

Mistura e sova (cilindragem), 65
Modeladora, 33
Modelagem, 73

Normas e apresentação pessoal dos manipuladores, 20
Normas para a manipulação e conservação de alimentos, 22
Normas para a utilização de equipamentos e utensílios, 21
Nota do editor, 7

Óleos vegetais, 52
Olive, 250
Oval, 74
Ovo, 53
Ovos (peso aproximado), 99

Padaria, A, 15
Padaria asiática, 315
Padaria brasileira, 105
Padaria das Américas, 147
Padaria e os profissionais de panificação, A, 15
Padaria europeia, 201
Padaria francesa, 229
Padaria italiana, 253
Padaria mediterrânea, 283
Pan flauta, 300
Panelas (comum, de pressão e a vapor), 29
Panetone, 266
Pão achatado, 74
Pão andino, 186
Pão crioulo, 116
Pão de abóbora, 118
Pão de batata com requeijão, 120
Pão de cará, 122
Pão de Cremona, 184
Pão de fôrma, 74
Pão de leite, 124
Pão de mandioca, 128
Pão de milho colombiano, 188
Pão de páprica, 190
Pão de queijo, 130
Pão delícia, 132
Pão francês, 134
Pão grego (Christopsomo), 302
Pão italiano, 268
Pão naan, 334
Pão Petrópolis, 136
Pão pita, 304
Pão português, 306
Pão preto, 212
Pão que não cresce (pouco volume), 91
Pão que perde a forma após a modelagem, 91

Pão que resseca em pouco tempo, 91
Pão quemado, 308
Pão rachando no forno, 91
Pão siciliano, 272
Pão sírio, 138
Pão sovado, 140
Pão toscano, 274
Peneira, 29
Pincel, 30
Pirozhki (piroshki ou pirojki), 214
Pizza, 276
Poolish, 59
Prefácio, 9
Pretzel, 218
Processador, 31
Profissões, As, 17
Pugliese, 280
Pumpernickel, 220

Ralador, 30
Recheado, 74
Recomendações de uso e de conservação, 51
Régua, 30
Resfriamento, 78
Rghaif (pão marroquino), 310
Rocambole, 74
Rolo cortador treliça, 30
Rolo de abrir massa, 30
Rolo perfurador de massa, 29
Roseta, 74
Rosquinha de pinga (cachaça), 142

Sal, 49
Salteña, 192
Secos, 76
Silpat (tapete de silicone), 30
Simit (pão turco), 312
Sobre os autores, 345
Sonho, 144
Sourdough, 194
Strudel, 224
Sueco, 226

Tabelas de conversão, 99
Temperatura do forno em graus Celsius, 99
Termômetros (de espeto e infravermelho), 30
Thai bread (pão tailandês), 336
Tipos de estabelecimento, 16
Tipos de fermentação, 57
Tomato bread, 196
Tortilla, 198
Trabalho com a massa, da formulação ao pão pronto, O, 63
Trançado, 74
Triângulo, 74
Trouxinha, 74

Utensílios e equipamentos, 25
Utensílios usados na panificação, 26

Vaporização, 36